Paul Achatius Pfizer

Ueber die Entwicklung des **öffentlichen Rechts in Deutschland** durch die Verfassung des Bundes

Elibron Classics
www.elibron.com

Elibron Classics series.

ISBN 0-543-98978-X (paperback)
ISBN 0-543-98977-1 (hardcover)

This Elibron Classics Replica Edition is an unabridged facsimile of the edition published in 1835 by S. G. Liesching, Stuttgart.

Ueber die Entwicklung

des

öffentlichen Rechts in Deutschland

durch die Verfassung des Bundes.

Von

P. A. Pfizer.

Ueber die Entwicklung des öffentlichen Rechts in Deutschland durch die Verfassung des Bundes.

Von

P. A. Pfizer.

Stuttgart,
Verlag von S. G. Liesching.

1835.

Vorwort.

Das öffentliche Recht des Deutschen Bundes ist schon so vielfach, so gründlich und so scharfsinnig bearbeitet worden, daß der Verfasser der vorliegenden Schrift auf den Ruhm, die Wissenschaft mit neuen Entdeckungen zu bereichern, keinen Anspruch machen kann.

Was ihn zu einer neuen Bearbeitung des in gewissem Sinn erschöpften Gegenstandes bewogen, ist die Wahrnehmung, daß, trotz aller Fortschritte in der wissenschaftlichen Behandlung, doch die wirkliche Kenntniß der Verfassung des Deutschen Bundes bei denjenigen, die nicht Berufshalber zu einem tiefergehenden Studium genöthigt sind, nur selten über die allgemeinsten Umrisse und Grundzüge hinausreicht. Diese Gleichgültigkeit der Deutschen gegen einen so wichtigen Theil ihres öffentlichen Rechts hat ohne Zweifel ihren Grund in jener innern Leblosigkeit und Dürre, die bei aller Gewaltsamkeit einzelner Kraftäußerungen doch von der Unnatur in der Zusammensetzung und von der künstlichen Verwicklung in den Verhältnissen des Deutschen Bundes unzertrennlich ist. Von der äußern Erscheinung unbefriedigt, fühlt man wenig Neigung, tiefer einzudringen; denn man ahnt, daß das, was man am Ende findet, für die Mühe des Suchens nicht belohnen und nur die Gewißheit eines Uebels geben werde, dessen Daseyn man sich gern verbärge. Aber da die Erkenntniß des Uebels immer der erste Schritt zur Abhülfe ist, so hielt der Verfasser den gegenwärtigen Zeitpunkt nicht für ungeeignet, zu versuchen, ob dem Studium des allgemeinen deutschen Verfassungsrechts, das in streng systematischer Form unläugbar wenig anspricht, vielleicht mehr Freunde gewonnen werden könnten, wenn dasselbe nach seiner geschichtlichen Entwicklung dargestellt und in seinen praktischen Beziehungen erörtert wird.

Die Hauptresultate, zu welchen er auf diesem Wege gelangt ist, weichen nicht ab von denjenigen, welche er der Oeffentlichkeit schon früher übergeben hat, und er kennt also auch die oft genug vernommenen Einwürfe: daß man gegen die unüberwindliche Gewalt der Dinge mit Ideen und Abstraktionen vergeblich zu Felde ziehe, und daß, wenn es überhaupt in Deutschland besser werden solle, nicht rücksichtloser Tadel, sondern einzig gegenseitiges Vertrauen dazu führen könne.

In ersterer Beziehung ist sehr richtig, daß, so lange es in Deutschland für Weisheit gilt, die Gebrechen des Bestehenden anzuerkennen, aber jeden Glauben an die Möglichkeit einer freien Aenderung für Schwärmerei und jeden dahin zielenden Versuch für Thorheit oder Frevel zu erklären, eine Aenderung auch nur von jener oft brutalen Gewalt der Dinge zu erwarten ist, die früher oder später unausbleiblich jedes Werk der Unnatur zerstört.

Was aber das Vertrauen betrifft, welches fast wie eine Schuldigkeit gefordert wird, so gesteht der Verfasser offen, daß er zu den Mißtrauischen gehört.

Es ist hier nicht von dem Vertrauen die Rede, zu welchem der persönliche Charakter eines Monarchen Diejenigen berechtigt, welche keine andre Bürgschaft für die allgemeine Wohlfahrt kennen und verlangen, als die menschenfreundliche, wohlwollende Gesinnung des Gebieters. Der Glaube an die reine Absicht der Regierenden, die Völker glücklich zu machen, kann im vollsten Maaß vorhanden seyn, und dennoch jenes Vertrauen fehlen, das nur durch Anerkennung der Rechte des Volks gegen eine ungemessene Ausdehnung der Rechte der Krone gewonnen wird. Dieses Vertrauen war vorhanden, als bei Errichtung des Deutschen Bundes die mächtigsten seiner Stifter das Bedürfniß freisinniger Verfassungen laut anerkannten, und die Deutschen dürfen sich der vertrauensvollen Hingebung, welche sie damals bewiesen haben, wenigstens nicht schämen, wenn es vielleicht auch klüger gewesen wäre, weniger zu vertrauen. Allein wie wurde dieses Vertrauen belohnt?

Ein Bund der Fürsten ward errichtet, das deutsche Volk aber mit einigen Verheißungen abgefunden, deren vollständige Erfüllung man bereits nicht mehr verlangen darf, ohne für einen Träumer oder Friedenstörer erklärt zu werden, und seit fünfzehn Jahren hat der Deutsche Bund nicht aufgehört, gegen die versprochene Preßfreiheit und Volksvertretung, so wie gegen die auf sie gegründeten Verfassungen selbst dann anzukämpfen, wenn, wie bei Erneuerung der Karlsbader Beschlüsse im Jahr 1824, jede äußere Veranlassung dazu gemangelt.

Nach solchen Erfahrungen möchte etwas mehr als deutsche Gutmüthigkeit dazu gehören, den

Deutschen Bund noch immer für den Freund und Beförderer konstitutioneller Freiheit zu halten, und wer ohne diese an kein Besserwerden glaubt, kann sein Vertrauen nicht in Diejenigen setzen, welche es für „unmöglich“ halten, einem „aus dem Fürstenrathe Deutschlands hervorgehenden Beschlusse mit dem Einwand einer Verletzung der Verfassung eines einzelnen Staates entgegenzutreten“, und die längst erklärt haben, daß es ein Hauptzweck der neuern Gesetzgebung des Bundes sey, „den in einer noch lange zu beklagenden Epoche fast allgemeiner politischer Verwirrung mit so vieler Uebereilung gestifteten gemischten Verfassungen entgegenzuwirken.“

Ist aber eine freiwillige Förderung der konstitutionellen Interessen von dem gegenwärtigen Deutschen Bund nicht zu erwarten; fragt man überhaupt vergebens nach besondern Verdiensten, welche sich der Deutsche Bund um Deutschland sonst etwa durch gemeinnützige Anordnungen oder durch Begründung einer wahrhaft nationalen Einheit erworben: so ist auch kein Grund vorhanden, irgend ein Gebrechen der bestehenden Ordnung der Dinge mit dem Schleier der Pietät zu überkleiden, und der Verfasser konnte kein Bedenken tragen, seine Ansichten mit einer Freimüthigkeit auszusprechen, die ihn hoffen läßt, daß die Mißtrauischen auf der Gegenseite sich der Mühe überhoben finden werden, seine Worte hin und her zu deuten und einen versteckten Sinn oder verborgene Hintergedanken in seinen Aeußerungen aufzuspüren.

Zum Schluß bleibt dem Verfasser nur noch übrig, die wohl auch mitunter schon an ihn gerichtete Gewissensfrage zu berühren: wie er sich unterfangen könne, die Souveränität von acht und dreißig deutschen Staaten als ein Unheil und Beschränkung derselben durch eine volksthümlich organisirte Centralgewalt, (von Denen, welche der Sache einen möglichst gehässigen Namen geben wollen, Mediatisirung genannt,) als Grundbedingung der Entwicklung eines nationalen Gesammtlebens darzustellen, ungeachtet sich die deutschen Fürsten volle Souveränität durch bindende Verträge garantirt, und der Verfasser einem Land angehöre, dessen Grundgesetz das Wohl des Fürsten und des Vaterlands für unzertrennlich erkläre? Seine Antwort ist: daß das Grundgesetz desselben Landes jedem Staatsbürger Denk- und Preßfreiheit zwar nicht gewährt, aber doch zusichert, und daß, wenn gleich ein Zustand der Isolirung, in welchem die einzelnen deutschen Länder wenigstens ihre besondern Institutionen und Verfassungen mit Freiheit zu entwickeln nicht verhindert sind, auch nach seiner Ueberzeugung einer zweiköpfigen Bundeseinheit vorzuziehen ist, deren ganze Kraft und Zukunft in der Stärke der Waffen liegt, die sie dem antikonstitutionellen Monarchismus schmiedet, doch noch Niemand den Beweis geführt hat, daß eine auf ächt nationaler Grundlage beruhende Verstärkung der Centralgewalt des Bundes gegen die einzelnen Mitglieder mit dem wahren Wohl des Landesfürsten oder gar des Landes selbst im Widerspruch stehe. Hält man gewisse, den Regenten oft sehr widerliche Beschränkungen ihrer Machtvollkommenheit im Innern für nothwendig und mit ihrem wahren Wohl vereinbar, so kann es sich bei der Eigenthümlichkeit der deutschen Verhältnisse mit gewissen Beschränkungen von Außen gar wohl ebenso verhalten. Wenigstens darf ehrlicher Weise Keinem, der zu dieser Meinung sich bekennt, ein Verbrechen daraus gemacht und die verfassungsmäßige Denkfreiheit in politischen Glaubenszwang verwandelt werden, wiewohl der Verfasser nicht in Abrede stellt, daß gedungene Gegner, deren käufliche Ueberzeugung nicht selten öffentlich verdammen muß, was sie unter vier Augen gutheißt, wohl daran thun werden, ihn als einen Feind von König und Vaterland bei Solchen, die nicht selbst prüfen mögen, zu verdächtigen, oder einer Verläugnung seiner Grundsätze anzuklagen, wenn er für billig hält, daß jene Souveränität der deutschen Fürsten, die, ohne Sinn für Deutschlands wahre Einheit, sich für das Palladium der Wohlfahrt, der Ehre und der Freiheit ihrer Völker erklärt, auch als solche sich bethätige und wenigstens gegen die falsche Einheit, gegen ein Doppeljoch des Absolutismus Schutz gewähre.

Stuttgart, im Januar 1835.

Inhaltsübersicht.

Seite

Erster Abschnitt.

Geschichtlicher Ueberblick der frühern Perioden deutscher Staatsgeschichte . . . . . . 1.

Zweiter Abschnitt.

Die Errichtung des Deutschen Bundes . . 34.

Dritter Abschnitt.

Der Deutsche Bund bis zu den Karlsbader Beschlüssen . . . . 106.

Vierter Abschnitt.

Der Deutsche Bund nach seinen Grundgesetzen und organischen Einrichtungen . . . . 150.

Charakter des Deutschen Bundes . . . . 156.

Gegenstände und Umfang der Bundesgewalt . . . . 166.

Organische Bundeseinrichtungen . . . . . 215.

Fünfter Abschnitt.

Der Deutsche Bund in seiner weitern Entwicklung . . . . 270.

Seite

Sechster Abschnitt.

Gegenwärtiger Stand der Dinge im Deutschen Bund . . . . 321.

Siebenter Abschnitt.

Die Politik der Regierungen und die Politik der Völker . . . . 363.

Erster Abschnitt.

Geschichtlicher Ueberblick der frühern Perioden deutscher Staatsgeschichte.

Wer, unbekannt mit der Geschichte früherer Jahrhunderte, den gegenwärtigen Zustand der deutschen Nation in's Auge faßt, der würde sich nicht träumen lassen, daß die Deutschen einst das freiste Volk der Erde waren. Aber die ältesten Nachrichten zeigen in den Wäldern der Germanen uns das Land, worin die Freiheit ihre Heimath hatte und von wo ihr Geist in alle Länder unsers Welttheils sich verbreitete.

Auf die Freiheit der Volksgemeinde war die ganze bürgerliche Verfassung der Deutschen gegründet, und die Versammlung dieser Gemeinde, bestehend aus der Gesammtheit der wehrhaften freien Männer, bildete den Mittelpunkt aller öffentlichen Angelegenheiten, indem die Gesetzgebung, die richterliche Gewalt und Krieg und Friede der Gemeinde bei ihr war und alle wichtigen Rechtsgeschäfte in derselben vorgenommen werden mußten. Die einzige Obrigkeit im Frieden war der Graf, der in der Zeit, wo die Gemeinde nicht versammelt war, das Richteramt mit Zuziehung eines Ausschusses von Freien (später Schöffen genannt) verwaltete. Im Kriege ward ein Herzog aufgestellt und mit der ausgedehntern Gewalt eines Feldherrn bekleidet.

Eine Ungleichheit der Rechte machte sich zwar auch schon hierin geltend. Denn die Geschlechter, aus welchen beiderlei Obrigkeiten durch das Volk gewählt wurden, ursprünglich vielleicht die reichsten Grundbesitzer, oder eine Priesterkaste, waren edel und die Abstammung von ihnen gab gewisse Vorzüge, wie das Recht der Erledigung minderwichtiger, so wie der Vorberathung aller Angelegenheiten, welche von der Volksversammlung zu entscheiden waren; das Recht, ein Dienstgefolge aus wehrhaften freien Männern zu errichten, und das Schutzrecht über unfreie Personen auf dem ausgedehnten Landeigenthume, dessen Besitz den deutschen Adel charakterisirt. Indessen scheint die Unfreiheit, die bei den ältesten Volksgemeinden, wo nicht unbekannt, doch selten war, hauptsächlich erst bei zunehmender Bevölkerung durch spätere Einwanderer, welche die frühern Bewohner unterjochten, entstanden zu seyn, und die Verfassung blieb, des Unterschieds der Stände ungeachtet, demokratisch. Die vom Volk erwählte Obrigkeit für Krieg und Frieden war abhängig von der Volksversammlung, die sich vorbehielt, über alle wichtigen Gesammtangelegenheiten in jedem Augenblick nach freiem Gutfinden zu entscheiden. Statt positiver staatsrechtlicher Normen, statt einer feststehenden Vertheilung der politischen Rechte und Gewalten an verschiedene Stände und Familien nach der Art eines Eigenthums, befolgte man den einfachen Grundsatz, daß über Gegenstände des Gesammtwohls immer der Gesammtwille als das einzige Gesetz entscheide, und dasselbe oberste Prinzip, das die politische Weisheit unsrer Tage in den verwickelten Verhältnissen unseres Staatslebens vergeblich festzuhalten strebt, diente jenen unverkünstelten Naturen schon zum Leitstern. Nur privatrechtliche Verhältnisse, wo es auf Vermögen und

Eigenthum, mithin zunächst auf den Vortheil des Einzelnen, nicht der Gesammtheit ankommt, waren durch festes, bleibendes Gesetz geregelt. Die Gesetze aber giengen allenthalben unmittelbar aus dem Volke selbst hervor und auch ihre Anwendung und Fortbildung durch das Richteramt lag in seinen Händen. Denn jeder freie Mann durfte nur durch Seinesgleichen, durch gewählte Schöffen aus dem Volke öffentlich gerichtet werden, welche das Urtheil fanden, das der Richter dann nur aussprach und vollzog, das aber die Gemeinde „schelten“ oder verwerfen konnte. Ebenso verstand es sich nach den Begriffen der Germanen ganz von selbst, daß der freie Mann Niemanden eine Steuer zu entrichten schuldig war und daß sein Eigenthum frei seyn mußte von jeder Art von Grundlasten, Diensten oder Abgaben. Nicht minder gehörte das Recht, Waffen zu tragen, zu den wesentlichen Rechten eines jeden freien Gemeindegenossen und wurde in solchem Umfang ausgeübt, daß es von seiner Wahl abhing, ob er bei Streitigkeiten mit Andern sich richterlicher Entscheidung unterwerfen, oder mit gewaffneter Hand sich selbst Recht an seinem Gegner verschaffen wollte. Auch das Recht, Verbindungen zu schließen und zu diesem oder jenem Zweck sich in Genossenschaften zu vereinigen, unterlag nirgends einer Beschränkung.

Vorstehendes sind die Grundzüge einer Verfassung, die am längsten bei den Friesen sich erhielt. Dieses eben so tapfere, als freiheitstolze Volk, dessen Abgesandte in dem Schauspielhaus zu Rom die ersten Plätze einst uneingeladen eingenommen hatten, weil „kein Volk der Welt an Tapferkeit und Treue den Germanen gleiche", bildete noch bis in das dreizehnte Jahrhundert eine Vereinigung von sieben größern Provinzen oder Seelanden, jedes in verschiedene Distrikte oder Gaue abgetheilt, worin der Adel und die Freien eine Gemeinde bildeten. Eine solche hatte mehrere Vorsteher unter dem Namen von Richtern, weil jede einzelne der kleinern Landsgemeinden, die zum Gau gehörten, ihren Richter mit Gewalt auf ein Jahr setzte. Unter Leitung dieser Richter wurden die Gauversammlungen gehalten, bei welchen die gesetzgebende und die richterliche Gewalt des Gaues war. Aus allen Seelanden aber traten Richter und ein Ausschuß aus den Gaugemeinden jedes Seelands in eine große friesische Landsgemeinde zusammen, von der ohne Zweifel alle Angelegenheiten berathen und geordnet wurden, die sich auf gemeinsame Landesvertheidigung bezogen. Ferner übte sie die gesetzgebende Gewalt in öffentlichen und Privatsachen über ganz Friesland und eine richterliche Gewalt, deren Hauptgegenstand die Erhaltung des Landfriedens im Innern gewesen zu seyn scheint. Für die Zeit, wo diese Gemeinde nicht versammelt war, wählte sie einen Ausschuß von geschwornen Richtern, welcher für die Dauer seiner Amtsgewalt ihre Stelle vertrat und die Beschlüsse der Gemeinde auszuführen hatte. Der Adel hatte kein Uebergewicht in der Versammlung; aber Adel, Geistlichkeit und Volk beriethen sich auf den Landtagen als verschiedene Stände zuerst abgesondert und vereinigten sich dann eines gemeinsamen Beschlusses.

Auf ähnliche Weise waren bis zum achten Jahrhundert die Sachsen in drei Stämme, jeder von zwölf Gauen, abgetheilt und das gesammte Volk zerfiel in die drei Stämme der Edelinge, der Freien und der Freigelassenen. Jeder dieser Stände sandte aus jedem Gau einen Vertreter zu der großen Volksversammlung, die im Frieden über allgemeine Landesangelegenheiten rathschlagte. Im Kriege dagegen wählten die Sachsen einen Herzög, dem sie unumschränkte Gewalt verliehen, der aber nach Beendigung des Kriegs seine Würde niederlegen mußte.

Mehr oder minder glich wohl diesem Bild die Urverfassung aller deutschen Völker, und da dem Freiheitssinne der Germanen, welchen die beschriebene Volksverfassung beurkundet, ihr kriegerischer Muth und eine angestammte wilde Tapferkeit entsprach, so hätte die ursprüngliche Freiheit einer so zahlreichen, durch hohes Ehrgefühl und Sittenreinheit ausgezeichneten Nation nicht untergehen können, wenn ihr Freiheitsdrang nicht eine falsche Richtung genommen hätte und ihr kriegerischer Muth nicht in Eroberungslust ausgeartet wäre. Allein die ungebundene Freiheitsliebe des Germanen erzeugte in ihm einen Widerwillen gegen jede, wenn auch noch so heilsame Beschränkung, die den Einzelnen den Zwecken der Gesammtheit unterordnet. Unähnlich jenen durch ihren Gemeingeist großen Völkern des Alterthums, denen der Begriff des Staats mit dem Begriffe einer Stadt zusammenfiel, hielten sie schon das Zusammenwohnen in den Städten für den ersten Schritt zu dem Verlust der Unabhängigkeit. Mancher war sogar auf seine angeborene Freiheit so eifersüchtig, daß er jeden bürgerlichen Verband verschmähte und keine Gewalt des Staates über sich erkannte. Doch vereinigte die gemeinschaftliche Nutzung von Grund und Boden die einzelnen Wohner oder Pflanzer, durch welche das Land seinen ersten Anbau erhielt, in Markgenossenschaften, deren mehrere zusammen dann nach Stammverwandtschaft einen Gau, die eigentliche Volksgemeinde oder Gaugemeinde, bildeten. Größere Völkerverbindungen, zu gemeinschaftlicher Eroberung oder Vertheidigung eingegangen, waren in der Regel nur von kurzer Dauer, und was Armin, der Befreier Deutschlands, mit dem Leben büßte, war vielleicht nichts anderes, als ein Versuch, die deutschen Völker, welche unter seiner Anführung die Römer überwunden hatten, durch eine bindende Gewalt auf immer zu vereinigen.

Die deutschen Volksgemeinden, auch wenn von mehreren derselben der Adel und der Rath der Grafen bei gemeinsamen Angelegenheiten in größere Gemeinden zusammentrat, umfaßten daher mit einem locker genug geknüpften Bande stets nur einzelne Volksstämme, nie die ganze Nation; und so erscheint schon in den ältesten Urkunden die zahlreiche Familie der Deutschen in eine Menge von einander unabhängiger Völkerschaften, die am liebsten wandernd, abentheuernd und erobernd sich nach allen Richtungen zerstreuen, aufgelöst, ihre ursprüngliche Einheit aber kaum noch in der Sage von einem gemeinschaftlichen Stammvater, dem Gott Tuiskon, mythisch festgehalten. Wie der freie Deutsche nicht einmal in der Gemeindeverbindung dem Recht der Selbsthülfe und der Blutrache gegen den Gemeindegenossen entsagte, so bekriegten und verdrängten auch die einzelnen Stämme wechselsweis einander und ihre Namen kommen und verschwinden wie Wellen, die von andern Wellen weggeschwemmt und überfluthet werden. Von der Menge deutscher Völker, die uns Tacitus benennt, sind die meisten schon der spätern Geschichte unbekannt, und bei der losen Verbindung sogar unter blutsverwandten Stammgenossen, war es möglich, daß durch Mischungen und Zusammenschmelzungen der verschiedensten Art, bald friedlich, bald gewaltsam, ganz neue Völker entstanden, wie besonders die Geschichte der Allemannen beweist.

Wir sehen daher in der ersten Zeit die urkräftige deutsche Nation in dem Besitz der vollsten Freiheit, aber ohne Einheit und organischen Zusammenhang, weil diese auf Kosten der individuellen Freiheit der Einzelnen und ganzer

Stämme Opfer gefordert hätte, die dem egoistischen Freiheitsbegriff des Deutschen widersprachen. Zu einem solchen Opfer war der Deutsche nur bereit, wenn es galt, seine Kriegs- und Beutelust und seinen Drang nach Abentheuern zu befriedigen. Das Heldenthum war ihm der edelste Beruf, der Schlachtentod der Weg zu einer seligen Unsterblichkeit, und Sehnsucht nach einer schöneren Sonne lockte aus den Wäldern in die Ferne. So ergaben Männer, die sonst nur den Geist der Freiheit athmeten, sich einem kriegerischen Führer aus der Zahl der Edeln und gelobten, als vertraute Waffengefährten ihm in jeden Kampf zu folgen und an seinem Hof im Frieden Ehrendienste zu verrichten. Viele deutsche Völker sind sogar aus einem solchen Dienstgefolge entstanden, das, wenn eine Eroberung gelang, durch Ankömmlinge von verwandten und entferntern Stämmen sich verstärkte.

Bei Völkern, die auf solche Weise sich gebildet, stand dann über der aus Adel und aus Freien zusammengesetzten Volksgemeinde und deren Obrigkeit ein Fürst mit meistens erblicher, doch nicht ausschließlicher und noch viel weniger willkührlicher Gewalt. Auch bei solchen Völkern dienten die Freien dem König in keinem Krieg, den sie nicht selbst beschlossen hatten, erkannten keine Strafgewalt, keine Gesetzgebung des Königs über sich und zahlten ihm keine Abgabe. Aber anstatt des sonst vom Volk erwählten Grafen stand unter diesem Namen ein fürstlicher Beamter den Volksgemeinden vor, und der gesammte Adel hatte die Verpflichtung, in jedem Krieg, zu dem er aufgeboten wurde, mit seinen Dienstleuten auszuziehen. Schon Tacitus erwähnt nämlich verschiedener Grade oder Rangstufen, welche unter den Gefolgschaften stattfanden, und bedeutende Eroberungen konnten wohl nur dann gelingen, wenn die sämmtlichen Gefolgschaften desselben Stammes oder alle Edeln, welche kein zu selbstständigen Unternehmungen hinreichend großes Dienstgefolge hatten, zu einer großen Gefolgschaft unter dem tapfersten und angesehensten Dienstherrn sich vereinigten. Der ganze Adel stand also zu Letzterem in dem Verhältniß eines Dienstgefolges, und in dieser Eigenschaft hatte er mit seinen eigenen Dienstleuten nächst dem Fürsten den Hauptantheil an der Eroberung; ihm fielen daher auch von dieser große Länderstriche zu, in welchen er die unterjochten frühern Eigenthümer als Unfreie schützte. Dadurch hob sich denn die Macht des Adels und mit ihr nothwendig auch die Macht des Fürsten, welchem dieser Adel zu besondrer Diensttreue verpflichtet war. Dagegen mußte bei dem Volk der Werth der Freiheit sinken, seitdem der Adel mit dem Beispiel einer freiwilligen Abhängigkeit, die ihm so reich belohnt wurde, voranging und seitdem auch der nichtadelige Dienstmann im Gefolge des Fürsten oder eines Edeln viel leichter zu einem Antheil an der Beute gelangte, als der unabhängige Freie in der Volksgemeinde. Zu gleicher Zeit benutzte wohl der König selbst die große Beute, die ihm zufiel, um den Adel noch enger an sich zu schließen und die Freien zur Dienstnahme im Gefolge anzulocken, indem er seine zahlreichen Güter Einzelnen, die seine Gunst vorzüglich zu erlangen wußten, als Belohnung zum Genusse gab.

So wuchs fortwährend die Gewalt und das Ansehen der erobernden Heerkönige, und da der Geist der Eroberung nicht freiwillig stillsteht, die in der Heimath zurückgebliebenen freien Volksgemeinden aber in ihrer Vereinzelung nicht die erforderliche Kraft des Widerstands besaßen, die nur eine feste, bindende Vereinigung ihnen hätte geben können: so gelang es nach langen und hartnäckigen Kämpfen den Beherrschern des mächtigsten der durch Eroberung entstandenen Reiche, des in Gallien gegründeten Reichs der Franken, ihrer Alleinherrschaft allmählig alle freien deutschen Volksstämme zu unterwerfen und denselben ihre Staatsverfassung aufzudringen.

Mit dem Reiche Karls des Großen, der um's Jahr 803 die Sachsen überwand, schließt daher die erste Hauptperiode der deutschen Geschichte, die der Freiheit ohne Einheit oder die demokratische, und beginnt deren zweite Hauptperiode, die der Einheit auf Kosten der Freiheit oder die monarchische.

Dem Genie des großen Frankenkönigs Karl gelang es nämlich, die erzwungene und künstliche Einheit der Unterwerfung durch Waffengewalt in eine ächte, wahrhaft nationale Einheit durch die Macht des Glaubens zu verwandeln. Politische und religiöse Einrichtungen stehen bei den Deutschen schon im fernsten Alterthum in unverkennbarem Zusammenhang, und wenn auch nicht bewiesen werden kann, daß der deutsche Adel in seinem Ursprung eine Priesterkaste war, so ist doch höchst wahrscheinlich, daß die aus ihm erwählten Obrigkeiten auch dem öffentlichen Götterdienste vorstanden. Daraus erklärt sich denn das innige Verhältniß, welches ebenso nach der Annahme des Christenthums zwischen Staat und Kirche, zwischen weltlichem und geistlichem Adel, stattfand. Immer ließ der König die im Besitz des reichen Kirchenguts befindlichen Bischöfe auch an der Berathung weltlicher Angelegenheiten Theil nehmen, indem er zu diesem Zweck entweder auf bischöflichen Synoden in Begleitung seiner Vasallen und Beamten erschien, oder die Bischöfe zu den Versammlungen seiner Getreuen, in denen wichtige Reichsangelegenheiten überlegt wurden und aus welchen später die Reichstage sich entwickelten, berief. Ueberdieß bediente sich der fränkische König der Bischöfe, um die Verwaltung der Grafen, und der Grafen, um die Verwaltung der Bischöfe zu kontroliren.

So war das Band zwischen Staat und Kirche schon sehr fest geschlungen, als im Jahr 800 Papst Leo III. Karl dem Großen bey seinem Aufenthalt in Rom am Weihnachtsfeste während des Gottesdienstes ganz unerwartet eine Kaiserkrone aufsetzte und unter dem Zujauchzen der versammelten Menge ihn zum römischen Kaiser ausrief. Dieser Akt der Politik wurde sofort als eine göttliche Eingebung dargestellt, und die damals sehr hohen, obgleich dunkeln Vorstellungen von der Gewalt eines römischen Kaisers, welche Gott dem König anvertraut, mußten seinem Ansehen nothwendig sehr günstig seyn. Die Idee des Kaisers ward des Mittelalters Sonne, worin alle Stralen weltlicher Herrlichkeit zu einer Glorie zusammenflossen, und wenn später auch die kaiserliche Gewalt dem Wesen nach zerstört und nur ihr Name noch vorhanden war: so dauerte das deutsche Reich, getragen und geheiligt durch die Macht des Völkerglaubens, doch bis auf die Zeit des Rheinbunds fort.

Was indeß die Nation hiedurch an Einheit gewann, das verlor sie bald an Freiheit. Man gewöhnte sich an den Gedanken, daß die gesammte Christenheit ein Oberhaupt in der Person des Kaisers aller deutschen Völker haben müsse, ertrug aber auch jetzt um so williger die von dem ersten Thron der Welt ausgehenden Beschränkungen. Obgleich von dem erhabenen Gründer trefflich eingerichtet und mit möglichster Schonung deutscher Eigenthümlichkeit und Volksfreiheit verwaltet, konnte doch das ungeheure Reich seinen militärischen Ursprung nicht verläugnen. Ueber den einst völlig freien Volksgemeinden standen nunmehr die vom Könige ernannten Grafen, deren jeder mit Hülfe seiner

Unterbeamten die Gerichtsbarkeit in seinem Amts-sprengel übte und im Krieg den Heerbann seines Gau's versammelte und anführte. Durch das allmählige Zusammenschmelzen der Deutschen und der in Gallien unterworfenen Römer zu einem Volke, waren viele Leistungen und Dienste, welche sonst nur die Römer trafen, gemeine Last geworden. Die Ausbildung und immer allgemeinere Verbreitung des Dienstverhältnisses mag den Weg dazu gebahnt haben, das Verhältniß des Volks durch die Einführung des unfreiwilligen Kriegsdienstes oder des Heerbanns demjenigen gleich zu machen, in welchem ursprünglich nur die Vasallen des Königs standen; und zuletzt wollte der König auch nicht mehr mit der bloßen Treue eines freien Dienstmanns sich begnügen, sondern forderte vom Volke den Gehorsam eines Unterthans.

Wenn sodann der König auch nicht unumschränkter Herrscher war, sondern die oberste Gewalt in Gemeinschaft mit den Reichsständen ausübte, welche jährlich zu einer allgemeinen Reichsversammlung zusammentraten, um den Plan der Reichsgeschäfte für das ganze Jahr ordnen zu helfen: so waren doch die Volksgemeinden von der wirklichen Theilnahme an diesen Reichstagen,

auf

auf welchen bloß die Bischöfe, Aebte und von den Getreuen weltlichen Standes der Adel oder die in Hof- und Staatsämtern Stehenden mit Stimmrecht erschienen, ausgeschlossen. Nur diejenigen Beschlüsse, durch welche etwas an den Volksgesetzen geändert wurde, mußten von den Volksgemeinden auf besondern Landtagen angenommen werden, und dergleichen Landtage wurden in jeder Provinz durch einen alljährlich vom König abgeordneten Sendgrafen abgehalten, dessen Hauptbestimmung war, den Zustand der Provinz, so wie die Amtsführung der Grafen und Bischöfe zu untersuchen, die gräflichen Unterbeamten mit Rath der Grafen und wenigstens nicht gegen den Willen des Volks zu bestellen und die Wahl der als Urtheiler den Grafen aus der Zahl der freien Gemeindebürger beizugebenden Schöffen zu leiten.

Diese Theilnahme der Gemeinde an der Rechtsgesetzgebung und an der Ausübung des Richteramts war aber nur ein dürftiges Ueberbleibsel der ehmaligen Volksfreiheit, und sogar die Zahl der Freien nahm in dem Verhältniß ab, in welchem die Könige die Kraft verloren, das Volk gegen die Anmaßungen ihrer mächtigen Vasallen und Beamten zu beschützen.

Unter Karls des Großen schwachen und uneinigen Nachkommen stieg nämlich das Ansehen der Vasallen, welche jetzt die Stände des Reichs bildeten, auf eine vorhin nie erreichte Höhe. Der Herzog, der im Kriege aufgestellt war, um den Heerbann einer ganzen Provinz (bestehend aus dem Adel mit seinen Dienstleuten und aus den unter den Grafen ausziehenden Freien) anzuführen, behielt auch nach geendigtem Feldzuge die ihm anvertraute Macht. Bald hatte jedes besondre deutsche Volk seinen eigenen Herzog. Die Anstalt der Sendgrafen verfiel, der Adel und die Staatsbeamten wurden durch keine Gegenwirkung mehr in Unterdrückung des gemeinen Volks zurückgehalten und sie stürzten dieses in den Zustand einer allgemeinen Knechtschaft.

Schon der Heerbann, wie er unter Karl dem Großen noch bestand, war von königlichen Vasallen, welche Staatsämter bekleideten, dazu mißbraucht worden, einen Theil der Freien ihrer persönlichen Freiheit und ihres ächten Eigenthums zu berauben, indem Viele, um den unaufhörlichen Aufgeboten zur Heerfolge zu entgehen, sich entschließen mußten, Dienstleute oder Hörige der Bischöfe, Grafen und Edelvögte zu werden, und ihr Erbgut entweder ganz, oder wenigstens als

Lehen hinzugeben. Als aber vollends seit dem zehnten Jahrhunderte der Adel den durch die Verwandlung des Heers in Reiterei (wegen der erforderlichen größern Uebung und kostspieligern Ausrüstung) weit lästiger gewordenen ordentlichen Reichsheerdienst ausschließlich übernahm und ihn mit seinen Dienstleuten und den zum Ritterdienst geeigneten Freien leistete, vermochten sich in dem Besitz der angestammten Freiheit fast überall nur Diejenigen noch zu behaupten, welche aus dem Bann der mächtigen Dienstherren in die damals aufblühenden und sich selbst regierenden Städte flüchteten, oder deren Erbgut groß genug war, um einer rein kriegerischen Lebensweise, wie der Ritterdienst sie forderte, sich zu ergeben. Den übrigen gemeinen Freien blieb dagegen keine andere Wahl, als entweder selbst in die Reihe der Dienstleute des Adels einzutreten, oder den Heerbannsherren für die Uebernahme des Reichsdienstes eine Entschädigung zu bezahlen, die, ziemlich willkührlich bestimmt, in eine bleibende Last überging, und den bisher freien Mann mit dem Verlust seiner kriegerischen Ehre in einen abgabepflichtigen Hintersassen seines Schutzherrn verwandelte. Und diese schutzpflichtigen und ebendarum schutzlosen Landsassen wurden im Verlauf der Zeit allmählig den Leibeigenen und andern unfreien Hintersassen gleichgestellt, um in Gemeinschaft mit denselben alle Lasten der bürgerlichen Gesellschaft nach dem Gutdünken der bevorrechteten Stände zu tragen.

Wenn daher in dieser Periode von deutscher Freiheit die Rede ist, so ist darunter nicht die Freiheit des Volks, sondern hauptsächlich die des Adels zu verstehen, welcher sich in den Besitz von allen wichtigen Hof- und Staatsämtern gesetzt hatte und durch die Inhaber dieser Aemter, in Verbindung mit den meist auch aus seiner Kaste stammenden Bischöfen und Prälaten, was sonst Hoheitsrecht der freien Volksgemeinde war, nämlich die Wahl der höchsten Obrigkeit für Krieg und Frieden, oder jetzt des Kaisers, und die Berathung aller wichtigen Reichsangelegenheiten an sich riß. Dieser Adel, dem sich späterhin die rittermäßigen Freien und Dienstleute unter dem Namen der Ritterschaft als niederer Adel angeschlossen, blieb zwar immer eifersüchtig genug auf seine Freiheit, aber es war jene anarchische selbstsüchtige Freiheit, welche über sich kein anderes Gesetz erkennt, als ihren Willen, keinen Richter, als ihr Schwert, und die einer höhern Einheit sich nur so lang unterordnet als persönlicher Vortheil es erheischt.

Es soll damit nicht gesagt seyn, daß die Schuld der Unterdrückung, die dem Volk bereitet ward, und die sich in der Regel zwischen dem Unterdrücker und dem Unterdrückten theilt, in Deutschland dem Adel allein zur Last falle. Der deutsche Adel zeigte durch das ganze Mittelalter manche jener glänzenden Eigenschaften, welche gut sind in Ermanglung von bessern, und seine Tugenden wie seine Fehler waren die der deutschen Nation, in deren Stelle er sich eingedrängt, deren Universalerbe er, freilich großentheils nur durch Gewalt und Anmaaßung, geworden war. Auch wurde von ihm die Nationaleinheit so lange noch geachtet und bewahrt, als das Bedürfniß fortgesetzten Widerstands gegen die Angriffe fremder Völker aus dem Osten und dem Norden und die Ehrfurcht vor dem Kaiserthum die Kaiserwahl auf Männer lenkte, welche Kraft genug besaßen, um die Reichsvasallen in den Schranken des Gehorsams zu erhalten.

Aber eben dieß war bei der steigenden Macht der Großen immer schwieriger. Denn während durch das Aussterben kaiserlicher Geschlechter und durch öftere Kaiserwahl das deutsche

Reich ein Wahlreich wurde, das der Adel zuletzt durch die an seiner Spitze stehenden sieben Kurfürsten, (mitunter sogar an ausländische Fürsten) auf Bedingungen vergab, gelang es diesem Adel, den Besitz der Reichsämter, welche die Gerichtsbarkeit und den Heerbann über ganze Reichsamts-Sprengel (Herzogthümer, Pfalz-, Mark- und Gau-Grafschaften) oder über einzelne kleinere Herrschaften (einfache Grafschaften) verliehen, in seinen Familien erblich zu machen, und die daraus fließende Civil- und Militär-Gewalt als Eigenthum zu erwerben, die bedeutenden Reichsgüter aber, deren Benutzung ihm als Besoldung für jene Aemter, oder für Hof- und Kriegsdienste zu Lehen gegeben war, gleichfalls in erbliches Eigenthum der damit beliehenen Geschlechter zu verwandeln. So verlor der Kaiser nicht nur das Recht, die höchsten Reichsbeamten oder die Herzoge und Grafen frei zu ernennen, sondern auch die Befugniß, die zu Lehen gegebenen Güter nach dem Tode der Besitzer einzuziehen und einem Andern zu verleihen, da sie auf deren Erben übergingen, wenn diese auch die Dienste, wofür sie gegeben waren, nicht mehr leisteten.

Die natürliche Folge davon war, daß auch

die von solchen Reichsbeamten an ihre Dienstleute und Vasallen verliehenen Aemter und Benefizien erblich wurden, und daß die vom Adel seinen eigenen Dienstmannen überlassenen Lehen, welche er vom Kaiser trug, für das Reich vollends verloren giengen. Denn die Ritterschaft nahm sich den Adel oder Herrenstand zum Muster; wie dieser dem Kaiser gegenüber mit Reichsämtern und mit ganzen Territorien verfuhr, so die Ritterschaft den nunmehrigen Landesherren gegenüber mit den kleinern Lehen und Vogteien; wie der kriegslustige Adel sowohl unter sich als mit dem König stets in Fehde lag, so raufte sich mit Höhern und mit Ihresgleichen auch die Ritterschaft, und bediente sich des Faustrechts, um, dem Herrenstande gleich, den Schwächern zu unterdrücken und den gemeinen Freien seiner Freiheit und seines Eigenthums zu berauben.

Die Kirche endlich, die in Deutschland überall die Privilegien des Adels theilte, und ihre höchsten Würdenträger, die Erzbischöfe, Bischöfe und Reichsäbte meist aus seiner Mitte nahm, war in dem allgemeinen Wettstreit nicht zurückgeblieben. Sie benützte jenen frommen Eifer, womit alle Stände der Gesellschaft, die Könige und Kaiser als Errichter der Bisthümer an der Spitze, sie beschenkten und beliehen, zu beständiger Vermehrung ihres Eigenthums, wie ihrer Dienstleute und Schutzhörigen, und auch der geistliche Adel wußte die herzoglichen Rechte und das Grafenamt für Bisthümer und Stifter zu erwerben.

Nachdem aber einmal der Adel durch Verwandlung der herzoglichen und gräflichen Amtsrechte in Familieneigenthum erbliche Landeshoheit erworben hatte, strebte er mit nur allzuglücklichem Erfolge dahin, diese Landeshoheit fortwährend sowohl auf Kosten des Reichs, als der Nation zu erweitern. Mehr und mehr verschwand unter solchen Bestrebungen der Geist einträchtigen Zusammenwirkens für das Wohl des Ganzen; fast alle Staatsverhältnisse verloren durch den Uebergang der wichtigsten Hoheits- und Regierungsrechte in die Sphäre des Privateigenthums den großartigen öffentlichen Charakter; überall wurde das Recht durch das Vorrecht verdrängt oder mußte, da das Recht aller Rechte, die ursprüngliche Freiheit der Gemeindegenossen (mit Waffenrecht, Einigungsrecht, Schöffenbarkeit, Autonomie und Abgabenfreiheit) zum Privilegium besondrer Stände geworden war, die Gestalt des Vorrechts annehmen. Die Majestät des Kaiserthums behauptete nur dann noch einen Schimmer von dem alten Glanze, wenn ein mächtiger Reichs- oder gar ein fremder Fürst die Krone trug, und wenn früher der Kaiser seine Gewalt, Recht und Frieden zu handhaben, selbst oder durch seine Beamten ausübte, so gebührte diese Gewalt nunmehr denjenigen, die sie zu eignem Rechte, wenn gleich nur lehnsweise besaßen. Die mächtigen Landesherren aber, die als geistliche und weltliche Reichsfürsten unter dem deutschen Adel jetzt die erste Rangstufe einnahmen, nicht damit zufrieden, daß der Herrenstand das Volk (mit alleiniger Ausnahme der Reichsritterschaft und der Reichsstädte) aus der unmittelbaren Verbindung mit dem Reiche verdrängt und zwischen Beide sich gestellt, auch Beide ihrer wichtigsten Befugnisse und ihres werthvollsten Eigenthums beraubt hatte, nahmen zuletzt in ihren Territorien die gesammte Staatsgewalt für sich allein in Anspruch.

Von den Volksgemeinden war nämlich auf den Kaiser und die Reichsfürsten zwar die oberste, doch keineswegs die gesammte öffentliche Gewalt übergegangen. Insbesondere blieb das Recht der Gesetzgebung und der Besteurung an die Mitsprache und Einwilligung derjenigen gebunden, welche den Gesetzen Folge leisten und die Steuern bezahlen sollten. Deßwegen konnte kein Reichsgesetz errichtet, keine Reichssteuer umgelegt werden ohne Zustimmung der Reichsstände, welche das Volk, wie im Reichsheerdienst, so auch in allen übrigen Verhältnissen zum Reich vertraten, und ebenso konnte in den Territorien kein Landesgesetz erlassen, keine Landessteuer erhoben werden ohne Zustimmung des Volkes, d. h. der Freien, zu denen aber jetzt beinahe überall nur noch die Geistlichkeit, die Ritterschaft und die Städte gehörten. Diese Stände bildeten daher allmählig eine geschlossene Körperschaft, deren Rath der Landesherr in allen wichtigern Landesangelegenheiten zu vernehmen, und deren Einwilligung er zu Landesgesetzen und zur Ausschreibung von Steuern einzuholen hatte. Da nun die Reichsstände dafür zu sorgen wußten, daß die Reichsregierung sich nur mit den allgemeinsten Reichsangelegenheiten beschäftigte, ihre gesetzgebende Gewalt hauptsächlich auf die Rechte und Verhältnisse der Reichsstände selbst beschränkte, und in die Verwaltung und Gesetzgebung der Territorien nur da eingriff, wo die Erreichung allgemeiner Zwecke es durchaus nothwendig machte:

so blieb der Autonomie der Landesherren und ihrer Stände ein sehr ausgedehntes Feld, besonders in der Sphäre des Privatrechts und des Polizei- und Regierungsrechts überlassen. Und diese dem Landesherrn und den bevorzugten Ständen gemeinschaftlich zustehende Autonomie, die freilich nicht hindern konnte, daß Ritterschaft und Geistlichkeit der Theilnahme an den öffentlichen Lasten sich entzogen und, was sie an Beiträgen bewilligten, auf ihre Hintersassen wälzten, bildete, vorzüglich durch die Concurrenz des dritten Standes, so lange noch die letzte Schutzwehr deutscher Volksfreiheit, bis die mächtigern Reichsfürsten auch das Recht der Landesgesetzgebung in Justiz- und Polizeisachen sich als eine selbstständige Befugniß anmaaßten, und die Stände sogar ihres wichtigsten Rechts, des Rechts der Selbstbesteurung, beraubten. Denn in vielen Territorien, namentlich in Oestreich, Baiern und in den Brandenburgischen Ländern, kamen die Landstände zuletzt bloß noch als Behörden in Betracht, die zu Vertheilung und Erhebung der Steuern dienen mußten. Der Despotismus stieg, als seit der Erfindung des Schießpulvers geworbene oder gewaltsam ausgehobene stehende Heere die ritterliche Lehnsmiliz verdrängten, ohne daß die Ritterschaft bei den hiedurch gesteigerten Ausgaben sich zu andern Leistungen für die nun aufhörenden Ritterdienste verstehen wollte, und in dem Maaße, wie durch den Gebrauch der Söldner die autokratische Gewalt der einzelnen Landesregierungen zunahm, wuchs auch ihre Unabhängigkeit und ihre Kraft zum Widerstand gegen Kaiser und Reich, welches den empfindlichsten Stoß dadurch erlitt, daß die durch Unbotmäßigkeit, durch Anmaaßung und Unterdrückung großgewordenen Reichsstände sogar in ihren Verhältnissen zum Ausland wie selbstständige souveräne Staaten auftraten, und wohl auch fremde unabhängige Kronen zu dem deutschen Fürstenhut erwarben.

Die Glaubenstrennung des sechszehnten Jahrhunderts, welche einen dreißigjährigen Bürgerkrieg entflammte und die Deutschen lehrte, unter fremder Fahne sich für fremde Interessen zu bekämpfen, war für Deutschlands Fürsten die Losung geworden, dem centrifugalen Triebe, der bis auf Karl den Großen die Vereinigung der Nation gehindert und den Untergang der freien Volksgemeinden vorbereitet hatte, immer rücksichtloser nachzugeben und Erweiterung ihrer Macht jedem gemeinsamen nationalen Interesse vorzusetzen. Der westphälische Frieden sicherte den Reichsständen die Befugniß, sowohl unter sich als mit Auswärtigen, Bündnisse zu ihrer Erhaltung und Sicherheit zu errichten, also diejenige Sicherheit, welche die Reichsverbindung ihnen gewähren sollte, in Verbindungen mit dem Ausland zu suchen, und wenn auch anfangs keiner noch jenes Recht gegen das Reich selbst zu gebrauchen wagte: so galten Allianzen und Verträge mit den fremden Mächten seitdem doch bei den deutschen Fürsten für ein ebenso geeignetes als ehrenvolles Mittel, um selbstsüchtige Zwecke zu verfolgen. Es wurde Grundsatz der französischen Politik, die seit dem dreißigjährigen Kriege einen entschiedenen Einfluß auf die deutschen Angelegenheiten übte, jede aufrichtige Vereinigung zwischen dem Reichsoberhaupt und den Reichsständen zu verhindern, die Absichten des östreichischen Kaiserhauses bei den Fürsten zu verdächtigen, und dieselben durch Subsidien, die manche zur Unterhaltung ihrer stehenden Heere nicht entbehren konnten, an Frankreich zu fesseln. Die Kraft der Reichsverbindung ward allmählig aufgelöst, und noch im Laufe des achtzehnten Jahrhunderts trugen wenigstens die mächtigern Landesherren kein Bedenken mehr, dem Reichsfrieden und den Reichsgesetzen zum Trotz, sich wie unabhängige Staaten unter einander zu bekriegen. Besonders aber wurden die letzten Reichskriege gegen das revolutionäre Frankreich mit einem Mangel an Einheit und mit einer Nachdruckslosigkeit geführt, der Friede durch einseitige Unterhandlungen mit dem Feinde, durch Länderabtretungen und durch die Aufopferung ganzer Klassen der Reichsstände so unwürdig erkauft, daß man wohl sah, wie bereits kein deutsches Reich mehr existirte, sondern an dessen Stelle die verschiedenen weltlichen Fürsten und Herren getreten waren, welche für die an Frankreich abgetretenen Reichslande durch eigenmächtige Vertheilung der reichsunmittelbaren geistlichen Besitzungen und der Reichsstädte sich entschädigten. Zugleich hatte bei den süddeutschen Staaten sich die Meinung festgesetzt, daß ihre künftige Größe und Selbstständigkeit in einer Verbindung mit Frankreich die sicherste Gewährleistung finde. Es bedurfte daher am Ende dieses Zeitraums nur der Erscheinung des gewaltigsten Herrschergenie's, das seit Karl dem Großen eine Kaiserkrone trug, um das untergrabene und baufällige Gebäude seines tausendjährigen Reiches zum Zusammensturz zu bringen und in Trümmer zu zerbröckeln. Nachdem Baiern, Würtemberg und Baden schon 1805 Bundesgenossen Frankreichs gegen Oestreich geworden waren, schlossen im folgenden Jahre sechszehn deutsche Fürsten zu Paris den Rheinbund, erklärten in der Eigenschaft von souveränen Herrschern ihre Trennung von dem deutschen Reiche und beschlossen unter dem Protektorat Napoleons, daß alle zwischen ihren Gebieten belegenen Fürsten, Grafen, Reichsritter und Reichsstädte ihrer Souveränität unterworfen seyn sollten. Noch in demselben Jahre vollendete der deutsche Kaiser die Auflösung Deutschlands dadurch, daß er die römische Kaiserkrone und die Regierung des Reichs niederlegte, und bald waren alle deutschen Staaten bis auf Oestreich und Preußen in den Rheinbund aufgenommen.

In Folge dieser Ereignisse war die deutsche Nation zur tiefsten Stufe der Erniedrigung herabgesunken. Ganz und gar den Interessen Frankreichs aufgeopfert, bluteten die Völker auf den Schlachtfeldern des Eroberers und die Fürsten folgten blindlings seinem Winke. Die Einheit und die Unabhängigkeit der Nation, ja selbst ihr Name war vernichtet und ihre Freiheit wurde immer mehr einem einheimischen Absolutismus zur Beute. Denn die deutschen Fürsten, welche dem französischen Kaiser bei der Demüthigung Oestreichs und Preussens und bei der Vergrößerung Frankreichs auf Kosten Deutschlands beistanden, um dafür durch eingezogene Besitzungen ehemaliger Mitstände belohnt zu werden, nahmen sich auch in ihrer innern Staatseinrichtung und Verwaltung seinen militärischen Despotismus zum Muster. Dabei möchte der so oft gerühmte Vortheil, daß gar manche kleine Landeshoheit aus der Reihe selbstständiger Fürsten verschwand, als ein ziemlich zweifelhafter Gewinn erscheinen, wenn man dagegen den gesteigerten Souveränitätsstolz Derer, welchen Frankreich einen Theil des Raubes schenkte, in die Wage legt. Der einzige Lichtpunkt in dem düstern Bilde liegt vielmehr darin, daß der Despotismus deutscher Souveräne nicht allein die Freiheit, sondern theilweis auch die Ungleichheit vernichtete, und, indem er weder Recht noch Vorrecht gelten ließ, auch manchen verjährten Mißbrauch, manches lästige Erbstück der Vergangenheit und manches Hinderniß für künftige Vervollkommnung der Staatseinrichtungen zerstörte. Die gewaltthätige Durchführung neuer Theorien und politischer Systeme mußte den Ideen überhaupt das Feld des Positiven und des

Praktischen eröffnen, und dem Geist der Forschung, welcher seit der Reformation die Deutschen in der Freiheit des Gedankens einen geistigen Ersatz für äußere Beschränkung suchen ließ, eine entschiedene Richtung auf Gesetzgebung, auf Recht und Staatsverfassung geben. In Frankreich hatten zwar die Schöpfungen der Revolution, die eine Masse von Begriffen in Bewegung setzte, sich nur kurze Zeit erhalten; das Beispiel Nordamerika's dagegen zeigte um so glänzender, was bei schonender Beachtung des gegebenen Zustands, der nie ungestraft vergessen wird, der geläuterte Begriff vermöge. Die Prinzipien von absoluter Staatsgewalt, nach denen die Regierungen verfuhren, waren daher nur die Vorboten anderer, mit welchen die erwachte, prüfende Vernunft der Völker die Anmaaßungen der Gewalt zurückweisen und das Reich des blinden Glaubens an Bestehendes und Ueberliefertes zerstören, die öffentliche Meinung sich zu einer Macht erheben und durch Wiederbelebung des abgestorbenen gesellschaftlichen Zustandes eine neue Zeitrechnung beginnen konnte.

Und diese neue Zeit sollte über Deutschland aufgehen, als die Fürsten wie die Völker, ihrer

Schande überdrüssig, gegen den, zuerst durch die Gewalt der Elemente überwundenen, Eroberer zusammentraten und die Fesseln, welche er Europa angelegt, zerbrachen.

Zweiter Abschnitt.

Die Errichtung des Deutschen Bundes.

Mit der Auflösung des Rheinbunds hatte die Geschichte Deutschlands einen Wendepunkt erreicht, der ihren Eintritt in eine neue Periode der Entwicklung des nationalen Gesammtlebens bezeichnet.

Wie nämlich jede Hauptperiode der Geschichte einer Nation ihre besondre Bestimmung zu erfüllen hat, so trägt auch jede ihren eigenthümlichen Charakter; sie empfängt denselben von dem herrschenden Gedanken, der in ihr die Nation bewegt. Dieser herrschende Gedanke war in der Urzeit der deutschen Geschichte die Freiheit gewesen; mit der Stiftung der fränkischen Monarchie begann jedoch der Kampf der Unterjochung gegen die Freiheit, und der Zeitpunkt, wo die Freiheit aller deutschen Völker in der Alleinherrschaft des fränkischen Königs unterging, bildet daher den Schluß der ersten Hauptperiode, der demokratischen. In dem folgenden Zeitraume ist dagegen die Idee der Einheit das regierende Gestirn; diese mußte jedoch seit der Reformation immer entschiedener der Vielheit weichen, und der Zeitpunkt, wo die Einheit des deutschen Reichs wieder in die Souveränität der Rheinbundsstaaten und Oestreich's und Preußen's auseinanderfiel, macht den Schluß der zweiten Hauptperiode, der monarchischen.

Als die bewegenden Kräfte treten also in der politischen Geschichte unserer Nation die Freiheit und die Einheit hervor. Wie aber alles Leben in einer Wechselwirkung verschiedener Kräfte besteht, so ist es auch die Wechselwirkung und das wandelbare Verhältniß jener zwei Gedanken oder Kräfte, wodurch das Gesammtleben der deutschen Nation in jeder Periode seine Richtung erhält. Wo die Kräfte kämpfen, da ist Leben; aber das einseitige Uebergewicht der einen über die andern rächt sich, wie alles Uebermaaß, durch Selbstzerstörung, und seine reichste, höchste Blüthe treibt das Leben nicht im Kampf feindseliger Elemente; sie ruht schwebend auf dem Gleichgewicht versöhnter Gegensätze.

Wirft man nun einen Rückblick auf die bisher abgelaufenen Perioden, so sieht man, mit Ausnahme der mythischen Vorzeit, wo die Deutschen ohne Zweifel eine einzige freie Familie bildeten und woher die Gleichheit ihrer Sprache, Denkart, Rechtsanschauung und Gebräuche stammt, Freiheit und Einheit nie im rechten Gleichgewichte neben einander, sondern wechselseitig im ungleichen Kampfe sich verdrängend. Denn der selbstsüchtige Sonderungstrieb der Deutschen wirkte dahin, daß die beiden Elemente ihres Lebens in beständiger Fehde lagen und zu einer ächten und heilbringenden Versöhnung nie gelangen konnten. Bei ihrem frühesten Erscheinen hatte schon der Hang zu schrankenloser Ungebundenheit die freien deutschen Völker aus der Einheit ihres Ursprungs losgerissen. Aber wie nach dem gewöhnlichen Lauf der Dinge in der Demokratie die anarchische Freiheit der Faktionen von dem Despotismus eines Einzigen verschlungen wird: so bedurfte es auch in der ersten oder demokratischen Periode der Geschichte Deutschlands nur des in dem Reich der Franken con=

centrirten Ueberrests von Einheit, um die durch Trennung und Partheiung geschwächte Freiheit zu überwältigen und die in sich getheilte Nation dem Scepter eines Einzigen zu unterwerfen. In der zweiten oder monarchischen Periode dagegen, wo die wiederhergestellte Einheit, statt sich mit der Freiheit zu versöhnen, fortfuhr, diese zu verfolgen, wurde durch die fortgesetzte Unterdrückung der Volksfreiheit, (ohne welche es dem freigebliebenen Herrenstande nie gelungen wäre, die Kräfte des Volks für sich zur Untergrabung der Reichsgewalt zu benutzen,) wiederum die Kraft der Einheit so geschwächt, daß der Rest von Freiheit, welchen die privilegirten Stände sich gerettet, zuletzt hinreichte, um nun auch die Einheit vollends zu zerstören. Weil bis auf Karl den Großen die vom Geist der Sonderung beherrschte Freiheit die Einheit verschmähte, rächte sich die letztere als Unterjochung, welche die Freiheit überwand. Weil zur Zeit des Reichs die Einheit die Freiheit von sich stieß, so rächte sich die Freiheit durch Zerstörung der Einheit, wurde aber, da sie abermals dem Erbfehler der Deutschen, dem Partikularismus sich ergab, im Augenblick ihres Triumphes selbst einem ausländischen Eroberer zur Beute.

Ein falscher egoistischer Freiheitsbegriff war es, der in der ersten wie in der zweiten Periode durch allmählige Losreißung der Theile von dem Ganzen die Unterjochung herbeiführte, und die kraft- und freiheitstolzen Deutschen ihre Gleichgültigkeit gegen die Nationaleinheit zuerst mit dem Verluste ihrer halben und dann ihrer ganzen Freiheit büßen ließ. Aber die Sünde gegen die Einheit, welche in der ersten Periode die freien deutschen Völker begangen hatten, begingen in der zweiten die durch Unterdrückung des Volks großgewordenen deutschen Fürsten und Herren. Die Unterjochung am Schluß der ersten Periode war eine Unterwerfung der jedem Band freiwilliger Vereinigung unter sich entwichenen deutschen Völker unter die einigende Gewalt eines eingebornen Königs. Die Unterjochung am Schluß der zweiten Periode war eine die Auflösung vollendende Unterwerfung der jeder Unterordnung unter Einen aus ihrer Mitte widerstrebenden deutschen Fürsten unter einen eroberungssüchtigen Fremdling, und der Anfang des neunzehnten Jahrhunderts sah die Nation zerrissen in eine Menge von einander unabhängiger, aber unter die Botmäßigkeit des Auslands gestellter Monarchien, in welchen, gegenüber dem Regenten, gar kein Volksrecht mehr auf selbstständige Geltung Anspruch haben sollte.

In einem solchen Zustand hatte sich Deutschland noch nie befunden. Der Kampf der Lebenselemente hatte aufgehört, nicht indem sie sich versöhnten, sondern indem beide, die Freiheit in der Unfreiheit, die Einheit in der Getheiltheit unterging, und blos die aufgelöste Vielheit übrig blieb. Da jedoch das Leben nur in fortgesetzter Spannung seiner Elemente und in der Wechselwirkung der Gegensätze besteht, so mußte entweder der Scheintod der entschlummerten Kräfte in die Erstarrung des wirklichen Todes übergehen und die Nation ihr Daseyn verlieren, oder Einheit und Freiheit gleichzeitig wieder zu einem frischen Leben erwachen. Denn woher konnte jetzt die Einheit wieder kommen, als von einem thatkräftigen Versuche der Befreiung? womit konnte die Freiheit beginnen, als mit redlicher Vereinigung?

Die noch nicht erschöpfte Lebenskraft der Nation entschied für ihre Fortdauer. In den Despotien, in welche Deutschland zerfallen war, gährten manche, wenigstens geistige Elemente der Freiheit, und durch die tiefe Schmach der Unterjochung war auch das Bedürfniß der Vereinigung zu kräftiger Abwehr fremden Uebermuthes fühlbar und im Bewußtseyn der Nation lebendig geworden. Ihre bisherigen Schicksale hatten gelehrt, wohin die Einheit ohne Freiheit und die Freiheit ohne Einheit führe. Einheit und Freiheit ward daher der schaffende Gedanke einer neuen Zeit, in dem Vernunft und Nationalinstinkt, Aussage der Geschichte und Naturgesetz des Lebens, Bewußtes und Bewußtloses zusammentraf.

Die einzige Schwierigkeit bestand nach wirklicher Abschüttelung des fremden Jochs darin, der noch immer — und wohl nicht umsonst — vorhandenen Vielheit, welche die Deutschen als Bestandtheil ihrer Freiheit anzusehen gewohnt sind, neben und zwischen der Einheit und der Freiheit ihre richtige Stellung anzuweisen. Um für beide letztere die den gegebenen Elementen und Verhältnissen entsprechende Form zu finden, mußte das gesammte deutsche Staats- und Verfassungsrecht einer Revision unterworfen und die Verbindung zwischen den verschiedenen Staaten, in welche Deutschland zerfallen war, wiederhergestellt werden. Und hiezu boten sich dem Wiener Kongreß, welchem die Lösung dieser Aufgabe zufiel, sehr verschiedene Wege dar.

Wie nämlich die Verbindungen einzelner

Menschen die verschiedenartigsten Zwecke zum Gegenstand haben können, so auch die Verbindungen ganzer Staaten. Wie aber die Staatsverbindung oder der Staatsverein von jedem andern gesellschaftlichen Vereine dadurch unterschieden ist, daß er seinen Genossen Schutz ihrer Rechte gegen jeden Angriff, sowohl innern als äußern, verspricht, zu diesem Behuf eine Rechtsordnung unter ihnen gründet und diese durch eigene Macht aufrecht erhält: so unterscheidet sich auch diejenige Art der Staatenverbindung, wodurch den Verbündeten Schutz ihrer Rechte und Integrität ihres Gebiets versprochen, und zu dem Ende eine förmliche, durch die Gesammtmacht des Vereins aufrechtzuhaltende Rechtsordnung gegründet wird, sehr bestimmt von jeder auf andere Zwecke gerichteten Völkerverbindung oder Staateneinigung.

Man kann letztere Gattung mit dem Namen Völkerbündniß oder Staatenbündniß bezeichnen. Ihr Zweck ist gewöhnlich ein vorübergehender (z. B. Bekämpfung eines gemeinschaftlichen Feindes), mit dessen Erreichung die Verbindung sich von selbst auflöst, oder wenn die Verbindung auf die Dauer berechnet ist (z. B. bei einer Handelsvereinigung, bei der sogenannten heiligen Allianz), so ist doch der Austritt in der Regel unbedingt, oder doch nach Ablauf eines bestimmten Zeitraums freigestellt.

Die zweite Hauptgattung der Staateneinigung zerfällt wieder in zwei wesentlich verschiedene Arten. Entweder ist die Rechtsordnung und Verfassung, welche die durch den Verein bezweckte Sicherheit gewähren soll, auf die äußeren (völkerrechtlichen) Verhältnisse der Vereinsstaaten, sey es nun unter sich oder gegen das Ausland, beschränkt, oder dieselbe erstreckt sich auch auf die innern (staatsrechtlichen) Verhältnisse der Gliederstaaten; entweder wirkt die durch den Verein konstituirte Bundesgewalt direkt nur auf die Gliederstaaten als solche ein, ohne mit den einzelnen Angehörigen derselben in irgend eine unmittelbare Beziehung zu treten, oder sie steht zugleich mit den Unterthanen der zum Bund gehörigen Regierungen in einem unmittelbaren Nexus.

Die erste Art von Staatenverein, der Staatenbund, kennt als Vereinsgenossen nur die Staaten selbst in ihrer Einheit und als ungetheilte Ganze. Die zweite Art von Staatenverein, der Bundesstaat, besteht dagegen aus Staaten und aus Staatenbürgern, welche letztere eben so gut direkter Gegenstand des Schutzes und der Fürsorge des Bundes, als die Staaten selbst, sind. Der Staatenbund ist eine staatenartige Vereinigung mehrerer souveräner Staaten; der Bundesstaat ist ein wahrhafter, aus halbsouveränen Staaten zusammengesetzter Staat. Beide gleichen sich also darin, daß sie aus einer Mehrheit einzelner Staaten bestehen; beide stimmen mit dem einfachen Staate darin überein, daß sie die Realisirung eines innern Rechtszustandes unter ihren Angehörigen und Vertheidigung derselben gegen Außen bezwecken; beide unterscheiden sich vom einfachen Staate dadurch, daß sie nicht alle Rechtsverhältnisse ihrer Genossen umfassen, sondern daß bei'm Staatenbund die innern ganz, bei'm Bundesstaat theilweise ausgeschlossen sind und der Autonomie der Gliederstaaten überlassen bleiben. Unter sich selbst aber sind sie weniger durch die Natur des Zwecks, als durch dessen Begrenzung und die Art seiner Erreichung verschieden.

Gleich wesentlich ist nämlich Beiden nicht allein die gemeinschaftliche Bekämpfung äußerer Feinde, sondern auch die Handhabung rechtlicher Ordnung unter den Bundesgliedern selbst im Innern, und wiewohl der nächste Zweck des

Staatenbundes bloß die Sicherstellung der Verbündeten nach Außen ist, woraus an sich nur die Verpflichtung folgt, sich wechselseitig gegen jeden Angriff beizustehen, so ist doch mit der Pflicht, sich gegenseitig zu vertheidigen, ein Recht, sich gegenseitig zu bekriegen, unvereinbar. An die Stelle der Selbsthülfe unter den Bundesgliedern muß daher bei vorkommenden Streitigkeiten ein gesetzliches geordnetes Verfahren treten, um im Staatenbunde, wie im Bundesstaate, neben äußerer Sicherheit auch innern Frieden zu verbürgen. Aber mit dem wesentlichen Zweck der wechselseitigen Sicherung der Vereinsstaaten durch gemeinschaftliche Vertheidigung gegen Fremde und durch Handhabung des Friedens unter sich, ist im Staatenbunde die Verbindung andrer Zwecke (z. B. die Abschließung gemeinschaftlicher Handelsverträge) nur insoweit möglich, als dabei der unterscheidende Charakter des Staatenbundes, die innern Verhältnisse der Gliederstaaten unberührt zu lassen, nicht verloren geht. Auch soll im Staatenbund der Bundeszweck nicht auf Kosten der Unabhängigkeit der Bundesglieder verfolgt werden. Daher muß, obgleich der Zweck des Staatenbundes eine dauernde Vereinigung voraussetzt, doch der Austritt aus dem

Bunde jedem Mitglied freistehen, weil ohne diese Befugniß seine Unterwerfung unter die Beschlüsse und Entscheidungen des Bundes aufhören würde, eine freiwillige zu seyn, mit einer gezwungenen Unterwerfung aber seine Unabhängigkeit sich in Abhängigkeit verwandeln würde.

Der Bundesstaat dagegen greift durch seine Verfassung oder durch die Rechtsordnung, die er begründet, auch in die innern staatsrechtlichen Verhältnisse der Gliederstaaten ein, und sein Zweck ist, wenn gleich wesentlich und immer auf die Sicherheit gegen Außen und den Friedensstand im Innern mitgerichtet, doch keineswegs hierauf allein beschränkt. Auch setzt der Bundesstaat nicht bloß die einzelnen Staaten oder deren Regierungen, sondern ebensowohl die Bürger aller einzelnen Staaten mit der Bundesgewalt und unter sich in rechtliche Beziehung und Verbindung. Der Bundesstaat soll für eine in verschiedene Staaten und Stämme getheilte Nation das seyn, was der einzelne Staat dem einzelnen Volk ist, und was bei'm Staatenbund als etwas Zufälliges oder gar als Ausnahme erscheint, die Ausdehnung des Bundeszwecks auf Alles, was für die Gesammtheit wünschenswerth und mit getheilten Kräften nicht erreichbar ist, bildet hier die natürliche Regel. Sein Zweck ist, wie der Staatszweck selbst, das Wohl des Ganzen, er ist, wie der Staat, von dem nicht einzelne Provinzen sich beliebig trennen dürfen, seiner Natur nach dauernd, unauflöslich, und beschränkt die Unabhängigkeit der Bundesglieder insofern, als diese den verfassungsmäßigen Beschlüssen der Bundesgewalt Gehorsam schuldig sind, ohne durch willkührlichen Austritt ihren Verpflichtungen sich entziehen zu können.

Es ist aus den gegebenen Begriffsbestimmungen von selbst einleuchtend, daß, wenn die neue Gesammtverfassung Deutschland etwas Bedeutendes mehr als äußere Sicherheit und denjenigen Friedensstand im Innern, ohne welchen keine Sicherung gegen Außen möglich ist, gewähren sollte, dieß nur durch einen Bundesstaat, nicht durch einen Staatenbund und noch viel weniger durch ein nach Willkühr auflösbares einfaches Staatenbündniß zu erreichen stand. In der That aber war es auch nicht bloß der Friede unter sich und die Sicherheit der deutschen Staaten gegen Außen, was den Deutschen fehlte und wofür sie ihren Fürsten eine Hingebung bewiesen hatten, die nicht unbelohnt zu lassen jene sich in ihrem Gewissen selbst verpflichtet fühlten. Sie bedurften und verlangten nationale Einigung und Freiheit; sie bedurften und verlangten eine Verfassung, welche mit der Einheit und Freiheit der Nation und durch dieselben die Entwicklung ihres Gesammtlebens und die Erreichung jedes nationalen Gesammtzwecks sicherte. Einheit und Freiheit war das Losungswort der deutschen Völker geworden, und die Fürsten hatten getreulich in den allgemeinen Ruf miteingestimmt. Schon in der Proklamation von Kalisch sprachen die Monarchen von Rußland und von Preussen die Absicht ihres Bündnisses, dem sich die andern Mächte nachmals angeschlossen, dahin aus: „den Fürsten und Völkern Deutschlands Freiheit und Unabhängigkeit, diese unveräußerlichen Stammgüter der Völker, wieder erringen zu helfen und der Wiedergeburt eines ehrwürdigen Reiches mächtigen Schutz und dauernde Gewähr zu leisten.“ — „Verjüngt, lebenskräftig und in Einheit gehalten“ — sollte nach derselben Versicherung — „das wiedergeborene Deutschland unter Europa's Völkern erscheinen durch eine aus dem ureigenen Geist des deutschen Volks herausgetretene Verfassung.“ — Und in vollster Uebereinstimmung mit diesen Erklärungen wurde auch auf dem Kongreß zu Wien von Oestreich und von Preussen „die Wiederherstellung der deutschen Freiheit und Verfassung unter gewissen Modifikationen“ als der feierlich und öffentlich ausgesprochene Zweck der großen Allianz anerkannt, welche Europa's Befreiung von einem schimpflichen Joche beabsichtigt und pünktlich ausgeführt habe.

Alles dieß ließ einen Bundesstaat in Deutschland auf's Bestimmteste erwarten, und namentlich konnte das Versprechen der Freiheit, welche neben der Unabhängigkeit der Fürsten durch die neue Gesammtordnung den Völkern Deutschlands werden sollte, nicht gelöst werden in einem Verein, der bloß die völkerrechtlichen Verhältnisse der Gliederstaaten umfaßte; um **ihre Freiheit durch den Bund zu gründen und zu sichern**, war ein Eingreifen des Bundes in die staatsrechtlichen (innern) Verhältnisse der Vereinsstaaten unumgänglich.

Daher wollten auch Oestreich und Preussen die Errichtung eines Bundesstaats und im September **1814** theilte auf dem Fürstenkongreß zu Wien der preussische erste Bevollmächtigte, Fürst v. Hardenberg, dem östreichischen ersten Minister, Fürsten v. Metternich, den Entwurf einer Bundesverfassung mit, wonach Deutschland (verschie-

dene

dene deutsche Länder von Oestreich und Preussen mitbegriffen) in sieben Kreise, mit Oestreich, Preussen, Baiern, Hannover, Würtemberg, Baden und Churhessen an der Spitze, eingetheilt und die Gewalt des deutschen Bundes einer aus dem Rath der Kreisobersten und dem Rathe der übrigen Fürsten und Stände gebildeten Bundesversammlung unter dem gemeinschaftlichen Direktorium von Oestreich und Preussen übertragen werden sollte. Die Leitung der auswärtigen Angelegenheiten des Bundes, so wie dessen ganze militärische und exekutive Gewalt wäre jedoch den im Rathe der Kreisobersten mit eilf Stimmen repräsentirten sieben ersten deutschen Mächten ausschließlich zugefallen, und nur die gesetzgebende Gewalt in Sachen, welche die Wohlfahrt des Bundes und ein allgemeines deutsches Interesse berühren, hätten die Kreisobersten mit einer Anzahl von Stimmführern der übrigen Fürsten und Stände, worunter auch die mediatisirten Fürsten und Grafen mit sechs Curiatstimmen, zu theilen gehabt. Den einzelnen Regierungen war in dem Entwurfe Landeshoheit beigelegt, beschränkt jedoch sowohl durch die den Bundesunterthanen zu gewährenden staatsbürgerlichen Rechte, als durch die in jedem Bundesstaate unter Festsetzung eines Minimum von Rechten einzuführende landständische Verfassung. Auch sollte ein eigenes permanentes Bundesgericht für gegenseitige Streitigkeiten der Bundesmitglieder bestehen und die Exekution der Urtheile dem betreffenden Kreisobersten anvertraut werden.

Um die künftige Verfassung Deutschlands vorzubereiten, trat sofort am 14. Oktober 1814 ein besondres Comité zusammen, wozu Oestreich und Preussen, mit einstweiliger Uebergehung der mindermächtigen Höfe, die Bevollmächtigten von Baiern, von Hannover und von Würtemberg beriefen. Als Grundlage der Berathungen diente jedoch nicht jener erste preussische, sondern ein damit im Wesentlichen übereinstimmender, Entwurf in zwölf Artikeln, welcher von den östreichischen, preussischen und hannöverischen Bevollmächtigten in der Conferenz vom 16. Oktober vorgelegt wurde. Zum Rathe der Kreisobersten sollten nach diesem Entwurf nur die fünf ersten Mächte, nicht auch Baden und Churhessen gehören, und der Zweck des Bundes ward gesetzt in die Erhaltung der äußern Ruhe und Unabhängigkeit und in die innere Sicherung der verfassungsmäßigen Rechte jeder Klasse der Nation.

Dabei ward ausdrücklich ausgesprochen, daß die Bundesglieder den vollen und freien Genuß ihrer Regierungsrechte, insoweit dieselben nicht durch die Bundesurkunde ausdrücklich beschränkt seyen, beibehalten würden. Die Nothwendigkeit einer landständischen Verfassung und ein bestimmtes Minimum von ständischen Rechten sollte zwar in dem Bundesvertrage ausgesprochen, im Uebrigen aber den Bundesgliedern überlassen werden, ihren Landständen nicht nur ein Mehreres einzuräumen, sondern ihnen überhaupt eine der Landesart, dem Charakter der Einwohner und dem Herkommen angemessene Einrichtung zu geben.

Allein schon in der Sitzung vom 20. Oktober wurden von den Bevollmächtigten Baierns und Würtembergs Erklärungen vorgelegt, welche hauptsächlich gegen jede Ausdehnung der Bundesgewalt auf innere Regierungsangelegenheiten der Bundesstaaten, gegen allgemeine Festsetzung verfassungsmäßiger Rechte der Bundesunterthanen, gegen die Niedersetzung eines Bundesgerichts und gegen Beschränkung des jedem souveränen Staate zukommenden Rechts auf Krieg und Frieden gerichtet waren. Sogar einer Ausdehnung der Wirksamkeit des Bundes auf gesandtschaftlichen

Verkehr widersetzte sich Würtemberg. Uebrigens erklärten sich beide für einen völkerrechtlichen Bund der mächtigern deutschen Souveräne zu Herstellung der Sicherheit Deutschlands und für eine diesem Zweck entsprechende Kreis- und Bundesverfassung; nur wollten sie die Theilnahme an der unmittelbaren Ausübung der Bundesgewalt nicht auf andere als die bereits im Comité vertretenen fünf Mächte ausgedehnt, noch Oestreich und Preussen einen überwiegenden Einfluß in der Bundesversammlung durch doppelte Stimmgebung oder durch das von beiden gemeinschaftlich angesprochene Direktorium eingeräumt wissen.

Dagegen wurde von den Stimmführern der drei andern Mächte eingewendet, daß eine Beschränkung des Kriegs- und Bündnißrechts auf Seite der rein deutschen Staaten zu Erreichung des Bundeszwecks durchaus erfordert werde, und daß, wenn gleich den Fürsten in Deutschland ihre Souveränitätsrechte zu belassen seyen, es gleichwohl auch der Zweck sey, einen deutschen Bund und einen großen deutschen Staatskörper zu bilden, mithin in den Fällen, wo die politische Existenz eines Individuum's wider den Bundesvertrag oder die Konstitutionen gekränkt und selbige in den Rechten der Deutschheit gefährdet werde, dem Bunde das Recht zustehen müsse, diese Verletzung abzustellen. Gleich nothwendig sey zur Beruhigung und Zufriedenstellung der deutschen Nation eine Festsetzung gewisser ständischer Rechte, welche den deutschen Unterthanen von Alters her zugestanden, wie die Einwilligung der Stände zu den aufzulegenden Steuern und Mitaufsicht über deren Verwendung, ein Stimmenrecht bei neu zu verfassenden Gesetzen und das Recht, im Fall der Malversation die Bestrafung schuldiger Staatsdiener zu begehren. Zugleich wurde darauf hingewiesen, daß der Beitritt oder Nichtbeitritt zum Bunde für die deutschen Fürsten nicht die Sache unbeschränkter Willkühr sey, und daß es keiner andern, als der Vortheile, die für das Ganze der deutschen Staaten aus dem Bund entspringen, bedürfe, um die Entsagungen zu leisten und die Opfer zu bringen, welche das Wohl des Ganzen befördern. Aufhebung des Rheinbunds und Wiederherstellung der deutschen Freiheit und Verfassung unter gewissen Modifikationen sey der Zweck gewesen, für den die Völker die Waffen ergriffen haben, und die Staaten, welche der Allianz beigetreten, haben durch ihren Beitritt allein schon für den=

selben Zweck sich erklärt. Der Pariser Frieden endlich habe unter dem Beitritt aller kriegführenden Mächte festgesetzt: daß Deutschland durch ein Föderativband vereinigt werden solle. Europa's Interesse fordere es, daß Deutschland durch ein solches Band beruhigt und befestigt werde, und es würde mit dem wohlverstandenen Interesse von Europa ebenso wenig zu vereinigen seyn, wenn man einem deutschen Staat gestatten wollte, sich durch Ausschließung vom Bunde mit dem Wohl des Ganzen geradezu in Widerspruch zu stellen, als wenn man dieses auf indirekte Weise zulassen wollte, indem man die Verwerfung der Mittel, welche allein zum Zweck führen können, zuließe.

Während eines hierauf eingetretenen sechsmonatlichen Stillstands der Verhandlungen übergaben die preussischen Bevollmächtigten dem Fürsten v. Metternich zwei neue Plane einer Bundesverfassung, den einen mit, den andern ohne Kreiseintheilung, und erklärten für die drei Hauptpunkte, von welchen nach ihrer innersten Ueberzeugung nicht abgegangen werden dürfe: eine kraftvolle Kriegsgewalt, ein Bundesgericht und landständische, durch den Bundesvertrag gesicherte, Verfassungen. Sie unterstützten diese

Behauptung durch Berufung auf das allgemeine Verlangen der Deutschen nach einer nationalen Verbindung. Auch glaubten sie der Uebereinstimmung des kaiserlichen Hofs in der Ansicht gewiß zu seyn, daß die Errichtung einer deutschen Verfassung nicht bloß in Absicht auf die Verhältnisse der Höfe, sondern ebenso zu Befriedigung der gerechten Ansprüche der Nation nothwendig sey, die in Erinnerung an die alte, nur durch die unglücklichsten Ereignisse untergegangene, Reichsverbindung von dem Gefühle durchdrungen sey, daß ihre Sicherheit und Wohlfahrt und das Fortblühen ächt vaterländischer Bildung größtentheils von ihrer Vereinigung in einen festen Staatskörper abhänge, die nicht in einzelne Theile auseinander fallen wolle, sondern überzeugt sey, daß die treffliche Mannigfaltigkeit der deutschen Völkerstämme nur dann wohlthätig wirken könne, wenn sich dieselbe in einer allgemeinen Verbindung wieder ausgleiche.

So richtig indessen hier die Ansprüche der Nation erkannt und gewürdigt sind, so geschah doch nichts, um über die Verfassung, welche sie erhalten sollte, auch ihre Willensmeinung zu erforschen oder ihre Stimme zu vernehmen. Und doch wäre eine Theilnahme des Volks an dem

Verfassungswerk vielleicht das wirksamste Mittel gewesen, um den von den Mächten zweiten Rangs allein ausgehenden Widerstand zu brechen. Denn die von den bisherigen Verhandlungen ausgeschlossenen souveränen Fürsten und freien Städte waren von der Nothwendigkeit einer festen Nationalvereinigung so sehr durchdrungen, daß sie sogar die Wiederherstellung der deutschen Kaiserwürde wiederholt in Antrag brachten. Wiederholt sprachen dieselben ihre Bereitwilligkeit aus, zum Besten des Ganzen sich denjenigen Einschränkungen ihrer Souveränität sowohl im Innern ihrer Staaten als im Verhältnisse gegen Auswärtige zu unterwerfen, welche als gemeinverbindlich für Alle beschlossen werden würden. Dagegen beschwerten sie sich über die einseitige Behandlung der deutschen Verfassungssache durch die fünf Mächte und trugen bei dem östreichischen und preussischen Hofe darauf an, daß der deutsche Kongreß unter Zuziehung aller Theile des künftigen Ganzen bald eröffnet und auf demselben die künftige deutsche Verfassung mittelst freier Berathung und Beschlußnahme verhandelt werden möchte.

Ein wesentlicher Theil des künftigen Ganzen war nun aber auch das deutsche Volk, und wenn dieses die Gelegenheit erhalten hätte, sich mitauszusprechen, so würde ohne Zweifel das Verlangen so vieler deutschen Fürsten nach einer festen Nationalvereinigung in der Stimme aller deutschen Völker einen mächtigen Widerhall gefunden haben. Wenigstens beweisen die Verhandlungen der damaligen konstituirenden Ständeversammlung in Würtemberg, daß das Widerstreben der Regierung gegen den Beitritt zum Bunde nicht im Licht einer ruhmwürdigen Selbstständigkeit, sondern eines antinationalen und die Landesinteressen kränkenden Eigenwillens erschien. Auch wagte eine Stimme aus dem deutschen Volk unaufgefordert Wünsche und Gesinnungen auszusprechen, wie sie zu jener Zeit das Herz der Nation bewegten.

„Die deutsche Nation" — so lautet eine Adresse deutscher Männer an die auf dem Kongreß versammelten Monarchen — „sieht die Fessel zerbrochen von den Völkern ihres Stammes über dem Rhein, welche die Gewaltthat der letzten Zeiten unter fremde Herrschaft gebeugt hat, von Völkern ihres Stammes, welche die fremde Herrschsucht seit einem Jahrhunderte dem mütterlichen Lande entrissen hat. Sie hört die Geschichte von zwei Jahrtausenden und erkennt jene

Länder für ihr Erbtheil; sie hört den Sprachlaut jener Völker von dem Ausfluß der Schelde bis zum Eingange der Alpen und erkennt sie für ihre Brüder. Die deutsche Nation erinnert sich, daß die frühere Losreißung von Elsaß und Lothringen die Gewaltthaten der letzten Zeiten, die innere Zerrüttung und äußere Erschütterung ihres Reiches vorbereitet habe; sie sieht in den Ländern des Rheinstromes die Vormauer und Grundfeste ihres Vaterlandes, die Wurzel ihres Reiches. Die deutsche Nation endlich hat in dem Entscheidungskriege für diesen Welttheil den Beruf und das Hochgefühl ihrer Ahnen bewährt; aber in dem Ringen des Kampfes hörte sie das Rufen ihres Schutzgeistes, daß mit der Rettung Europa's auch die Freiheit ihrer Söhne und Brüder gerettet würde.“

„Darum bittet das Volk der Deutschen die Führer der gerechten Sache, daß, was im Dunkel des Kampfes verheißend ihm vorgeschwebt, an der Sonne des Friedens zur Reife gedeihe; es bittet Sie, daß das deutsche Land seine Grundfeste, der deutsche Bund sein angestammtes Erbtheil und die Gesammtheit seiner Brüder wieder erhalte. Es bittet Sie bei dem Andenken Ihrer und unserer Urväter, deren Thaten jene

Länder von Römern und Römlingen befreit haben; es bittet Sie bei dem Blute seiner Söhne, welches für die Rettung Europa's, für Recht und Freiheit aller Völker geflossen ist; es bittet Sie bei der Selbstständigkeit des deutschen Landes, in welches Europa den Ruhepunkt seines Gleichgewichts gelegt hat; endlich bittet es Sie bei der Ehre des großen Urvolkes, aus welchem auch Ihre erhabenen Geschlechter entsprossen sind, damit dem Siege deutschen Heldengeistes nicht sein Kampfpreis entwendet werde, und unsere Brüder, noch wund von alten Fesseln, deren Trümmer an den Ruhm unserer Thaten erinnern, nicht, an neuen Ketten dem Franzosen fröhnend, den Namen unseres Stammes demüthigen."

„Die deutsche Nation sieht sich in viele Landschaften und Regierungen getheilt. Mit Freude gewahrt sie, wie reich und eigenthümlich sich die Quelle ihres Geistes in die Verschiedenartigkeit ihrer Glieder ergießt, und mit stolzer Selbsterkennung empfindet sie, wie vielfach sich die deutsche Treue der mannigfaltigen Länder gegen ihre Fürsten und der deutsche Fürstensinn in jenen Ländern spiegelt. Aber sie fühlt sich vereinigt in allen diesen Gliedern zu einem Körper durch den rein erhaltenen Adel ihrer Abstammung, durch die Gemeinschaft ihrer Sprache und Sinnesart, durch die grauen und ruhmvollen Denkmäler ihrer Geschichte, durch die Bande ihrer erlauchten Fürsten, und die Bewohner der entferntesten ihrer Staaten erkennen sich als Brüder. Sie fühlt die Nothwendigkeit eines innigen Vereins aller ihrer Staatenglieder, damit durch ihn auch die Freiheit und Würde der Einzelnen gesichert sey. Sie hat gesehen, daß das Reich ihrer Ahnen groß und stark war, so lange ein festes Band sie umschlungen hielt; daß ihre Nationalkraft ermattete und ihre Nationalehre sich trübte, sobald dieses Band sich zu schwächen begann; daß das Recht und die Freiheit unterdrückt, die Treue gegen ihre Fürsten verfolgt, die Ehre befleckt wurde, sobald dieses Band gelöset war."

„Darum bittet sie die großen und deutschgebornen Führer Europa's und alle ihre hochherzigen Fürsten, welche nun neuverherrlicht um das alte Kaiserhaus versammelt stehen, einen Bund ihres Reiches zu erneuern, welcher mit inniger Kraft und Liebe das gemeinsame Vaterland umarme und in durchdringender Wirksamkeit allen Völkern Deutschlands stets das Gefühl gegenwärtig halte, daß sie nur Brüder eines

Stammes und die gemeinschaftlichen Interessen desselben auch ihre ersten seyen. Sie bittet Sie, die Stimme Ihres Volkes zu hören, welches in der Würde und Freiheit seiner Fürsten auch die seinige findet und zu jedem Opfer für die Wiedergeburt Deutschlands bereit ist. Sie bittet Sie, das gemeinsame Vaterland wieder zu dem Range jenes Reiches zu erheben, welches die alte Wiege des Rechts, der Freiheit und der Treue war, von welchem einst zuerst die Begründung des europäischen Gleichgewichts ausgegangen ist und welches die Natur durch seinen Charakter und durch seine Lage zum Mittelpunkt desselben geschaffen hat. Sie beschwört Sie bei den Leiden, welche seit zwanzig Jahren über Deutschland gekommen sind, bei dem Werthe der Treue, welche es in der Zeit des Unrechts und der Bedrängniß für seine Fürsten erprobt hat, bei dem Schutzgeiste Deutschlands, welcher auf das Anrufen seiner Fürsten wieder erschienen ist und das deutsche Heldenblut in den Schlachten der Entscheidung dem Siege geweihet hat.“

Männer von dem Geist und der Gesinnung der hier redend eingeführten waren ohne Zweifel würdig und befähigt, die Interessen ihres Vaterlandes vor dem Rath der Fürsten zu vertreten.

Aber sey es, daß vielleicht die beiden Großmächte Deutschlands selbst über die Rechte und Ansprüche der Nation nicht ganz übereinstimmend dachten, oder daß in ihren Augen eine förmliche Nationalvertretung von dem Reichsherkommen zu sehr abwich, oder endlich, daß die Zeitumstände allzu drängend waren: die Berufung freigewählter Volksvertreter unterblieb und ward auch nicht einmal für spätere Zeit in Aussicht gestellt. Die nach Wien gebrachte Kunde von Napoleon's Zurückkunft trieb zur Eile. Oestreich, Preussen und Hannover anerkannten — auf den wiederholten Wunsch der vereinigten Fürsten und freien Städte: daß Deutschland wegen seiner Zukunft durch eine endliche und feste Vereinigung beruhigt werden möchte, — die Nothwendigkeit, den deutschen Bund jetzt schon zu schließen und, wenn auch die nähere Ausführung ruhigern Zeiten vorbehalten bleiben müßte, doch über die wesentlichen Grundlagen seiner Verfassung unter Zusammenwirkung aller deutschen Stände übereinzukommen.

Am 23. Mai begannen ihre Conferenzen und schon in der zehnten Sitzung kam das Werk zu Stande. Aber für die Nation war es von übler Vorbedeutung, daß sie, aus deren „ureigenem Geist" die neue Verfassung hätte erstehen sollen, bei dem ersten Wiederaufbau Deutschlands keine Hand anlegen durfte. Der Geist der Sonderung und der Verneinung des Nationalen und Volksthümlichen behauptete das Feld, und so errichteten die souveränen Fürsten und die freien Städte Deutschlands am 8. Juni 1815 einen, ihrer Erklärung nach, beständigen Bund, der, wenn gleich manches von den Eigenschaften eines Bundesstaats an sich tragend, doch im Wesentlichen den Charakter einer bloß völkerrechtlichen Vereinigung der Regierungen vorherrschen läßt, ja nicht einmal alle Bedingungen eines wahren Staatenbundes erfüllt.

Der Grundvertrag dieses Vereins, die Bundesakte, zerfällt in zwei Abschnitte, wovon der erste in 11 Artikeln die „allgemeinen Bestimmungen" oder die „auf Feststellung des Bundes gerichteten Punkte" enthält und in Art. 1 die Stiftung des Bundes, seine Mitglieder und seine Unauflöslichkeit, in Art. 2 den Zweck des Bundes und in Art. 3 die Gleichheit der Bundesrechte und Bundespflichten aller Bundesglieder verkündigt. Sodann bestimmen die Art. 4 — 9 die Zusammensetzung der Bundesversammlung, den Ort und die Zeit ihres Zusammentritts und die Grundzüge ihrer innern Einrichtung und Geschäftsordnung in Absicht auf die verschiedenen Arten der Beschlußfassung, die Abgabe, Vertheilung und Berechnung der Stimmen, den Vorsitz, die Berechtigung jedes Mitglieds, Vorschläge zu machen u. s. w. Der Art. 10 ermächtigt die Bundesversammlung zur Abfassung der Grundgesetze des Bundes und dessen organischer Einrichtung in Rücksicht auf seine auswärtigen, militärischen und innern Verhältnisse, und der Art. 11 bezeichnet speziell die aus dem Zwecke des Vereins entspringenden Verpflichtungen der Bundesglieder in Beziehung auf gemeinschaftliche Kriegführung, auf wechselseitigen Schutz und Gewährleistung des Ganzen und der Einzelnen, und auf friedliche Beilegung der unter ihnen vorkommenden Streitigkeiten durch vermittelnde Dazwischenkunft des Bundes oder eine Austrägalinstanz.

Hierauf folgen in dem zweiten Abschnitt die „besondern Bestimmungen“, welche sich „theils auf die Gewährleistung zugesicherter Rechte, theils auf bestimmte Verhältnisse der Unterthanen“ beziehen, und zwar enthält der Art. 12 einige Vorschriften über die Bildung der Civilgerichte dritter Instanz in denjenigen Bundesstaaten, deren Bevölkerung die Zahl von 300,000 Seelen

nicht

nicht erreicht. Der Art. 13 verheißt in allen Bundesstaaten landständische Verfassungen. Der Art. 14 ordnet den künftigen Rechtszustand der mittelbar gewordenen ehemaligen Reichsstände und Reichsangehörigen. Der Art. 15 handelt von den auf den Rheinschiffahrtsoktroi gelegten Renten und verschiedenen noch aus der Zeit des deutschen Reichs herrührenden Pensionen und Schulden. Der Art. 16 betrifft die Aufhebung des Unterschieds der christlichen Religionspartheien in dem Genuß bürgerlicher und politischer Rechte und die bürgerliche Verbesserung der Juden. Der Art. 17 ist den Ansprüchen des fürstlichen Hauses Thurn und Taxis auf den Besitz und Genuß der Posten gewidmet. Der Art. 18 sichert allen Unterthanen der deutschen Bundesstaaten gewisse Rechte zu. Der Art. 19 verspricht Berathschlagungen der Bundesversammlung über Schiffahrt, Handel und Verkehr der Bundesstaaten, und der Art. 20 schließt mit den Verabredungen über die Ratifikation des Grundvertrags.

Nach Art. 2 der Bundesakte ist nun der Zweck des Bundes:

> Erhaltung der äußeren und inneren Sicherheit Deutschlands, und der Unabhängigkeit und Unverletzbarkeit der einzelnen deutschen Staaten.

Hier spricht zwar der Ausdruck: innere Sicherheit Deutschlands — für einen, alle Klassen und Verhältnisse der Nation umfassenden, nicht nur den Fürsten, sondern auch den Völkern durch den Bund zu gewährenden Rechtsschutz. Aber die zugleich ausgesprochene Unabhängigkeit der einzelnen deutschen Staaten bezeichnet einen bloßen Staatenbund und drängt jedenfalls die auf Handhabung des Rechts (im Innern) gerichtete Wirksamkeit des Bundes in sehr enge Grenzen zurück. Auch ist, was wesentlich für einen ächten Bundesstaat gewesen wäre, Förderung der nationalen Wohlfahrt in den Bundeszweck nicht aufgenommen. In dem ersten Abschnitt oder in den allgemeinen, auf die Feststellung des Bundes gerichteten, Bestimmungen der Bundesakte findet sich vielmehr die Idee eines Bundesstaats nur noch in den beiläufig erwähnten „gemeinnützigen Anordnungen“ und in der Unauflöslichkeit des Bundes angedeutet, und die den Rechten, Freiheiten und Interessen deutscher Staatsbürger gewidmeten Bestimmungen der Bundesakte sind wie Abweichungen und Ausnahmen von dem völkerrechtlichen Charakter des Vereins in einen zweiten Abschnitt, gleichsam als Anhang, verwiesen.

Wie wenig aber dieser Bund geeignet war,

die Deutschen wahrhaft zu befriedigen, was zu vollständiger Lösung des gegebenen Wortes sowohl für die Einheit als für die Freiheit hätte geschehen müssen, und was im Widerspruch mit den Verheißungen wirklich geschah, ist nunmehr auch im Einzelnen genauer nachzuweisen.

Zuerst fällt auf, wie kümmerlich bei obiger Festsetzung des Bundeszwecks die so pomphaft verheißene deutsche Freiheit bedacht ist und wie stiefmütterlich deswegen ihre ganze Behandlung in der Gesetzgebung des Bundes ausgefallen.

Der ausgesprochene Bundeszweck beschränkt ihren Begriff auf die Unabhängigkeit und Unverletzbarkeit der einzelnen deutschen Staaten.

Nun ist allerdings nicht zu verkennen, daß dieß nach den Begriffen der deutschen Fürsten stets der wesentlichste Theil der deutschen Freiheit war, daß ihre Bestrebungen Jahrhunderte hindurch darauf gerichtet blieben, sich vom Reiche immer unabhängiger zu machen, und daß eine gewisse Selbstständigkeit der einzelnen deutschen Staaten und Völkerstämme, namentlich was die Ordnung und Einrichtung ihrer innern Angelegenheiten und Verhältnisse betrifft, tief in dem eigenthümlichen Charakter der Deutschen begründet ist. Die Idee der deutschen Gesammtverfassung war von jeher innere Vielheit oder Mannigfaltigkeit bei äußerer Einheit. Demgemäß mußte auch die Unabhängigkeit der einzelnen deutschen Staaten, so weit sie sich mit der Einheit der Nation verträgt, eine Hauptrolle in der Verfassung des Deutschen Bundes spielen.

Allein mit der sichergestellten Unabhängigkeit der deutschen Staaten, als solcher, war das der Nation gegebene Versprechen der Wiederherstellung ihrer Freiheit noch lange nicht gelöst. Denn neben der Unabhängigkeit der einzelnen Staaten konnte, wie der Rheinbund es gezeigt, ein schrankenloser Despotismus, ja die gänzliche Unterdrückung aller Volksfreiheit bestehen. Letztere verlangte daher in dem neuen Deutschen Bunde auch ihr Recht.

Ein Hauptstück der uralten deutschen Freiheit war nun aber Freiheit der Person so wie des Eigenthums von Hörigkeit, von Diensten und von Lasten unter dem Schutze einer unabhängigen, volksthümlichen und öffentlichen Rechtspflege. Diesem hätte entsprochen, daß durch die Bundesakte die Leibeigenschaft aufgehoben, die Ablösbarkeit der Frohndienste und Grundlasten anerkannt, eine **Habeas corpus**-Akte erlassen, das Criminalverfahren in seinen Grundzügen

(Oeffentlichkeit und Mündlichkeit) für ganz Deutschland geordnet und die Unabhängigkeit des Richteramts überhaupt durchgreifend gesichert worden wäre.

Ein zweites Hauptstück deutscher Freiheit war das Waffenrecht sammt kriegerischer Ehre und das Recht der Einigung, kraft dessen jeder freie und wehrhafte Mann sein Lebensziel und seine Zwecke, wo er immer wollte, in beliebigen Genossenschaften und Verbindungen verfolgen konnte. Das erstgenannte Recht erheischte in zeitgemäßer Verjüngung Volksbewaffnung zur gemeinsamen Vertheidigung des Vaterlands und die Beschränkung des der bürgerlichen Freiheit so gefährlichen stehenden Militärs. Das Einigungsrecht in seiner Anwendung auf politische und kirchliche Vereine forderte die Glaubens- und Gewissens- oder Denkfreiheit, Freiheit der Presse und das Recht, sich zur Besprechung öffentlicher Angelegenheiten friedlich zu versammeln.

Das letzte Hauptstück deutscher Freiheit aber, die hauptsächlich durch das Organ der Landstände geübte Selbstgesetzgebung und Selbstbesteurung, war jetzt wiederherzustellen durch das Institut der Volksvertretung mit Bestimmung ihrer wesentlichen Rechte und Befugnisse auf der

Grundlage eines liberalen, die Theilnahme an der Vertretung allen Klassen der Staatsbürger sichernden, Wahlsystems.

Zu den bisher genannten Rechten konnte dann noch die Auswanderungsfreiheit, welche erst in spätern Zeiten, als ein kläglicher Ersatz für den Verlust der ursprünglichen Freiheitsrechte, ihre Bedeutung erhalten hat, eine Zugabe bilden.

Alles dieß vermochten die vornehmsten Stifter des Deutschen Bundes sich durchaus nicht zu verhehlen. Nach dem schonerwähnten ersten preussischen Entwurf einer Bundesverfassung sollten die einzelnen Regierungen in Ausübung der Landeshoheit durch die allen Bundesunterthanen zu gewährenden „deutschen Bürgerrechte“ und durch die in jedem Bundesstaate mit einem festbestimmten Minimum von Rechten einzuführende ständische Verfassung beschränkt werden. Unter den staatsbürgerlichen Rechten wurden dabei genannt: Preßfreiheit, Sicherheit des Eigenthums, das Recht, in einen andern Bundesstaat frei auszuwandern oder sich in dessen Dienste zu begeben, das Recht der Beschwerde vor dem ordentlichen Richter und in den dazu geeigneten Fällen vor dem Bunde, auch das Recht, sich auf jeder deutschen Universität zu bilden. Als ständische Rechte wurden bezeichnet: Antheil an der Gesetzgebung, Verwilligung der Landesabgaben, Vertretung der Verfassung bei dem Landesherrn und bei dem Bunde; die Landstände selbst aber sollten bestehen aus erblichen und aus erwählten Ständen.

Hiemit stimmten im Wesentlichen die gleichfalls erwähnten 12 Artikel überein, welche den ersten Berathungen über die Verfassung Deutschlands zur Grundlage dienten und wonach der Bundeszweck ausdrücklich auch die „innere Sicherung der verfassungsmäßigen Rechte jeder Klasse der Nation“ umfassen sollte.

Es erklärten ferner die hannöverischen Bevollmächtigten in einem schriftlichen Votum, womit sofort die preussischen und östreichischen Minister sich vereinigten: daß ein Repräsentativsystem in Deutschland von den ältesten Zeiten her Rechtens gewesen sey, daß der Verfall der deutschen Reichsverfassung den Umsturz der Territorialverfassung rechtlich nicht nach sich gezogen habe, daß auch nicht die zwischen mehreren deutschen Fürsten und Napoleon geschlossenen Verträge den Unterthanen der erstern in ihren Rechten de jure etwas derogirt hätten; daß eben so wenig die späterhin mit den alliirten Mächten eingegangenen Verträge, worin die Souveränitätsrechte der beitretenden Fürsten gesichert worden, den letztern despotische, zuvor nicht gesetzlich besessene Rechte über ihre Unterthanen haben beilegen wollen oder können, daß man demnach auf einer Festsetzung der Rechte, welche den deutschen Unterthanen von Alters her mit Recht zugestanden, insbesondre gewisser ständischer Rechte bestehen müsse, und daß man endlich nur durch solche liberale Grundsätze bei dem dermaligen Zeitgeiste und den billigen Forderungen der deutschen Nation Ruhe und Zufriedenheit herzustellen hoffen könne.

In gleichem Sinne äußerte der dirigirende östreichische Bevollmächtigte, Fürst Metternich, daß eine Festsetzung der staatsbürgerlichen Rechte aller Unterthanen der deutschen Nation schlechterdings nothwendig sey; daß schon in der ehmaligen Verfassung den deutschen Unterthanen gewisse Rechte zugesichert gewesen, in den letzteren Zeiten aber in einzelnen Staaten solche Bedrückungen eingetreten seyen, wider welche die Unterthanen in Zukunft nothwendig gesichert werden müßten.

Auf's neue wurde späterhin von Preussen die Nothwendigkeit landständischer, durch den Bundesvertrag gesicherter Verfassungen geltend gemacht. Zugleich wurden als allgemeine und nothwendige ständische Rechte bezeichnet: das Recht der Mitberathung neuer Gesetze, der Bewilligung neuer oder erhöhter Steuern, das Recht der Beschwerdeführung über Mißbräuche oder Mängel der Landesverwaltung und der Schützung und Vertretung der eingeführten Verfassung und der durch dieselbe und durch den Bundesvertrag gesicherten Rechte der Einzelnen bei dem Landesherrn und dem Bunde. Die errichtete landständische Verfassung sollte dem Bunde vorgelegt werden und, so wie dieses geschehen, unter dem Schutze desselben stehen, auch ohne Zustimmung der Landstände und neue Mittheilung an den Bund nicht mehr abgeändert werden können.

In einem Entwurfe vom Mai 1815 verlangte Preussen ferner eine solche Organisation der ständischen Verfassung, daß alle Klassen der Staatsbürger daran würden Theil nehmen können. Oestreich aber suchte in einem im December 1814 übergebenen Entwurf wenigstens die Fassung durchzusetzen: „in allen deutschen Staaten werden Landstände binnen Jahr und Tag eingeführt, welchen in Hinsicht der Steuern und allgemeinen Landesanstalten besondre Rechte eingeräumt werden." Und ein späterer Entwurf vom

Mai **1815** begnügte sich mit der Bestimmung: „in allen deutschen Staaten wird die bestehende landständische Verfassung und persönliche Freiheit aufrecht erhalten, oder, wenn sie dermalen nicht vorhanden ist, eingeführt und unter Schutz und Garantie des Bundes gestellt.“

Weil jedoch die Mächte zweiten Ranges gegen jede Ausdehnung der Bundesgewalt auf innere Regierungsangelegenheiten und gegen allgemeine Festsetzung verfassungsmäßiger Rechte deutscher Unterthanen, als gegen eine Kränkung landesherrlicher Rechte protestirten: so konnten alle derartigen Bestimmungen gleichsam nur als Ausnahmen in die Bundesakte aufgenommen werden und fanden in den der Stiftungsurkunde als zweiter Abschnitt unter Artikel **12 — 20** angehängten „besondern Bestimmungen“, (welche übrigens mit dem ersten Abschnitt, oder „den auf die Feststellung des Bundes gerichteten“ Artikeln **1 — 11** gleiche Kraft haben sollen,) keine genügende Erledigung.

Nach Artikel **12** der Bundesakte müssen nämlich in allen deutschen Staaten für die Civilrechtspflege drei Instanzen bestehen.

Nach Art. **16** soll die Verschiedenheit der christlichen Religionspartheien in den Ländern und Gebieten des Deutschen Bundes keinen Unterschied in dem Genuß der bürgerlichen und politischen Rechte begründen und die bürgerliche Verbesserung der Bekenner des jüdischen Glaubens, insonderheit deren Einsetzung in den Genuß aller bürgerlichen Rechte, in Berathung gezogen werden.

Vermöge des Art. 18 „kommen die verbündeten Fürsten und freien Städte überein, den Unterthanen der deutschen Bundesstaaten folgende Rechte zuzusichern:

a) Grundeigenthum außerhalb des Staats, den sie bewohnen, zu erwerben und zu besitzen, ohne deshalb in dem fremden Staate mehreren Lasten und Abgaben unterworfen zu seyn, als dessen eigene Unterthanen.

b) Die Befugniß:

1) des freien Wegziehens aus einem deutschen Bundesstaat in den andern, der erweislich sie zu Unterthanen annehmen will; auch

2) in Civil- und Militärdienste desselben zu treten;

beides jedoch nur, insofern keine Verbindlichkeit zu Militärdiensten gegen das bisherige Vaterland im Wege stehe. Und damit, wegen der dermal vorwaltenden Verschiedenheit der gesetzlichen Vorschriften über Militärpflichtigkeit, hierunter nicht ein ungleichartiges, für einzelne Bundesstaaten nachtheiliges Verhältniß entstehen möge, so soll die Einführung möglichst gleichförmiger Grundsätze über diesen Gegenstand in Berathung genommen werden.

c) Die Freiheit von aller Nachsteuer, insofern das Vermögen in einen andern deutschen Bundesstaat übergeht und mit diesem nicht besondre Verhältnisse durch Freizügigkeitsverträge bestehen.

d) Die Bundesversammlung soll sich bei ihrer ersten Zusammenkunft mit Abfassung gleichförmiger Verfügungen über die Preßfreiheit und Sicherstellung der Rechte der Schriftsteller und Verleger gegen den Nachdruck beschäftigen.“

Endlich enthält der Art. 13 die lakonische Versicherung:

„In allen Bundesstaaten wird eine landständische Verfassung stattfinden.“

Wäre nun, statt sich auf solche dürftige Bruchstücke zu beschränken, der den Rechten und Interessen deutscher Staatsbürger gewidmete Abschnitt der Bundesakte auf eine erschöpfende Erklärung aller wesentlichen deutschen Bürgerrechte ausgedehnt worden: so hätte schon die so begründete Gleichheit der Landesverfassung und der wichtigsten Freiheiten und Gesetze für die neben der Freiheit den Deutschen verheißene Einheit eine mächtige Stütze werden müssen. Eine Wiedergeburt des deutschen Reichs und eine Wiederherstellung der deutschen Verfassung, wie sie Deutschlands Völkern versprochen war, erheischte aber auch noch manches Andere, was eine Vereinigung unabhängiger Souveränstaaten zu Erhaltung der äußern und innern Sicherheit Deutschlands, nicht gewährte.

Das deutsche Reich war nie ein bloßer Staatenbund gewesen, und welche Modifikationen der ehmaligen Reichsverfassung auch durch die veränderten Verhältnisse geboten scheinen mochten, in keinem Falle durften sie von der Art seyn, daß dadurch die wesentliche Einheit der deutschen Nation im Gegensatze von den andern Nationen aufgehoben wurde. Es mußte vielmehr in der Zusammensetzung des Bundes sorgsamst Alles vermieden werden, was eine Trennung oder Theilung mit der Zeit herbeiführen konnte und was namentlich bei der früheren

Verfassung die Auflösung der Einheit wirklich herbeigeführt hatte.

Doch anstatt die Einheit eines Bundesstaats zu erhalten, ist Deutschland nicht einmal zur Einheit eines ächten Staatenbundes gelangt. Eine auf ewige Zeiten geschlossene Verbindung zwischen Ländern, denen diese Verbindung kein wahrhaftes bleibendes Bedürfniß ist, wird nämlich wohl so lang es Menschen giebt, ein Unding bleiben. Soll ein Staatenbund nicht eine schnell vorübergehende Schöpfung des Augenblicks, sondern eine dauernde Vereinigung für alle Zukunft seyn, so muß er aus Staaten bestehen, die einander gegenseitig nicht entbehren können, weil sie die Macht und Größe zu einem selbstständigen Leben ausser dem Bunde nicht besitzen. Oder wenn bei Einzelnen das eigene Interesse und Bedürfniß für die freiwillige Erfüllung der Bundespflicht keine hinreichende Bürgschaft gewährt, so muß solche wenigstens mit überlegener Macht erzwungen werden können.

Weder das Eine noch das Andere gilt aber von den zwei Großmächten des deutschen Bundes. Oestreich bedarf zu seiner Existenz weder Deutschlands, noch irgend eines andern Staats der Welt; Preussen dagegen bedarf auch Oestreichs nicht. Oestreich und Preussen stehen einander vielmehr in gar mancher Beziehung hinderlich im Wege, und was Beide an den deutschen Bund fesseln soll, kann nicht das durch den Bund zwischen ihnen selbst begründete Verhältniß, sondern es muß das Verhältniß zu Deutschland seyn. Eine unauflösliche Verbindung Deutschlands mit Oestreich und Preussen würde jedoch eine ebenso innige Verbindung jener zwei Großmächte unter sich voraussetzen, und da selbstständige große Staaten nie durch unauflösliche Bande an einander geschlossen seyn wollen, weil dadurch ihrer Selbstständigkeit Eintrag geschieht, so werden auch Oestreich und Preussen, so lange Beide zugleich im Bunde sind, das Band der Vereinigung nur leicht und locker geknüpft wünschen.

Durch den Eintritt zweier Großmächte, die kein wahres gegenseitiges Bedürfniß an einander kettet, und die zur Erfüllung ihrer Bundespflichten auch nicht gezwungen werden können, ohne die ganze Existenz des Bundes auf's Spiel zu setzen, ist also schon ein Keim der Auflösung in den Bund gelegt. Wenn man sich aber auch der Hoffnung überlassen konnte, daß die Zeit von selbst das Rechte lehren und eine friedliche Ausscheidung des Fremdartigen allmählig bewirken werde, so wurde doch bei der Aufnahme beider Großmächte in den Bund ein anderes, tiefer greifendes und wesentlicheres Verhältniß verletzt.

Schon die Auflösung des deutschen Reichs ist großentheils dem Mißstand zuzuschreiben, daß manche Landesherren, durch die Erwerbung unabhängiger fremder Kronen in eine zwitterartige Stellung versetzt, dem Reichsverbande sich zum Theil entzogen, und der siebenjährige Krieg, den Preussen gegen Oestreich führte, war nur ein Vorläufer jener Kämpfe, worin später deutsche Völker unter fremder Führung gegen ihre eigenen Eingeweide wütheten. Vor allen Dingen mußte daher der deutsche Bund auch als bloßer Staatenbund nur solche Mitglieder zählen, die dem Bunde ganz und nicht bloß theilweis als zweideutige Amphibien angehören. Statt dessen ließ man sich den Widerspruch zu Schulden kommen, einen deutschen Bund zum größern Theil aus nichtdeutschen Mächten zu errichten und zuzugeben, daß gerade die mächtigsten Bundesglieder zugleich auch wieder nicht Mitglieder des Bundes seyn durften. Diese können mithin in der Eigenschaft von europäischen

Mächten

Mächten einen Theil der Streitkräfte des Bundes nach Gefallen zu Kriegen unter sich und gegen Auswärtige verwenden, während der Zweck des Bundes Verzichtleistung aller seiner Mitglieder auf das Recht selbstständiger Kriegführung fordert. Denn wie kann ein aufrichtiger Bund bestehen zwischen Mächten, welche sich bekriegen? Wie ist eine vollständige Erfüllung der Bundespflicht, namentlich der gemeinsamen Vertheidigung des Bundes, denkbar in dem Augenblick, wo ein dem Bunde fremder Krieg alle Kräfte eines einzelnen Mitglieds in Anspruch nimmt? Wie soll der Bund selbst seiner Verpflichtung, sämmtliche Mitglieder gegen jede Verletzung durch den Angriff äußerer Feinde zu beschützen, nachkommen, wenn dieser Verpflichtung nicht von Seiten der Mitglieder die Verbindlichkeit entspricht, durch eigenmächtig unternommene Kriege zu einer solchen Verletzung keinen Anlaß zu geben?

Die gleichen Gründe, welche Verzichtleistung auf das Recht des Krieges von den Einzelnen zu Gunsten der Gesammtheit fordern, sprechen aber auch nach den zur Zeit des Reichs gemachten Erfahrungen, nur nicht ganz in demselben Umfang, gegen ein selbstständiges Bündniß-

und Gesandtschaftsrecht der Gliederstaaten. Denn Völkerbündnisse und Staatsverträge sind so oft die Veranlassung zu Kriegen oder deren Folge, daß schon der bloße Staatenbund sich seine Hauptaufgabe, Sicherung nach Außen, sehr erschwert, wenn er den einzelnen Vereinsstaaten gestattet, dem Auslande gegenüber selbstständig handelnd aufzutreten und mit demselben Allianzen und Traktate abzuschließen. Vollends nothwendig ist es aber, daß der ächte Bundesstaat nur solche Staaten aufnimmt, welche nicht bloß auf das Recht des Kriegs verzichten, sondern ihre ganze Vertretung gegen das Ausland in Allem, was Krieg und Frieden, Staatsverträge, Bündnisse oder gesandtschaftlichen Verkehr und Handelsverhältnisse betrifft, sammt der damit zusammenhängenden Gesetzgebung dem Bunde überlassen.

Je größer die Freiheit im Innern, um so stärker muß in einem Bundesstaat das Band der Einheit gegen Außen seyn. Die Macht und das Ansehen der Nation hängt davon ab, daß ihre unter sich unabhängigen Staatenglieder dem Auslande gegenüber einer für alle und alle für einen stehen. Einseitige Verbindung und selbstständiges Unterhandeln einzelner Vereinsstaaten mit Auswärtigen öffnet immer fremdem Einfluß eine Pforte und gewöhnt, wenn auch die Sicherheit des Bundes nicht unmittelbar dabei gefährdet ist, doch unvermerkt daran, die Verhältnisse zum Ausland höher als das Bundesinteresse und die Bundespflicht zu stellen. Da ferner die Gewalt der Waffen es ist, welche in letzter Instanz über alle völkerrechtlichen Verhältnisse entscheidet, da mithin das Bündnißrecht in dem genauesten Zusammenhange mit dem Kriegsrecht steht: so ist die Einräumung eines selbstständigen Gesandtschafts- und Bündnißrechtes eine Halbheit, welche den damit Begünstigten nur verleitet, auch zuletzt das Recht des Kriegs zu usurpiren.

Demungeachtet hat der Deutsche Bund ein in den Händen einzelner Mitglieder so gefährliches Recht sich nicht ausschließlich vorbehalten, das Recht der Kriegführung gegen Auswärtige den einzelnen Mitgliedern in der Bundesakte nicht ausdrücklich abgesprochen, und die Nothwendigkeit einer dießfallsigen Beschränkung wurde während der Kongreßverhandlungen nur in Beziehung auf die reindeutschen Mächte geltend gemacht. Statt mit strenger Consequenz darauf zu dringen, daß in allen auswärtigen Verhältnissen Deutschland nur einen Staat bilde, verfiel man also bei Errichtung des Bundes in den alten Fehler, auch Mitglieder aufzunehmen, die in ihrer äußeren Politik vom Bunde unabhängig und als europäische Mächte zu selbstständiger Kriegführung unter sich und mit dem Auslande berechtigt sind, den übrigen Mitgliedern aber wenigstens das Recht der Bündnisse aller Art, insofern sie nicht gegen die Sicherheit des Bundes oder einzelner Bundesstaaten gerichtet seyen, freizulassen.

Damit war denn auch verzichtet auf das einzige Mittel, wodurch Deutschland die ihm gebührende Stellung als politische Macht unter den Nationen Europa's wieder hätte erringen können, — es war verzichtet auf eine eigenthümliche und selbstständige Bundespolitik in Krieg und Frieden mit beständiger Vertretung der gesammten Nation im diplomatischen Weltverkehr.

Um Deutschland die Einheit eines Bundesstaats zu sichern, hätte von den zwei deutschen Großmächten die eine aus dem Bunde treten, die andere aber eine veränderte Stellung zu dem Bund erhalten müssen. Zu Bewahrung ihrer Selbstständigkeit und Unabhängigkeit sind nämlich die reindeutschen Staaten für sich allein nicht stark genug. Verlassen von Oestreich und Preussen müßte dieses Deutschland sich an Frankreich anlehnen und die Freundschaft Frankreichs (die um so unnatürlicher ist, als zusammengrenzende Nationen sich von Haus aus hassen und befehden, oder wenigstens mit eifersüchtigen Augen ansehen,) zunächst durch Abtretung der Rheinprovinzen, als des beständigen Zankapfels zwischen Deutschland und Frankreich erkaufen. Durch diese erste Nachgiebigkeit auf Kosten der Nationalehre noch viel mehr geschwächt, wäre aber Deutschland um so unausweichlicher genöthigt, sich in allen Dingen nach dem Wink und Willen Frankreich's zu bequemen, seine Interessen, Institutionen und Gesetze fremden aufzuopfern und die Zeit des Rheinbunds zu erneuern. Nur die Verbindung mit einer der großen deutschen Mächte kann Deutschland vor dem Geschick, welches einer ehrliebenden Nation als das unwürdigste erscheinen muß, vor der Zerstörung ihrer Nationalität, bewahren.

Dieß zugegeben könnte man indessen glauben, der bei weitem kräftigste Schutz für Deutschland sey nur da zu finden, wo es ihn gesucht: in einer unauflöslichen Vereinigung mit jenen beiden deutschen Mächten. Allein dieß ist ein Irrthum. Denn die unnachläßliche Bedingung des Eintritts einer europäischen Macht in den Verein der deutschen Staaten mußte seyn: unter Verzichtleistung auf eine von dem Bund unabhängige äußere Politik durch Ausübung eines selbstständigen Gesandtschafts-, Kriegs- und Bündnißrechts dem Bunde ungetheilt anzugehören. Dieser Forderung konnte aber nur von einer der beiden Großmächte, nie von beiden zugleich entsprochen werden. Denn jene Verzichtleistung ist ein Opfer, das europäische Staaten ersten Ranges, wie Oestreich und Preußen, Deutschland niemals bringen werden, ohne eine genügende Entschädigung dafür von Deutschland zu erhalten, und diese Entschädigung könnte in nichts anderem bestehen, als in einer überwiegend einflußreichen Stellung, in einer Art von Schutzherrlichkeit oder Hegemonie, die jedoch einen großen und entschiedenen Werth nur für diejenige Macht hat, der dieselbe ganz ausschließlich übertragen ist. Sobald sie den Einfluß im Bunde, zu welchem sie durch ihre physische Ueberlegenheit berufen ist, mit einem andern Staate gleichen Ranges theilen und dadurch gelähmt sehen soll, ist ihr auch das Bundesverhältniß nicht mehr von solcher Wichtigkeit, daß sie dessen Erhaltung eine selbstständige Politik zum Opfer bringen und ihrer Bundespflicht, zu deren Erfüllung sie Deutschland nicht zwingen kann, unter allen Umständen genügen wird. So lange aber die Hauptmächte des Bundes ihrer Bundespflicht nur soweit nachkommen, als es ihnen selbst bequem ist, wird der Bund, in seinem Innern lahm, nur als ein Bild der Unmacht auch dem Ausland gegenüberstehen.

Zu lebendiger Entfaltung der Gesammtkraft kann die Nation nur dadurch gelangen, daß eine der beiden Großmächte aus dem Bunde scheidet, und es ist ein zwar verbreiteter aber verderblicher Wahn, daß die Doppelherrschaft jener Mächte ein Glück für Deutschland sey, indem durch ihre Eifersucht die Selbstständigkeit der Kleinstaaten erhalten werde. Es kann dieß nur zugegeben werden, wenn man versichert seyn darf, daß die Eifersucht der Großmächte diese stets abhalten werde, über eine Theilung Deutschlands übereinzukommen, und wenn man die Fortdauer eines Zustandes, der nicht Leben und nicht Tod ist, als ein Glück betrachtet und der ächten Gesundheit freier Entwicklung des Nationallebens vorzieht. Bis jetzt hindert jede der genannten Mächte nur die andere, die Stellung im Bunde einzunehmen, welche dessen innere Festigkeit und Kräftigung erfordert.

Es entsteht daher die Frage, welche von den beiden Mächten nicht Mitglied des Bundes hätte werden sollen, um der andern das Protektorat von Deutschland ungetheilt zu überlassen.

Wenn, wie schon früher bemerkt wurde, diejenigen Verbindungen die dauerhaftesten sind, welche auf wechselseitigem Bedürfniß beruhen, wenn ferner Deutschland einer schützenden Großmacht bedarf: so ist **Preussen** schon aus dem Grund geeigneter zu der Würde eines Bundeshauptmanns oder Bundesobersten, weil Preussen weit mehr als Oestreich das Bedürfniß hat, sich mit Deutschland unauflöslich zu verbinden. Nur in einem rein völkerrechtlichen Verhältniß dürfte Oestreich den Vorzug verdienen; nur wenn die deutschen Staaten sich damit begnügen wollen, den Schutz eines Mächtigern gegen äußeren Angriff zu erhalten, ohne mit demselben in die engere Gemeinschaft eines Bundesstaats zu treten und auf seine Politik einen bestimmenden Einfluß auszuüben, werden sie vielleicht wohlthun, sich mehr an das auf Erhaltung bedachte

Oestreich, als an das ehrgeizige und nach Vergrößerung strebende Preussen anzuschließen. Denn Oestreich, dessen innere Staatskräfte einer unermeßlichen Entwicklung fähig sind, wenn es die reichen Schätze, die es in sich schließt, ausbeutet, kann nicht lüstern nach Eroberungen seyn, so lang es nicht dazu gezwungen wird, um seinen dermaligen Besitzstand zu behaupten, oder sein Gleichgewicht mit um sich greifenden Nachbarn und Nebenbuhlern herzustellen. Nur die Furcht, daß eine andere Macht für ihre Zwecke sich Deutschlands bemächtige, würde Oestreich bewegen können, diejenige Leitung der deutschen Angelegenheiten, welche ihm gegenwärtig zusteht, gegen eine Gebietsvergrößerung in Deutschland hinzugeben. Im Uebrigen scheint Oestreich selbst die deutsche Kaiserkrone nur als eine Last betrachtet zu haben, wenn richtig ist, was der hannöverische Gesandte auf dem Kongreß zu Wien versicherte: daß seit dem Beitritt Oestreichs zu der großen Allianz gegen Frankreich von dem englischen Hofe vergebens alle Mittel der Ueberredung angewendet worden seyen, um Oestreich zur Wiederannahme der deutschen Kaiserwürde zu bewegen.

Aber auch nur eine, materiell genommen

vielleicht sehr uneigennützige Schutzherrlichkeit hat Deutschland von Oestreich zu erwarten. Keineswegs hingegen eignet Oestreich sich dazu, mit Deutschland einen Bundesstaat zu bilden, der eine weit innigere Durchdringung und Gemeinschaft aller wesentlichen Zwecke und Bestrebungen voraussetzt.

Wenn es nämlich Oestreich schon für sich allein unmöglich ist, alle die verschiedenartigen Bestandtheile des weitausgedehnten Reiches zu einem gleichartigen Ganzen zu verschmelzen, so könnte eine organische Vereinigung aller Länder der östreichischen Monarchie mit dem gesammten Deutschland bei alsdann noch größern und vermehrten Ungleichheiten der geographischen, kommerziellen und industriellen Verhältnisse, der Nationalität, Gesittung und Verfassung, der Tendenzen und der Interessen noch viel weniger gelingen, und eine gemeinschaftliche Volksvertretung hätte schon an der Verschiedenheit der Sprachen scheitern müssen. Immerhin mag die östreichische Regierung, durch die Entwicklung freisinniger und volksthümlicher Ideen mit dem Verlust ihrer ungrischen, italienischen und slavischen Provinzen bedroht, gerathen finden, das gegen jene angenommene System des Wider=

standes auch auf ihre Völker deutscher Zunge auszudehnen; immerhin mögen letztere in Betracht der mannigfachen materiellen Vortheile, welche auf die vorgezogenen Stammländer einer großen Monarchie zurückfließen, sich in den schweren Geistesdruck ergeben. Aber Deutschland kann den Bund mit Oestreich nicht suchen, um der Nachzügler einer fremden Politik zu werden, und den Gang seiner Entwicklung aufgehalten, den Geist der Freiheit bei sich unterdrückt zu sehen. Oestreich müßte also entweder die Interessen und im Nothfall den Besitz seiner ausländischen Provinzen dem Bundesverhältniß aufopfern, oder es würde, wenn es dieß nicht wollte, verhindert seyn, den deutschen Interessen ganz zu leben. Im letztern Falle könnte es, durch eine doppelte und undeutsche Politik Deutschland entfremdet, seine Aufgabe als leitende Macht des Vereins nicht erfüllen; im ersten Falle würde es seine ausländischen Provinzen zur Unzufriedenheit, wo nicht zum Abfall treiben und dadurch weit mehr verlieren, als es durch die Bundeshauptmannschaft gewonnen hätte. Denn zum Ersatze für die Herrschaft über etwa 20 Millionen Menschen, welche es in schrankenloser Unabhängigkeit regiert, wäre es mit Aufgebung seiner vollen politischen Selbstständigkeit in die dornenvolle Genossenschaft einer nicht einmal ebenso großen Bevölkerung getreten, über die es seinen Einfluß nach dem Verlust seiner auswärtigen Provinzen schwerlich zu behaupten vermöchte.

In ganz andern Verhältnissen erscheint dagegen Preussen. Dieses ist keineswegs so mächtig oder in der Selbstständigkeit seiner Existenz so unangreifbar, daß es nicht durch eine engere Verbindung mit verwandten Staaten wesentlich gewonnen hätte und daß nicht das Protektorat von Deutschland ein genügender Ersatz für das gewesen wäre, was es aufgegeben, wenn es dem Vorrecht entsagt hätte, eine vom Bund unabhängige Politik als europäische Macht zu haben. Wäre es irgend zweifelhaft, daß Preussen eines äußern Stützpunktes noch bedarf, um das künstliche Gebäude seiner jungen Größe auf eine gesicherte Grundlage zu stellen, so würden schon seine Bemühungen für die Erweiterung des preussisch-deutschen Zollverbands, seine Verhältnisse zu einigen norddeutschen Staaten und seine Anlehnung an Rußland es beweisen. Preussen hätte aber dem deutschen Bund ganz angehören und eine wahrhaft deutsche Politik befolgen können, ohne die Interessen seiner Völker zu verletzen oder die Gefahr eines Verlustes zu laufen. Seine Provinzen würden im Gegentheil durch die Vereinigung mit den übrigen deutschen Ländern an Gleichartigkeit wie an Zusammenhang gewonnen und eine wohlthätig ergänzende Ausfüllung zu einem abgerundetern Ganzen erhalten haben. Auch wäre in der Art ihrer Zusammensetzung kein Hinderniß zur Bildung eines Bundesstaats mit Volksvertretung gelegen. Dazu kommt, daß Preussen mehr deutsche Länder in sich faßt als Oestreich, daß es in Bildung und Institutionen Deutschland näher steht und seinen Einfluß auf die Macht des Geistes und die Herrschaft der Ideen gründen muß, daß endlich seine Macht in Vergleichung mit dem übrigen Deutschland nicht Oestreichs erdrückende und kolossale Größe hat. Hätte aber Preussen sich entschlossen, dem Bundesverhältnisse zu lieb auf ein vom Bunde unabhängiges Gesandtschafts-, Kriegs- und Bündnißrecht Verzicht zu leisten: so hätten zur Entsagung auf das bloße Bündniß- und Gesandtschaftsrecht — (denn das jus belli steht denselben ohnedieß nicht zu) — wohl auch die übrigen Bundesfürsten um so eher sich bequemen müssen, und dieselben würden durch Preussen's

Supremat nicht abhängiger geworden seyn, als sie im deutschen Reich dem Rechte nach, im Rheinbund aber in der That gewesen.

Allein Oestreich, obgleich dasselbe in seinem dermaligen Bestand eine reindeutsche Macht weder werden will noch werden kann, wollte doch Mitglied des Deutschen Bundes seyn, um seinen Einfluß auf die deutschen Angelegenheiten nicht auf Preussen übergehen zu lassen, und so lange Oestreich im Bunde blieb, war auch Preussen verhindert, Deutschland ganz anzugehören, wenn es nicht in die Reihe der Mächte zweiten Rangs zurücksinken und seine Stellung als selbstständige europäische Macht ohne Ersatz aufgeben sollte. Die Rheinbundsstaaten aber wollten, um von der zu Deutschland's Unglück usurpirten Souveränität doch wenigstens das Bündniß- und Gesandtschaftsrecht zu retten, Oestreich und Preussen lieber ein Vorrecht zu Krieg und Frieden unter sich und mit dem Ausland zugestehen, als das Band der Einheit durch vollständige Gemeinschaft der gesammten äußern Politik des Bundes allzu fest knüpfen. Dadurch aber, daß Oestreich und Preussen mit einander in den Bund als europäische Mächte aufgenommen wurden, mußte vollends für jedes der Vorbehalt einer selbstständigen Politik außer dem Bunde ebensoviel an Werth gewinnen, als das Leben in und mit dem Bunde dadurch an Anziehung verlor, so daß beide nun das Bundesverhältniß lediglich als ein Mittel handhaben, Deutschland zu beherrschen, ohne deutsche Mächte zu seyn und ohne ihre Bundespflichten zu erfüllen, wo die Erfüllung (ständische Verfassung, Preßfreiheit!) denselben lästig ist.

Eine ächte Bundeseinheit, wie sie Deutschland werden sollte, forderte aber nicht allein in der Zusammensetzung des Bundes die Vermeidung alles dessen, was die Einzelnen dem Bund entfremden und zum Abfall reizen, sondern auch eine solche Einrichtung seines innern Organismus, daß er sich frei von Hemmungen bewegen und seine Lebensthätigkeit entwickeln konnte.

In dem Bunde ist die Einheit Deutschlands dargestellt; dem Bunde seine Wirksamkeit erschweren, heißt Deutschland's Gesammtkraft untergraben und den Nerv der Einheit lähmen. Dem Bunde muß es also ohne große Schwierigkeiten möglich seyn, diejenigen Beschlüsse, welche zu Erreichung seiner Zwecke erforderlich sind, zu fassen und in's Werk zu setzen.

In ersterer Beziehung, was die Fassung

der Beschlüsse anbelangt, ist von selbst einleuchtend, daß die nöthigen Beschlüsse um so leichter zu Stande kommen, je weniger bei einmal vorhandener Stimmenmehrheit der Bund vermöge seiner Verfassung genöthigt ist, auf den Widerspruch einzelner Mitglieder Rücksicht zu nehmen.

Es wird zwar die Behauptung aufgestellt, nur der Bundesstaat begründe eine wahre Staatsgewalt des Bundes und müsse deßhalb dem Prinzip der Entscheidung durch Stimmenmehrheit huldigen; der Staatenbund dagegen, was der Deutsche Bund nach seiner Stifter Absicht habe werden sollen, erkenne keine höhere Gewalt und seine wichtigern Beschlüsse seyen schon vermöge seines Begriffs an Stimmeneinhelligkeit gebunden. Allein dieß scheint in doppelter Beziehung nicht begründet. Die Bundesgewalt in einem Staatenbund umfaßt nur nicht alle Gegenstände, über welche sich die eigentliche Staatsgewalt erstreckt, aber in ihrem Wesen und in ihren Wirkungen ist sie von dieser nicht verschieden und die Mitglieder eines Staatenbundes sind der gesetzgebenden, richterlichen und vollziehenden Gewalt des Bundes ganz denselben rechtlichen Gehorsam schuldig, wie der einzelne Unterthan der gesetzgebenden, richterlichen und vollziehenden Gewalt seines

Staats. Freilich ist das Mitglied eines Staatenbunds dem Bunde, wie der Staatsbürger der Staatsgewalt, nur zu verfassungsmäßigem Gehorsam verpflichtet. Aber wie könnte ein Staatenbund bestehen, wenn jedes einzelne Mitglied der Erfüllung seiner, durch die Bundesgewalt ausgesprochenen Verpflichtungen gegen die Gesammtheit, ohne alle Verantwortlichkeit und ohne Furcht vor Strafe, sich entziehen dürfte, sobald dessen einzelne souveräne Regierungsüberzeugung von dem Recht und dem Wohl seines besondern Staats entgegensteht? Eine Bundesgewalt kann ferner so wenig als die Staatsgewalt bestehen, wenn sie zu jedem ihrer Beschlüsse Stimmeneinhelligkeit fordert; die Bundesgewalt kann so gut wie die Staatsgewalt für alle Beschlüsse, die in den Kreis ihrer Competenz fallen, bloße Stimmenmehrheit verlangen; die Staatsgewalt ist vermöge ihres Begriffs ebensowenig als die Bundesgewalt verhindert, bei manchen Gegenständen dem Prinzip der Stimmeneinhelligkeit zu huldigen; die Bundesgewalt muß sich endlich wie die Staatsgewalt mit bloßer Stimmenmehrheit da begnügen, wo der Zweck des Ganzen und die Vollziehung der Gesetze eine Entscheidung oder ein Handeln unabweisbar fordern.

Auch der Deutsche Bund mußte also, mochte er zu einem Staatenbund oder zu einem Bundesstaat bestimmt seyn, die Entscheidung der Stimmenmehrheit bei allen für den Zweck und die Erhaltung des Bundes nothwendigen Beschlüssen und, wenn er sich die Erfüllung seiner Bestimmung nicht verkehrter Weise selbst erschweren wollte, auch bei allen denjenigen Gegenständen anerkennen, welche in dem natürlichen Umfang seiner Competenz begriffen sind. Statt dessen verlangt die Bundesakte Art. 7 nicht bloß Stimmeneinhelligkeit für solche Gegenstände, die nur ausnahmsweise in die Sphäre der Bundesgewalt gezogen werden (wie jura singulorum und Religionsangelegenheiten), sondern auch für solche, die zur Competenz des Bundes wesentlich gehören, und die mit der Existenz des Bundes selbst zusammenfallen, wie die organischen Bundeseinrichtungen.

Was aber die Vollziehung der Bundesgesetze und der Bundesbeschlüsse, überhaupt die handelnde, vollziehende Gewalt des Bundes im Innern und nach Außen betrifft, so konnte letztere ihrer Aufgabe nur alsdann gewachsen seyn, wenn die oberste Leitung aller Bundesangelegenheiten, die Anführung des Bundesheers, die Verwaltung der Bundeskasse, in eine kraftvolle Hand gelegt, von Vollziehungsgegenständen nur das allerwichtigste (Krieg und Frieden, Staatsverträge und Bündnisse, Besetzung der erheblichsten Bundesämter ꝛc.) der Gesammtheit vorbehalten, das übrige dagegen einem aufzustellenden Bundesexekutor überlassen war, der alle erforderlichen Mittel besaß, um mit Raschheit, Konsequenz und Nachdruck aufzutreten und den Bundesbeschlüssen insbesondre auch von Seiten der Bundesglieder Folgeleistung zu verschaffen.

Nun ist es zwar an sich dem Wesen eines Völkerbundes ganz entsprechend, daß das hochwichtige Amt eines Bundesexekutors oder Bundesobersten nicht einem Bundesglied ausschließlich und für immer übertragen, sondern abwechslungsweise von den verschiedenen Bundesgliedern verwaltet werde. Denn wie überhaupt Gleichheit der Rechte überall durch die Vernunft geboten ist, wo die Ungleichheit der Kräfte nicht durchaus entgegensteht, so auch in einem Staatenverein, und auch dem Deutschen Bund könnte es nur zum Ruhme gereichen, daß derselbe das Prinzip der Rechtsgleichheit an die Spitze der Bundesakte gestellt, wenn er aus lauter deutschen und dem Bunde ganz angehörigen, nicht allzu ungleichen Staaten bestände, von denen keiner ein entschiedenes Uebergewicht ausübt, noch der übrigen entbehren kann. Aber bei der enormen Ungleichheit der verschiedenen Bundesstaaten an Gebietsumfang und Menschenzahl war eine auf das Prinzip republikanischer Gleichheit gebaute und doch kraftvolle Organisation der Bundesgewalt unmöglich. Unter die Verfügung des Bundesobersten mußte namentlich die Kriegsmacht des Bundes, als das wirksamste Exekutionsmittel, gestellt werden, und nie würde Oestreich eingewilligt haben, seine Streitkräfte den Befehlen eines von ihm unabhängigen Großherzogs von Nassau zu untergeben, nie hätte Preussen sich dazu verstanden, die Anführung seiner Heere einem Fürsten von Reuß abzutreten.

Nur diejenige von den zwei deutschen Großmächten eignete sich zur Bundeshauptmannschaft, welche sich entschloß, dem Deutschen Bunde ganz anzugehören, und da hiezu nur Preussen in der Lage war, so blieb keine andre Wahl, als entweder die Vereinigung Deutschlands zu einem festen Staatskörper aufzugeben, oder die exekutive Gewalt des Bundes Preussen ein für allemal zu übertragen.

In der That war auch das dringende Bedürfniß eines Bundesoberhaupts den vereinigten deutschen Fürsten und freien Städten nicht entgangen, welche auf dem Kongreß zu Wien die Wiederherstellung der Kaiserwürde beantragten. „Die deutsche Verfassung“ — erklärten diese — „würde ihren festesten Bestand erst alsdann behaupten können, wenn ein gemeinsames Oberhaupt, welches dem deutschen Verband den ersten Rang unter den europäischen Nationen gab, an der Spitze der deutschen Verbindung dem von den Ständen des Bundes gemeinsam Beschlossenen die unverbrüchliche Vollziehung sichere, die Säumigen und Weigernden ohne Unterschied mit Nachdruck zur Erfüllung des Bundesvertrags anhalte, der Bundesjustiz schnelle und vollkommene Folge verschaffe, die Kriegsmacht des Bundes leite, und so im Innern und gegen Außen allen Staaten desselben, auch dem mächtigsten, als Beschützer, erster Repräsentant der Deutschen Nation und Gegenstand allgemeiner Ehrfurcht, der Verfassung aber als kräftigster Garant, als deutscher Freiheit Aegide sich darstelle.“ — Die vereinigten Fürsten und freien Städte wurden unterstützt in ihrer Ansicht von den Mediatisirten und der vormaligen Reichsritterschaft. Die größern Bundesmächte hatten während der Kongreßverhandlungen wenigstens einen Vollziehungsrath in Vorschlag gebracht.

Allein die Bundesakte ließ in dieser Beziehung den Bund ganz unberathen und bestimmte bloß (Artikel 4), daß die Angelegenheiten des Bundes durch eine Bundesversammlung besorgt werden sollen, in welcher alle Glieder desselben durch ihre Bevollmächtigten theils einzelne, theils Gesammtstimmen führen.

Bisher ist nachgewiesen worden, was hätte geschehen müssen, um dem Deutschen Bunde Festigkeit und Einheit zu verschaffen. Aber auch diese Einheit wäre ohne Mitvertretung des gesammten deutschen Volks am Bundestage eine bloße Einheit der Fürsten, nicht der Völker oder der deutschen Nation gewesen. Wie die Freiheit des deutschen Volks landständische Verfassung und Mitwirkung bei der Gesetzgebung und Besteurung verlangt: so erfordert seine Einheit, daß jenes Recht der Mitwirkung bei Gesetzen, die vom Bund ausgehen, und bei Verwilligungen, deren der Bund (für Bundesvertheidigung, Bundesgerichtswesen, Bundesgesandtschaften u. s. w.) bedarf, nicht von 38 verschiedenen Landesversammlungen einzeln, sondern von einer Nationalversammlung gemeinschaftlich geübt werde. Nur eine Versammlung, in welcher die Abgeordneten der verschiedenen deutschen Länder als Deutsche, nicht als Preussen, Baiern, Sachsen u. s. w. sich begrüßen, ihre Ansichten und Erfahrungen von den Interessen, Wünschen und Bedürfnissen der Nation gegen einander austauschen und die Nationalangelegenheiten in lebendiger, wechselwirkender Mittheilung und Vereinigung berathen, kann heutzutage die verschiedenen deutschen Staaten und Völkerstämme zu der organischen Einheit verknüpfen, welche Deutschland mangelt und aus einer bloß mittelbaren Einwirkung der einzelnen deutschen Landesversammlungen auf die Bundesversammlung nimmermehr hervorgehen wird. Alle andern Institutionen sind auf der gegenwärtigen Kulturstufe des gebildeten Europa's ungenügend. Eine gemeinschaftliche Nationalvertretung allein könnte das fehlende volksthümliche Element in die Verfassung des Deutschen Bundes einführen, und als die Blume und die Krone aller deutschen Landesversammlungen, als Organ der Freiheit, die Gewalt der Fürsten durch eine hinreichende Gegenkraft mäßigen. In ihr allein liegt auch das Mittel für die unentbehrliche Ausgleichung des Stimmenverhältnisses der größern

Vereinsstaaten zu den kleinern und kleinsten, da eine Vertheilung der Stimmen nach der Anzahl der Bevölkerung zwar nicht im Rath der Fürsten, (wo die Stimme Sachsens oder Würtembergs jetzt so viel gilt als die des zwanzigmal größern Oestreichs,) aber wohl in der Versammlung der Nationalvertreter passend und natürlich ist.

Diese Versammlung, mitberufen zur Gesetzgebung in allen Bundessachen, als da sind: die innere Organisation des Bundes und der Bundesversammlung mit ihren Attributionen und Befugnissen, das Bundesgerichtswesen, die auswärtigen Verhältnisse, die gesammte deutsche Wehrverfassung, das Zollwesen, die wesentlichsten staatsbürgerlichen Rechte und landständischen Befugnisse der deutschen Völker, oder die nur durch zusammenwirkende Theilnahme aller Bundesstaaten möglichen gemeinnützigen Anordnungen, hätte zugleich als Wächterin des Gesetzes Verletzungen der Bundespflicht und der Verfassung von Seiten einzelner Regierungen oder des Bundesoberhaupts durch die geeigneten Klagen (sowohl gegen die Regierungen selbst, als gegen deren verantwortliche Organe) vor einem unabhängigen Bundesgerichte zu verfolgen und die Mitglieder dieses, für jede Art von Klagen wegen verletzter Bundespflicht zuständigen Nationalgerichtshofs dem Rath der Fürsten und dem Bundeshauptmann vorzuschlagen. Die Verwilligung der für das Bundesheer, beziehungsweise zur Stellung der Bundeskontingente, nöthigen Mannschaft würde noch ein weiteres Gewicht in ihre Hände legen, und, auf die leitende Bundesmacht durch unmittelbare Geldverwilligung direkt, auf die Bundesfürsten und den Bundestag durch die Steuerverwilligung der Landesversammlungen indirekt einwirkend, müßte sie in dem Gebäude deutscher Einheit und Freiheit den Schlußstein bilden.

Von all' dem findet sich indessen in der Bundesakte keine Spur. Denn so viel auch nach dem Willen mancher Fürsten für die Nation geschehen sollte: so durfte, wie es scheint, nach ihrer Ansicht doch nichts durch die Nation geschehen, und ein ohne Mitsprache des Volks entstandener, ohne seine Theilnahme weiter zu führender Bund war nicht das Mittel, Deutschland im Geiste des Jahrhunderts fest und unauflöslich zu vereinigen.

Dritter Abschnitt.

Der Deutsche Bund bis zu den Karlsbader Beschlüssen.

Es soll nicht behauptet werden, daß es ein Leichtes gewesen wäre, Deutschland eine den bisher entwickelten Anforderungen entsprechende Verfassung zu geben, oder daß eine solche Verfassung unfehlbar geleistet hätte, was von ihr zu fordern ist. Wer darf mit Zuversicht behaupten, daß selbst eine aus den würdigsten Vertretern zusammengesetzte Nationalversammlung, den Erfahrungen späterer Jahre vorauseilend, damals schon alles, was nothwendig ist, erkannt und wirklich zu verlangen gewagt haben würde? Daß sie den Muth gehabt hätte, durch eine unter allen Umständen beklagenswerthe Losreißung von Oestreich tief in's Fleisch und Leben Deutschlands einzuschneiden und die Wiedervereinigung von einer ungewissen Zukunft zu erwarten? Daß jene Trennung möglich gewesen wäre, ohne einen neuen Krieg herbeizuführen? Daß endlich, wenn auch die Regierungen in einem Momente der Erhebung die zu voller Wiedereinsetzung der Nation in ihre Rechte erforderliche Selbstverläugnung gefunden hätten, nicht späterhin die andringende Gewaltthätigkeit der mächtigsten und der sich auflehnende Partikularismus der schwächern oder die Selbstsucht aller das Werk der Eintracht wieder zerstört haben würde?

Wenn neue Formen und Verfassungen feste Wurzeln schlagen und gesunde Früchte tragen sollen, so kommt Alles auf den Geist an, womit sie von Anfang an gehandhabt werden. Erst wenn sie eine längere Zeit bestehen, gewinnen dieselben unabhängig von dem Willen der Individuen eine zusammenhaltende Kraft des Daseyns, vermöge welcher sie auch über widerstrebende Gemüther herrschen. Ob aber reiner Wille und Kraft genug vorhanden gewesen wäre, eine jedenfalls verwickelte und künstliche Verfassung aufrecht zu erhalten und von Innen zu beleben, muß bezweifelt werden. Zu einer neuen Schöpfung scheint es damals noch zu früh gewesen zu seyn, und vielleicht erst einer spätern Zukunft ist es vorbehalten, wenn die angefangene Gährung und Zersetzung bis zur Auflösung gediehen und die Ausstoßung fremdartiger oder unverträglicher Stoffe durch den fortgesetzten Kampf der gesellschaftlichen Elemente erfolgt ist, aus gereinigtern und gleichartigern Bestandtheilen das Gebäude einer Nationalverfassung aufzuführen. Aber alle Mängel und Gebrechen der bestehenden Ordnung der Dinge müssen ihren Urhebern zum Vorwurf gereichen und sogar der Wille, Deutschland durch eine aus dem Geist der Nation hervorgegangene Verfassung wiederherzustellen, muß den Fürsten abgesprochen werden, so lange sie die Nation von jeder Theilnahme ausschließen und so lange nicht der redliche Versuch gemacht worden ist, unter ihrer Mitsprache und Mitwirkung den Bund volksthümlich zu konstituiren. Und wenn die Fürsten wirklich mehr versprochen hatten, als sie bei einer reifern Erwägung der gegebenen Verhältnisse mit den vorhandenen Elementen auszuführen möglich oder heilsam fanden, wäre es nicht doppelt nothwendig gewesen, von der Unausführbarkeit die Nation sich selbst überzeugen zu lassen? Würde es am Ende, die Unmöglichkeit einer befriedigenden Lösung der Aufgabe einmal vorausgesetzt, nicht besser gewesen seyn, wenn man den kleinern deutschen Staaten, ohne ihnen ewig bindende Verpflichtungen aufzudringen, überlassen hätte, ein Staatenganzes unter sich allein zu bilden und in Oestreich oder Preussen den Protektor zu erwählen, zu dem sie in einem rein-völkerrechtlichen Schutzverhältniß gestanden wären?

Es ist zwar als besondre Weisheit oft gerühmt worden, daß man nicht den vergeblichen Versuch gemacht habe, die strengern Bande der Einheit, wodurch früher das deutsche Reich zusammengehalten werden sollte, wiederherzustellen. Aber man fragte nicht, was denn eine noch loser geknüpfte Einheit überhaupt noch leisten könne? und ob ein bloßer Einigungsvertrag ohne wahrhaft bindende Institutionen (ohne Nationalvertretung, ohne Bundesgericht, ohne ein die Kriegsmacht, die auswärtigen Angelegenheiten und die Vollziehung der Bundes-Gesetze und Beschlüsse leitendes Oberhaupt) den Namen der Einheit verdiene? Ob die Vereinigung Oestreichs und Preussens durch den Bund haltbarer sey, als sie auch ohne den Bund gewesen wäre? haltbarer, als die willkührliche Verbindung beider mit Rußland? Ob der Bund, sobald einmal in der europäischen Politik eine bedeutende Krisis eintritt, die deutschen Kleinstaaten nur um ein Haar mehr abhalte, mit Frankreich gegen die deutschen Großmächte wieder gemeinschaftliche Sache zu machen, als die Reichsverbindung es vermocht?

Soviel ist jedenfalls gewiß, daß die Verfassung, welche Deutschland durch die Bundesakte erhielt, keine aus dem Geist des Volks hervorgegangene war, und daß sie das unmöglich leisten konnte, was sie leisten sollte. Denn was ist von einem Bunde zu erwarten, der, in seinen Gliedern monarchisch, in seinem Haupte republikanisch eingerichtet, die Einheit in die Peripherie zersplittert und die Vielheit in sein Centrum verlegt? von einem Bunde der Fürsten, der die Rechte der Völker garantiren soll und diese unbeschützt und unvertreten läßt? von einem Bunde, der die zur Erhaltung der Einheit und Sicherheit Deutschlands unentbehrlichen Anstalten und organischen Einrichtungen von der Stimmeneinhelligkeit, d. h. vom guten Willen auch des letzten unter seinen 38 Mitgliedern abhängig macht? von einem Bunde, dessen mächtigste Genossen kein anderes gemeinschaftliches Interesse als das der gemeinschaftlichen Beherrschung der übrigen vereinigt und die sich gegenseitig mit dem Auge der Eifersucht bewachen, daß keiner durch besonderes Verdienst um das gemeine Beste populär in Deutschland werden möge? von einem Bunde endlich, der seine, wenn auch mit noch so großer Stimmenmehrheit gefaßten, Beschlüsse gegen seine mächtigern Mitglieder niemals exequiren kann?

Die Mangelhaftigkeit der Bundesakte wurde übrigens auch von einem Theil ihrer Urheber mit der würdigen und versöhnenden Aufrichtigkeit anerkannt, die so manche deutsche Regierung im Beginn des neuen Zeitraums auszeichnete. So wünschte namentlich Preussen: daß der Bundesakte größere Ausdehnung, Festigkeit und Bestimmtheit wäre gegeben worden; indessen sey es besser, vorläufig einen weniger vollständigen und vollkommenen Bund zu schließen, als gar keinen, und bleibe ja den Berathungen der Bundesversammlung frei, den Mängeln abzuhelfen.

Hannover gestand geradezu: daß diese Bundesakte die Erwartungen der deutschen Nation nur zum Theil erfüllen könne. Seine Absicht sey gewesen, zu Errichtung eines Bundes in Deutschland mitzuwirken, der nicht bloß ein politisches Band unter den Staaten, sondern zugleich, im Begriff älterer Verfassungen eine Vereinigung des gesammten deutschen Volks in sich fasse. Indessen schließe der Bund, wie er beliebt sey, keine Verbesserungen aus, und diese zu befördern, werde es sich stets bemühen.

Luxemburg bekannte wiederholt sich zu dem besonders auch von Hannover und den vereinigten Fürsten und freien Städten geäußerten Glauben, daß es besser gewesen wäre, von den alten Reichsformen das Anwendbare beizubehalten. Es setze schon die fortgesetzte Spannung zum Theil auf Rechnung dieser Neuerung, in der man weder sich noch die Zukunft kenne und den Erwartungen nicht Genüge leiste, so sehr man auch die Bemühungen der größern Höfe und deren Nachgiebigkeit erkenne. Es anerkenne übrigens die Artikel als ein gemeinschaftliches Band, das Zeit, Erfahrung und steigendes Zutrauen erst bessern müsse.

Daher erklärte auch der östreichische präsidirende Gesandte in seiner Rede bei Eröffnung des Deutschen Bundestags und in seinem ersten Vortrag an die Bundesversammlung unter allseitiger Zustimmung die Bundesakte nur „für die Grundlage zu dem Gebäude des großen Nationalbundes, das, wie jeder Deutsche mit Zuversicht und Vertrauen erwarte, die Bundesversammlung, eingedenk ihres Berufs, vollenden werde." Anerkannt wurde damals „der unaufhaltbar nach höhern Richtungen rollende Lauf der Zeit", anerkannt „das Nationalbedürfniß", als der einzige richtige Leitstern für Staatenverhältnisse, anerkannt die Absicht der Bundesakte, „für alle Deutschen ein wahres Bürgerrecht zu begründen", so wie die Nothwendigkeit, das „aufgelöste Band der Nationalität“ durch einen Staatenbund wieder herzustellen und zu befestigen, wodurch „Deutschland wieder als ein Ganzes, als eine politische Einheit, wieder als Macht in der Reihe der Völker erscheine.“ — „Die Zeit“ — heißt es in jenem ersten Vortrag — „ist ebenso die Lehrerin der Völker und Regierungen, als im Laufe derselben sich Bedürfnisse in den verschiedenartigsten Formen erzeugen. Der Deutsche Bundestag kann also auch dasjenige nicht von seinen Berathungen ausschließen, was nach Eröffnung desselben im Strome der Zeit sich zu seiner Berücksichtigung eignen wird, wie es der Augenblick, wie es die Pflicht erheischt, in heiliger Betrachtung der Grundfesten des Bundes. — Unser Bestreben wird es seyn, gerechter Erwartung der öffentlichen Meinung zu huldigen, ihr zu entsprechen. — Immerhin wollen wir mit patriotischer Bereitwilligkeit die Vorschläge und Wünsche in Erwägung ziehen, welche im Laufe der Zeit über diesen oder jenen Gegenstand der öffentlichen Verhältnisse des Deutschen Bundes uns zur Kenntniß kommen werden. — Die Zeit, die Kultur der Menschheit kennen keinen absoluten Grenzpunkt; so wollen auch wir das Gebäude unsers Deutschen Bundes für heilig, aber nie für geschlossen und ganz vollendet halten.“

Demnach scheint, obgleich die Eröffnung der Bundesversammlung nicht an dem durch die Bundesakte (Artikel 9) auf den ersten September 1815 festgesetzten Termin, sondern erst am fünften November 1816 erfolgte, der bei den Regierungen vorhandene gute Wille während einer ziemlich langen Zwischenzeit im Ganzen unverändert geblieben zu seyn, und die deutsche Nation begrüßte ihrerseits den neuen Bund, so viel er noch zu wünschen übrig ließ, mit frohen Hoffnungen. Das zuversichtliche Vertrauen, daß derselbe, wie einst Kaiser und Reich, an dessen Stelle er getreten, auch das Wohl und Weh der Völker bedenken, auch das Recht der Unterthanen schirmen werde, war noch unerschüttert. Daß der über den Landesherren stehende deutsche Kaiser ein natürliches Interesse hatte, sich der deutschen Landesunterthanen gegen die ihm selbst gefährliche Gewalt der Fürsten durch die Reichsgerichte und bei der Reichsgesetzgebung anzunehmen, daß dagegen ein solches Interesse bei den gleichberechtigten Fürsten, welche sich zum Deutschen Bund vereinigt hatten, fehlte, und daß somit jede ihnen auch in Sachen der Unterthanen eingeräumte

Gewalt dem Bunde fast nothwendig eine unvolksthümliche und despotische Richtung geben mußte, wurde nicht beachtet. Eben so wenig machte man sich den Widerspruch klar, welcher in der Voraussetzung lag, daß ohne Vertretung des Volks am Bundestage und selbst ohne landständische Mitwirkung bei der Instruktion der fürstlichen Bevollmächtigten, die Regierungen, so oft ihre wirklichen oder vermeintlichen Interessen mit denen der Völker kollidirten, letztere gegen sich selbst vertreten und als Richter in eigener Sache die Wage der Gerechtigkeit im Gleichgewicht erhalten würden.

Mochte man daher auch wenig Grund haben, Recht und Freiheit für gesicherter zu halten, wenn man statt eines einzigen Beherrschers deren acht und dreißig erhielt, so fehlte doch die Probe der Erfahrung, und die Hoffnungen der Nation wurden durch das anfängliche Wirken der Bundesversammlung wenigstens nicht Lügen gestraft.

Erfreulich war besonders die bei Festsetzung ihrer provisorischen Geschäftsordnung als Regel beschlossene öffentliche Bekanntmachung der Protokolle, wenn gleich diese Oeffentlichkeit sich nur auf die förmlichen, nicht auch auf die vertraulichen, (zu vorläufigen Erörterungen ohne amtliche Form und Wirkung bestimmten) Sitzungen beziehen konnte.

Auch die provisorische Competenzbestimmung vom 12. Juni 1817 berechtigte zu der Erwartung, daß die Bundesversammlung einer vollständigen Lösung ihrer verschiedenartigen Aufgaben sich mit Eifer widmen werde.

Dennoch blieb die Verabredung bestimmterer Grundsätze über die Bildung der durch die Bundesakte Art. 11 vorgeschriebenen Austrägalinstanz zur Entscheidung von Streitigkeiten der Bundesglieder unter sich das Einzige, was im Verlauf mehrerer Jahre geschah, um den Bund wenigstens mit einer unentbehrlichen organischen Einrichtung nothdürftig auszustatten, und schon hier zeigte sich, wie sehr die Elemente, aus denen der Deutsche Bund besteht, jeder festen, bindenden Vereinigung widerstreben.

Die Errichtung eines beständigen Bundesgerichts, zumal wenn dasselbe auch über alle Verletzungen der Bundespflicht oder der Landesverfassungen zu urtheilen gehabt und im Sinne der Reichsgerichte den obersten Nationalgerichtshof in Streitigkeiten deutscher Landstände mit den Fürsten und bei Anklagen gegen deren Minister gebildet hätte, wäre ohne Zweifel sehr geeignet gewesen, den allgemeinen Rechtszustand in Deutschland zu befestigen und der an Ehrfurcht vor dem Richteramt gewohnten Nation die Majestät des Bundes zu versinnlichen. Allein den Fürsten Deutschlands, zumal denjenigen, welche keine Staaten außer dem Bund besitzen und daher den Vortheil nicht genießen, aus dem Bund in eine europäische Stellung sich zurückziehen zu können, war weit mehr daran gelegen, daß der Bund in keiner Hinsicht als eine über ihnen stehende Macht erscheine. Die Niedersetzung eines unabhängigen Bundestribunals, vor dem sie Recht zu geben und zu nehmen sich verpflichten sollten, war daher schon auf dem Wiener Kongreß verworfen worden. Noch bestimmter aber wurde durch den Beschluß vom 16. Juni 1817 ausgesprochen, daß die Bundesversammlung diejenige Behörde sey, bei welcher die Bundesglieder alle und jede Streitigkeiten, über deren Beilegung sie sich gütlich zu vereinigen nicht im Stande wären, anzubringen haben und daß, ausgegangen von dem würdevollen Standpunkte sämmtlicher deutschen Regierungen, die Bundesversammlung nur sich selbst und keine auswärtige Behörde unmittelbar als Austrägalinstanz erkennen könne.

Auch der Vorschlag der Errichtung einer permanenten Austrägalkommission wurde vor der Hand beseitigt und dagegen bis auf Weiteres festgesetzt, daß, wenn die Bundesversammlung eine gütliche Vermittlung der bei ihr angebrachten Streitigkeiten durch einen hiezu bestellten Ausschuß vergeblich versucht, alsdann für jeden vorkommenden Fall eine Austrägalinstanz zu bilden sey. Zu diesem Behufe soll der Beklagte drei unpartheiische Bundesglieder vorschlagen, woraus der Kläger eines zu wählen hat. Die dritte oberste Justizstelle des so gewählten Bundesglieds ist hiernächst als die gewählte Austrägalinstanz zu betrachten, welche im Namen und anstatt der Bundesversammlung handelt, den Prozeß nach der bei ihr üblichen Prozeßform instruirt, das Erkenntniß nach den in Deutschland hergebrachten gemeinen Rechten längstens binnen Jahresfrist zu fällen hat und solches ausdrücklich im Namen und aus Auftrag des Bundes den Partheien eröffnet, demnächst aber die Akten und das Erkenntniß dem Bundestage überschickt, um auf dessen Befolgung halten zu können.

So wurde also anstatt eines förmlichen Bundesgerichts oder einer permanenten Austrägalinstanz eine Art von fliegender Justiz mit Aktenversendung beliebt, die ihr Tribunal bald hier, bald dort errichtet. Eine solche Einrichtung mochte zwar bei der, unter sämmtlichen obersten Justizstellen der Bundesstaaten möglichen Auswahl sich von Seiten der Unpartheilichkeit empfehlen, und sie rettete den Bundesgliedern wenigstens den Schein, als ob sie in jedem einzelnen Fall nur einem selbstgewählten Schiedsrichter sich mit vollkommener Unabhängigkeit unterwärfen. Aber bei dem beständigen Wechsel einer für jeden einzelnen Fall improvisirten Austrägalinstanz war die Bildung eines öffentlichen Rechts unmöglich gemacht, es war nichts Bleibendes und Stätiges geschaffen, um auf die Nation mit der moralischen Kraft einer festgegründeten ehrwürdigen Institution zu wirken, sondern nur, wie sich die Bundesversammlung selbst bezeichnend ausdrückt, dem Bedürfnisse des Augenblicks abgeholfen.

Im Uebrigen versäumte man zwar in der Bundesversammlung keine Gelegenheit, die trefflichsten Grundsätze auszusprechen und die Deutschheit der Gesinnungen in Worten an den Tag zu legen. Stets wurde als die Wesenheit des Bundes anerkannt, die Staaten Deutschlands durch ein festes Nationalband mit einander zu vereinigen, und aus der Mitte der Bundesversammlung vernahm man die Erklärung, „daß dieselbe, eingedenk der hohen Bestimmung, zu der sie berufen worden, und der Vorschriften und Zwecke der Bundesakte, sich durch keine ungleiche Beurtheilung eines einzelnen Bundesglieds abhalten lassen werde, innerhalb der ihr vorgezeichneten Schranken selbst bedrängter Unterthanen sich anzunehmen und auch ihnen die Ueberzeugung zu verschaffen, daß Deutschland nur darum mit dem Blute der Völker vom fremden Joche befreit und Länder ihren rechtmäßigen Regenten zurückgegeben worden seyen, damit überall ein rechtlicher Zustand an die Stelle der Willkühr treten möge!“

Aber wo der Wille zur That werden sollte, war vermöge der Bundesverfassung der aus Mißtrauen, Souveränitätsstolz, kleinlicher Selbstsucht oder partikulärem Interesse hervorgegangene Widerspruch einer einzigen Stimme hinreichend, um die heilsamsten Vorschläge zu entkräften, die wohlthätigsten Entschließungen der Mehrheit aufzuhalten. Das deutsche Volk war in der Bundesversammlung nicht vertreten, und wenn etwa dieser oder jener Fürst aus eigener Bewegung für die Nation Etwas am Bundestag zu thun gemeint war, so konnte er seine Absicht nur mit Zustimmung aller Uebrigen erreichen. Der Deutsche Bund, wie ihn die Bundesakte schuf, besaß weder die erforderlichen Grundgesetze, noch die zu Erreichung seiner Zwecke unentbehrlichen organischen Einrichtungen, und da zu neuen Grundgesetzen, zu organischen Einrichtungen und zu gemeinnützigen Anstalten, mithin zu allen wichtigern Beschlüssen Stimmeneinhelligkeit nothwendig seyn sollte, so ist sehr begreiflich, daß diese Stimmeneinhelligkeit nur für solche Gesetze und Einrichtungen sich aussprach, in welchen auch nicht Einer von den vielen Bundesfürsten eine Gefährdung seiner Unabhängigkeit und seiner besondern Interessen, oder des monarchischen Prinzips und der fürstlichen Interessen überhaupt erblickte. Der Deutsche Bund in seiner Entwicklung glich nicht dem getrübten Strome, der durch die Bewegung seiner Wasser sich von selbst reinigt; seine Mängel waren nicht von der Art, daß sie in dem fortschreitenden Wachsthum des Ganzen sich verlieren konnten; vielmehr mußten sie bei jeder Lebensfunktion des Bundes immer fühlbarer und störender hervortreten.

Weniges oder nichts von Bedeutung konnte daher beschlossen und selbst das Beschlossene konnte aus Mangel an gesetzlicher Exekutivgewalt nicht recht vollzogen werden.

Letzteres gilt besonders auch von dem dreizehnten Artikel der Bundesakte, dessen Erfüllung den deutschen Völkern als die Grundlage des ihnen verheißenen Rechtszustandes und als die Bedingung einer bessern Zukunft am meisten am Herzen liegen mußte. Vergebens beklagte der luxemburgische Gesandte am Bundestag im Juli 1817: „daß jener so wesentliche, mit der Auflösung des deutschen Reichs in so engem Verhältniß stehende Artikel der Bundesakte und die vielfältig auch sonst gegebenen Verheißungen landständischer Verfassungen noch fast überall die Ausführung erwarten, — daß ächte und gesunde politische Maximen, wie sie der Geist der Geschichte ausspreche, wie sie die andern großen Nationen um uns her bereits praktisch befolgen, bei uns noch roh und Gegenstand der Controverse seyen ꝛc.“ Die preussische Regierung erklärte im Februar 1818: sie habe die Schöpfung einer ständischen Verfassung, welche keine Zauberworte hervorzubringen vermögen, sondern die nur aus dem Boden gründlicher Erfahrung, aus klarer Kenntniß der Bedürfnisse und unter der Pflege wechselseitigen Vertrauens wachsen und ein wahres Leben gewinnen können, in einem zweijährigen Zeitraume nicht als Aufgabe stellen können; sie habe aber, was sie einmal für das gemeinsame Wohl als nothwendig anerkannt, nie aus den Augen verloren, und werde sich angelegen seyn lassen, nach Verlauf eines Jahrs von dem Fortgange und der Lage ihrer ständischen Einrichtung den Bund in Kenntniß zu setzen. Dabei gab jedoch die preussische Gesandtschaft als dringenden Wunsch ihrer Regierung zu erkennen, daß auch alle übrigen Staaten, welche noch keine Stände haben, sich zu derselben Anzeige in gleicher Frist vereinigen möchten, denn jemehr die Erfüllung des dreizehnten Artikels der Bundesakte einem jeden Bundesstaat anheimgegeben werde, desto angemessener scheine es dem ganzen Verhältniß des zu gegenseitiger innerer und äußerer Erhaltung der Ordnung errichteten Bundes, daß jeder einzelne Staat von den Fortschritten, welche er in dem Verfassungswerke mache, nach Verlauf eines Zeitraums den Bund in Kenntniß setze. Die östreichische Gesandtschaft äußerte: es unterliege keinem Zweifel, daß die Vorschrift des dreizehnten Artikels in allen den Staaten, wo landständische Verfassungen noch nicht eingeführt oder die früher bestandenen zu Grund gegangen seyen, in ihrem wahren Sinn und Zweck vollzogen werden müsse. So wünschenswerth aber auch zur gemeinschaftlichen Beruhigung der Regenten und der Völker die möglichste Beschleunigung der auf die landständischen Verfassungen Bezug habenden Vorarbeiten seyn möge, so billig sey es jedoch, daß den Regierungen zur reifen und erschöpfenden Verhandlung eines nicht bloß für die Gegenwart, sondern auch für die Zukunft so wichtigen Geschäfts die erforderliche Zeit vergönnt und nur jede nicht in der Sache liegende Verzögerung vermieden werde.

So geschah von Seiten des Bundes nichts, um diejenigen Regierungen zu aufrichtiger Erfüllung zu vermögen, welche die zugesicherten Landesverfassungen theils ganz vorenthielten, theils deren Herstellung über die Gebühr verzögerten, theils ihren rechtmäßigen Einfluß da, wo sie nicht länger verweigert werden konnten, möglichst untergruben. Ebensowenig wurde durch den Bund die materielle Wohlfahrt der Nation gefördert. Die Mauthlinien blieben wie Gefängnißwände zwischen den verbündeten Staaten stehen und die Ströme wurden für den Handel und die Schiffahrt nicht geöffnet.

Alles dieß erzeugte eine fühlbare Mißstimmung, welche sich hauptsächlich durch das

Organ der Presse und auf den Universitäten aussprach.

Die studierende Jugend, wovon ein großer Theil an den Befreiungskämpfen thätigen Antheil genommen, hatte die Begeisterung für politische und vaterländische Ideen zu den Wissenschaften zurückgebracht. Sie, in deren empfänglichem Gemüth die Schwingungen einer aufgeregten Zeit am lautesten nachklangen, wartete umsonst darauf, daß durch den Deutschen Bund das Eine, große, mächtige Deutschland erstehen werde aus der Asche seiner Erniedrigung. Sie entschloß sich also, vorbereitend selbst die Hand an's Werk zu legen, trat auf allen Hochschulen Deutschlands unter dem Namen der Burschenschaft in einen, zunächst auf Verdrängung der akademischen Rohheit und der Landsmannschaften durch „christlich-deutsche Ausbildung" gerichteten Bund zusammen, und trug sich mit Ideen einer baldigen glorreichen Wiedergeburt der Nation. Plane zur Umgestaltung Deutschlands und Verfassungsprojekte wurden von Einzelnen entworfen, jedoch zur wirklichen Ausführung kein Schritt gethan, sondern überall die That der Zukunft überlassen.

Daneben machte die getäuschte Erwartung älterer, wenn auch nicht durchgängig weiserer,

Volks- und Vaterlandsfreunde sich durch die Presse Luft, und wie hätte dieß immer in den glimpflichsten Formen, nie mit der Bitterkeit und Ungerechtigkeit gereizter Leidenschaften geschehen können? Geheime Verbindungen endlich, das gewöhnliche Zeichen eines faulen Zustands der Dinge, hatten früher schon mit Vorwissen der Regierungen gegen die fremden Herrscher bestanden, und es mochten dergleichen nicht bloß auf den Universitäten und nicht bloß in demokratischer Richtung auch jetzt noch vorhanden seyn.

Aber einzelnen Symptomen eines gährenden Mißvergnügens wurde von den Regierungen eine Bedeutung beigelegt, welche sie in der That nicht verdienten. Das Fest des achtzehnten Oktobers und der Reformation, das einige hundert Jünglinge von Deutschlands protestantischen Hochschulen (im Jahr 1817) auf der Wartburg feierten und in jugendlichem Muthwillen mit der öffentlichen Verbrennung einiger Bücher von unpopulärem Inhalt oder knechtischer Gesinnung beschlossen, wurde zum Staatsverbrechen gestempelt. Aus dem Meuchelmord, den Sand an Kotzebue, als dem vermeintlichen Verderber und Verräther Deutschlands, dem russischen Kundschafter und Verläumder der Nationalehre, ganz aus eigenem Antrieb verübte, aus dem Mordattentate Löning's gegen einen nassauischen Staatsbeamten, schloß man auf das Daseyn eines Assassinenbundes. Man glaubte an eine allgemeine Verschwörung zum Umsturz aller deutschen Throne. Auch revolutionären Planen der Burschenschaft meinte man auf die Spur gekommen zu seyn. Dieselben Männer, welche wenige Jahre zuvor die deutsche Jugend zum Kampfe für die legitimen Fürsten aufgefordert, sollten jetzt an der Spitze der gegen sie angesponnenen Verschwörungen stehen. In dem Aufbrausen eines erwachenden politischen Lebens, in der wogenden Bewegung einer sich erst bildenden öffentlichen Meinung, in dem ungeduldigen Verlangen der Völker nach Reformen und nach wirksamer Vertretung erblickte die Aristokratie eine überströmende demokratische Fluth, welcher sie als Damm sich entgegenstellen müsse. Unruhe und Besorgniß ergriff die Häupter dieser Aristokratie, die deutschen Fürsten; was sie versprochen und zum Theil bereits erfüllt hatten, mochte manchen wieder gereuen; sie fürchteten ein Wiederaufleben des Geists der Revolution, den sie mit der Wiedereinsetzung der Bourbons auf immer erstickt zu haben sich geschmeichelt hatten; und hier, wo es nach ihrer Ansicht ein Allen gemeinschaftliches Interesse galt, kam auch die bundes-grundgesetzliche Stimmeneinhelligkeit für Beschlüsse zu Stand, welche in der Entwicklungsgeschichte des Deutschen Bundes Epoche machen.

In Folge der zu Karlsbad auf einem besondern Ministerkongreß getroffenen Verabredungen wurde nämlich die Bundesversammlung im September **1819** durch die östreichische Präsidial-Gesandtschaft aufgefordert, ihre ganze Aufmerksamkeit auf die in einem großen Theile von Deutschland herrschende unruhige Bewegung und Gährung der Gemüther zu richten, die Ursachen dieser bedenklichen Erscheinung, die sich seit einigen Jahren von Tag zu Tag vernehmlicher ankündige, zuletzt aber in unverkennbaren Symptomen, in Aufruhr predigenden Schriften, in weitverbreiteten sträflichen Verbindungen, selbst in einzelnen Frevelthaten geoffenbart habe, zu erforschen und die Mittel, wodurch Ordnung und Ruhe, Ehrfurcht vor den Gesetzen, Vertrauen zu den Regierungen, allgemeine Zufriedenheit und der ungestörte Genuß aller der Güter, die der deutschen Nation unter dem Schutze eines dauerhaft verbürgten Friedens aus der Hand ihrer Fürsten zu Theil werden sollten, für die Zukunft würden gesichert und befestigt werden können, in ernste Betrachtung zu ziehen.

Unter den Quellen des Uebels, dessen weiterem Fortschritte Schranken zu setzen die heiligste Pflicht der sämmtlichen deutschen Regierungen sey, wurde obenan gestellt die Ungewißheit über den Sinn und die daraus entspringenden Mißdeutungen des dreizehnten Artikels der Bundesakte.

In dieser Beziehung haben — nach der Versicherung des Präsidiums — nicht allein die Stifter des Bundes, sondern auch später in der ersten Periode der Verhandlungen des bereits bestehenden Bundestags die Bundesfürsten jederzeit Bedenken getragen, dem von vielen Seiten geäußerten, verschiedentlich auch am Bundestage lautgewordenen Wunsche, daß zur Bildung der im dreizehnten Artikel erwähnten landständischen Verfassungen eine allgemeine Norm festgesetzt werden möchte, Gehör zu geben, und wenn aus der Nichterfüllung dieses Wunsches, wie man sich jetzt freilich nicht mehr verbergen könne, für Deutschland manches Uebel entsprungen sey, so wäre es doch ungerecht, die Motive, welche dem bisherigen Stillschweigen der Bundesver=

sammlung über diesen wichtigen Punkt zu Grunde liegen, nämlich die Achtung vor dem jedem Bundesstaate gebührenden Rechte, seine innern Angelegenheiten nach eigener Einsicht zu ordnen, und die Besorgniß, durch streng ausgesprochene allgemeine Grundsätze einzelne Bundesstaaten in mannigfaltige Verlegenheiten, vielleicht in unauflösliche Schwierigkeiten zu verwickeln, verkennen zu wollen. Nie aber haben die Stifter des Deutschen Bundes voraussetzen können, daß dem dreizehnten Artikel Deutungen, die mit den klaren Worten desselben im Widerspruch stehen, gegeben oder Folgerungen daraus gezogen werden sollten, die nicht nur den dreizehnten Artikel, sondern den ganzen Text der Bundesakte in allen seinen Hauptbestimmungen aufheben und die Fortdauer des Bundesvereins selbst höchst problematisch machen würden. Nie haben sie voraussetzen können, daß man das nicht zweideutige landständische Prinzip mit rein demokratischen Grundsätzen und Formen verwechseln und auf dieses Mißverständniß Ansprüche gründen würde, deren Unvereinbarkeit mit der Existenz monarchischer Staaten, die (mit unerheblicher Ausnahme der freien Städte) die einzigen Bestandtheile des Deutschen Bundes seyn sollen, entweder sofort hätte einleuchten oder doch in ganz kurzer Zeit offenbar werden müssen. Gleichwohl hätten sich die schwersten Mißverständnisse und Irrthümer in den letztverflossenen Jahren nicht nur entwickelt, sondern der öffentlichen Meinung so sehr bemächtigt, daß man den wahren Sinn des dreizehnten Artikels fast gänzlich aus dem Gesicht verloren. Die täglich überhandnehmende Neigung zu unfruchtbaren oder gefahrvollen Theorien, der Einfluß selbst irregeführter oder jedem Volkswahn schmeichelnder Schriftsteller, das eitle Verlangen, die Verfassungen fremder Länder auf deutschen Boden zu verpflanzen; — diese und noch viele andere mitwirkende Ursachen haben jene allgemeine politische Sprachverwirrung erzeugt, in welcher die große, edle, sonst durch Gründlichkeit und tiefen Sinn so ausgezeichnete deutsche Nation sich zu verzehren bedroht sey. Darum müßten die Gründe, welche die Bundesversammlung früher bestimmt haben, auf das Verfassungswesen einzelner Bundesstaaten nicht unmittelbar einzuwirken, jetzt höheren Rücksichten Platz machen, und es müsse eines der ersten und dringendsten Geschäfte der Bundesversammlung seyn, zu einer gründlichen, auf alle Bundesstaaten, in welcher Lage sie sich auch gegenwärtig befinden mögen, anwendbaren, nicht von allgemeinen Theorien oder fremden Mustern, sondern von deutschen Begriffen, deutschem Rechte und deutscher Geschichte abgeleiteten, vor allem aber der Aufrechthaltung des monarchischen Prinzips, dem Deutschland nie ungestraft untreu werden dürfe, und der Aufrechthaltung des Bundesvereins, als der einzigen Stütze seiner Unabhängigkeit und seines Friedens, vollkommen angemessenen Auslegung und Erläuterung des dreizehnten Artikels der Bundesakte zu schreiten; auch sey es höchst wünschenswürdig, daß zu Verhütung neuer Mißverständnisse und zu möglichster Erleichterung einer bevorstehenden endlichen Uebereinkunft über die Vollziehung des dreizehnten Artikels, bei den jetzt in mehreren Bundesstaaten eingeleiteten, auf die ständischen Verfassungen Bezug habenden Arbeiten, keine Beschlüsse gefaßt werden mögen, die mit den hier vorläufig ausgesprochenen Ansichten und mit der von der Bundesversammlung in kurzer Frist zu erwartenden näheren Erläuterung jenes Artikels auf irgend eine Weise in Widerspruch ständen.

Es erhellt aus diesem Vortrage, welchen sämmtliche Gesandtschaften „im Einverständniß mit den darin ausgesprochenen Gesinnungen und

Ansichten mit dem Ausdruck des lebhaftesten Danks für die von Seiten Seiner Majestät des Kaisers bethätigte unermüdete Sorgfalt für das Beste des Deutschen Bundes“ erwiederten, daß der Bund sich jetzt auf einmal, statt zum Schutze verfassungsmäßiger Rechte der Unterthanen, vorzugsweis zur Sicherung der aus dem Umsturz des deutschen Reichs hergeleiteten Souveränitätsrechte der Regierungen und zur Beschränkung des constitutionellen Systems berufen fand.

Wenn bei Errichtung des Bunds überall von einem Minimum von Rechten die Rede war, das jeder deutsche Fürst seinem Volke als Ersatz für die aufgelöste Reichsverfassung zu gewähren habe, so sollte es sich jetzt allein von der Festsetzung eines nicht zu überschreitenden Maximums handeln, wobei die Verfassung fremder Länder nicht als Muster dienen dürfe, weil bei einem Maaß von Freiheit, wie es andere gebildete Völker genießen, „der Deutsche Bund zerfallen, Deutschland allen Schrecknissen innerer Spaltungen, gesetzloser Willkühr und unheilbarer Zerrüttung seines Rechts- und Wohlstandes preisgegeben würde.“

Wenn früher immer zeitgemäße, der Bildungsstufe des Jahrhunderts entsprechende Institutionen verheißen waren, wenn namentlich Preussen ausdrücklich die Theilnahme aller Klassen der Staatsbürger an den Rechten der Verfassung beantragt hatte: so sollte es jetzt auf reinem Mißverständniß oder auf Mißdeutung beruhen, wenn man bei den landständischen Verfassungen des dreizehnten Artikels der Bundesakte an etwas anderes dachte, als an Landtage nach dem Zuschnitt der veralteten Feudalstände, wo statt einer Vertretung der allgemeinen Landeswohlfahrt Postulate angehört und auf das Volk vertheilt wurden, oder eine ständische Aristokratie sich organisirte und Gemeinsinn, Bürgertugend, Vaterlandsliebe in einer einseitigen Vertretung der besonderen Standesinteressen untergingen. Als ob dieß der versprochene Preis gewesen wäre, für den Deutschland's Völker auf den Ruf von Oben sich zum Kampf erhoben und die Fesseln ihrer Fürsten durch die höchsten Anstrengungen zerbrochen hatten, welche Liebe zur Freiheit und Sehnsucht nach einem bessern Loos einflößen konnten! Als ob diejenigen Regierungen, welche zeitgemäße Repräsentativverfassungen wirklich eingeführt, über die Bedeutung des dreizehnten Artikels ganz im Unklaren gewesen wären, und sogar die Bundesversammlung selbst, welche dergleichen Verfassungen unter ihren Augen entstehen sah, oder wohl gar gewährleistete, in dem gleichen Irrthum, in der gleichen Unwissenheit sich befunden hätte! Als ob endlich die nach der Theorie der Bundesversammlung allein gültigen vaterländisch historischen Vorbilder nur aus Perioden des Verfalls entnommen werden dürften! — Wie in England und Schweden vermöge der daselbst vorzüglich rein erhaltenen germanischen Verfassung ein Hauptbestandtheil des Reichstags von jeher aus Repräsentanten bestanden hatte, so war auch in Deutschland die Repräsentation älter als die Landstandschaft, und sie ging nur unter, weil der Geist des Lehnsystems alle bürgerliche Ordnung überwältigte, so daß die Könige unmächtig und von ihren Vasallen abhängig wurden, kein Recht vor der Gewalt mehr galt und der größte Theil der Staatsbürger sein Staatsbürgerthum verlor, während allein noch die Standesgenossen, welche sich selbst zu schirmen vermochten, gemeinschaftliche Sache machten und zusammentraten, anfänglich zur Erhaltung ihres Rechtszustandes, bald aber auch zur Erweiterung ihrer Vorzüge auf Unkosten aller Uebrigen. Aber nicht eine Wiederherstellung jener ausschließlichen privilegirten Körperschaften, sondern des allgemeinen Rechts=

zustandes war von den Völkern Deutschlands verlangt und von den Fürsten verheißen worden. Gestattete die neue Gesammtordnung in Deutschland die Erfüllung dieser Zusage nicht, und durfte überhaupt Oestreich mit Recht behaupten, daß die den monarchischen Verfassungen anderer Länder beigemischten demokratischen Elemente die Verfassung des Deutschen Bundes zerstören müßten, daß in Deutschland jeder Beitrag, den die Weisheit fremder Völker, den Philosophie und freie Forschung zur Verbesserung des gesellschaftlichen Zustandes liefern könnte, zu verschmähen sey: so war eben damit der deutschen Verfassung ihr Urtheil auf eine Art gesprochen, die den Freunden vernünftiger Freiheit wenig mehr von ihr zu hoffen übrig ließ.

Als weitere Gegenstände, welche die Fürsorge der Bundesversammlung in Anspruch nähmen, bezeichnete der erwähnte Vortrag die Gebrechen des Schul- und Universitätswesens, so wie den Mißbrauch der Presse, besonders desjenigen Zweigs derselben, welcher „die Tagesblätter, Zeit- und Flugschriften an's Licht fördere."

Von dem Strome einer alles erschütternden Zeit mitfortgerissen, habe ein großer Theil der akademischen Lehrer die wahre Bestimmung der

Universitäten verkannt und ihr eine willkührliche, oft verderbliche untergeschoben. Anstatt die ihnen anvertrauten Jünglinge für den Staatsdienst zu erziehen und die Gesinnung in ihnen zu erwecken, von welcher sich das Vaterland, dem sie angehörten, gedeihliche Früchte versprechen könnte, haben sie das Phantom einer sogenannten weltbürgerlichen Bildung verfolgt, die für Wahrheit und Irrthum gleich empfänglichen Gemüther mit leeren Träumen angefüllt und ihnen gegen die bestehende gesetzliche Ordnung wo nicht Bitterkeit, doch Geringschätzung und Widerwillen eingeflößt. Eine beträchtliche Anzahl der zum Lernen bestimmten Jünglinge habe sich eigenmächtig in Lehrer und Reformatoren verwandelt, die edelsten Kräfte und Triebe der Jugend seyen zu Werkzeugen abenteuerlicher Plane und frevelhafter Unternehmungen mißbraucht worden, ja diese gefahrvollen Abwege haben in der letzten Zeit zu Thaten geführt, welche den deutschen Namen beflecken.

Die Druckpresse ihrerseits habe während der letzten Jahre in dem größern Theil von Deutschland eine fast ungebundene Freiheit behauptet, und die durch ihren Mißbrauch über Deutschland verbreiteten zahllosen Uebel haben noch einen bedeutenden Zuwachs erhalten, seitdem die in verschiedenen Staaten eingeführte Oeffentlichkeit der ständischen Verhandlungen und deren Ausdehnung auf Gegenstände, die nie anders als in regelmäßiger feierlicher Form aus dem Heiligthum der Senate in die Welt dringen sollten, der Verwegenheit der Schriftsteller neue Nahrung bereitet und jedem Zeitungsschreiber einen Vorwand gegeben habe, in Angelegenheiten, welche den größten Staatsmännern noch Zweifel und Schwierigkeiten dargeboten, seine Stimme zu erheben. Nur im Zustande der vollkommensten Ruhe könnte Deutschland bei seiner dermaligen Föderativverfassung uneingeschränkte Preßfreiheit, insofern sie sich mit dieser Verfassung überhaupt vereinigen lasse, ertragen. Aber das so vielen Regierungen obliegende Geschäft, die jetzige und künftige Wohlfahrt ihrer Völker durch gute Verfassungen zu gründen, könne unter einem wilden Zwiespalt der Meinungen, unter einem täglich erneuerten, alle Grundsätze erschütternden, alle Wahrheit in Zweifel und Wahn auflösenden Kampfe nicht gedeihen.

Endlich setzte das Präsidium die Bundesversammlung noch in Kenntniß, daß die in verschiedenen Bundesstaaten zu gleicher Zeit gemachten Entdeckungen auf die Spur einer ausgedehnten, in mehreren Theilen Deutschland's thätigen Verbindung geführt haben, die in mannigfaltigen Verzweigungen, hier mehr, dort weniger ausgebildet, zu bestehen und deren fortdauerndes Bestreben nicht bloß auf möglichste Verbreitung fanatischer, staatsgefährlicher, unbedingt revolutionärer Lehren, sondern selbst auf Beförderung und Vorbereitung der frevelhaftesten Anschläge gerichtet scheine.

Dieß sind im Wesentlichen die Motive zu Beschlüssen, wodurch der bisher so unthätige, anscheinend so machtlose Deutsche Bund plötzlich mit souveräner Machtvollkommenheit bekleidet erscheint, die inneren Verhältnisse der deutschen Staaten zu beherrschen.

„Zu gemeinschaftlicher, möglichst gründlicher und umfassender Untersuchung und Feststellung des Thatbestands, des Ursprungs und der mehrfachen Verzweigungen der gegen die bestehende Verfassung und innere Ruhe sowohl des ganzen Bundes, als einzelner Bundesstaaten gerichteten revolutionären Umtriebe und demagogischen Verbindungen" wurde nämlich am 20. September 1819 von Bundeswegen die Bestellung einer außerordentlichen Centraluntersuchungskommission zu Mainz beschlossen, welche aus den von sieben

Regierungen, nämlich Oestreich, Preussen, Baiern, Hannover, Baden, Hessendarmstadt und Nassau ernannten Mitgliedern bestehen und über die Ergebnisse ihres Wirkens an die Bundesversammlung berichten sollte.

Diese Kommission, welche mit großer Oeffentlichkeit eingesetzt und erst im Jahr 1828 in der Stille wieder aufgelöst wurde, ohne daß ein Resultat ihrer Thätigkeit bekannt gemacht worden wäre, sollte zwar nur eine instruirende, keine richtende Behörde seyn; auch hat niemals verlautet, daß sie Personen oder Verbindungen unmittelbar in Untersuchung genommen hätte: dieselbe bleibt aber als der erste Anfang einer über die Unterthanen deutscher Bundesländer von dem Bund unmittelbar ausgeübten Gerichtsbarkeit immer eine höchst merkwürdige Erscheinung.

Noch tiefer in die innern Landesverhältnisse griff der am gleichen Tag gefaßte provisorische Beschluß über die in Ansehung der Universitäten zu ergreifenden Maaßregeln ein. Bei jeder Universität sollte nämlich ein mit genauen Instruktionen und ausgedehnten Befugnissen versehener, am Orte der Universität residirender außerordentlicher landesherrlicher Bevollmächtigter, entweder in der Person des bisherigen Kurators oder eines andern, von der Regierung dazu tüchtig befundenen Mannes angestellt werden, um über die strengste Vollziehung der bestehenden Gesetze und Disciplinarvorschriften zu wachen, den Geist, in welchem die akademischen Lehrer bei ihren öffentlichen und Privatvorträgen verfahren, sorgfältig zu beobachten und demselben, jedoch ohne unmittelbare Einmischung in das Wissenschaftliche und die Lehrmethoden, eine heilsame, auf die künftige Bestimmung der studirenden Jugend berechnete Richtung zu geben, endlich Allem, was zur Beförderung der Sittlichkeit, der guten Ordnung und des äußern Anstandes unter den Studirenden dienen kann, seine unausgesetzte Aufmerksamkeit zu widmen.

Die Bundesregierungen verpflichteten sich überdieß gegen einander, Universitäts- und andre öffentliche Lehrer, die durch erweisliche Abweichung von ihrer Pflicht oder Ueberschreitung der Gränzen ihres Berufs, durch Mißbrauch ihres rechtmäßigen Einflusses auf die Gemüther der Jugend, durch Verbreitung verderblicher, der öffentlichen Ruhe und Ordnung feindseliger, oder die Grundlage der bestehenden Staatseinrichtungen untergrabender Lehren, ihre Unfähigkeit zu Verwaltung des ihnen anvertrauten wichtigen

Amtes unverkennbar an den Tag gelegt, auf den Antrag oder vorher eingeforderten Bericht des Regierungsbevollmächtigten von den Universitäten und sonstigen Lehranstalten zu entfernen, ohne daß ihnen hiebei irgend ein Hinderniß im Wege stehen könne. Auch sollte ein auf solche Weise ausgeschlossener Lehrer in keinem andern Bundesstaate bei irgend einem öffentlichen Lehrinstitute wieder angestellt werden.

Gleicherweise vereinigten sich die Regierungen, die seit langer Zeit bestehenden Gesetze gegen geheime oder nicht autorisirte Verbindungen auf den Universitäten in ihrer ganzen Kraft und Strenge aufrecht zu erhalten, und insbesondre auf den seit einigen Jahren gestifteten, unter dem Namen der allgemeinen Burschenschaft bekannten Verein um so bestimmter auszudehnen, als diesem Verein die schlechterdings unzulässige Voraussetzung einer fortdauernden Gemeinschaft und Korrespondenz zwischen den verschiedenen Universitäten zu Grunde liege; auch sollten Individuen, die forthin erweislich in geheimen oder nicht autorisirten Verbindungen bleiben oder darein treten würden, bei keinem öffentlichen Amte zugelassen werden.

Endlich sollte kein Studirender, der durch

einen von dem Regierungsbevollmächtigten bestätigten oder auf dessen Antrag erfolgten Beschluß eines akademischen Senats von einer Universität verwiesen worden, oder der, um einem solchen Beschluß zu entgehen, sich von der Universität entfernt, ohne ein befriedigendes Zeugniß seines Wohlverhaltens auf der von ihm verlassenen Universität aufgenommen werden.

Hier ertheilt also der Deutsche Bund den deutschen Staaten über die Handhabung ihrer Universitätspolizei die allerspeziellsten Vorschriften, setzt gegen deren Uebertreter bestimmte Strafen (Entfernung vom Amte, Unfähigkeitserklärung und Verbot des Universitätsbesuchs) fest, dispensirt sogar die Regierungen zum Voraus von jedem der Vollziehung entgegenstehenden Hindernisse und erklärt (wahrscheinlich als Erhalter deutscher Nationalität und Wiederhersteller der Einheit!) die Idee einer fortdauernden Gemeinschaft zwischen den verschiedenen deutschen Universitäten für eine schlechterdings unzulässige Voraussetzung.

Nicht minder lästig, als die Universitäten, war jedoch dem Deutschen Fürstenbund nach dem, was oben schon erwähnt worden ist, die Presse, die sich in verhaßten Erörterungen gefiel und manche unangenehme Wahrheit verkündigte. Auch gegen diesen Feind mußte daher die Macht des Deutschen Bundes aufgeboten werden, und es geschah dieß in einem Umfang und auf eine Weise, welche deutlich zeigte, daß die vereinigten Regierungen nicht gemeint seyen, irgend eine außer dem Willen der Fürsten, etwa in dem ausgesprochenen Bundeszweck oder in den Rechten der Völker liegende, Begränzung der Machtvollkommenheit des Bundes anzuerkennen.

In demjenigen Abschnitt der Bundesakte, welcher den Interessen der deutschen Völker und Unterthanen, der Begründung und Sicherstellung ihres Rechtszustands gewidmet ist, schließt nämlich der Artikel 18 die Aufzählung der Rechte, welche die verbündeten Fürsten und freien Städte den Unterthanen der deutschen Bundesstaaten zuzusichern übereingekommen, mit den Worten:

„Die Bundesversammlung wird sich bei ihrer ersten Zusammenkunft mit Abfassung gleichförmiger Verfügungen über die Preßfreiheit beschäftigen.“

Die Völker Deutschland's waren daher berechtigt, zu erwarten, daß der Deutsche Bund sämmtliche Regierungen dahin vermögen werde, ihren Unterthanen die Wohlthat der Preßfreiheit

nach

nach möglichst gleichförmigen Grundsätzen angedeihen zu lassen. Statt dessen wurde, gleichfalls durch Beschluß vom 20. September 1819, in allen deutschen Bundesstaaten, auch wo Preßfreiheit gesetzlich schon bestand, vorläufig auf fünf Jahre festgesetzt, daß Schriften, die in Form täglicher Blätter oder heftweise erscheinen, desgleichen solche, die nicht über zwanzig Bogen im Druck stark sind, in keinem Deutschen Bundesstaate ohne Vorwissen und vorgängige Genehmhaltung der Landesbehörden zum Druck befördert werden dürfen.

Dabei wurde jeder Bundesstaat für die hiernach unter seiner Oberaufsicht erscheinenden Druckschriften, insofern dadurch die Würde oder Sicherheit andrer Bundesstaaten verletzt, die Verfassung oder Verwaltung derselben angegriffen würde, nicht nur den unmittelbar Beleidigten, sondern auch der Gesammtheit des Bundes verantwortlich gemacht und in dem Falle, wo die Regierung eines Bundesstaats sich durch die in einem andern Bundesstaate erscheinenden Druckschriften verletzt glaubte und durch freundschaftliche Rücksprache oder diplomatische Korrespondenz zu einer vollständigen Befriedigung und Abhülfe nicht gelangen könnte, derselben ausdrücklich vorbehalten, über dergleichen Schriften Beschwerde bei der Bundesversammlung zu führen, welche sodann gehalten sey, die angebrachte Beschwerde kommissarisch untersuchen zu lassen, und wenn dieselbe gegründet befunden wird, die unmittelbare Unterdrückung der in Rede stehenden Schrift, auch, wenn sie zur Klasse der periodischen gehört, gegen alle fernere Fortsetzung derselben durch einen entscheidenden Ausspruch zu verfügen.

Die Bundesversammlung sollte außerdem befugt seyn, die zu ihrer Kenntniß gelangenden Schriften der bezeichneten Art, in welchem deutschen Staate sie auch erscheinen mögen, wenn solche, nach dem Gutachten einer von ihr ernannten Kommission, der Würde des Bundes, der Sicherheit einzelner Bundesstaaten oder der Erhaltung des Friedens und der Ruhe in Deutschland zuwiderlaufen, ohne vorhergegangene Aufforderung aus eigener Autorität durch einen Ausspruch, von welchem keine Appellation statt finde, zu unterdrücken. Die betreffenden Regierungen wurden für verpflichtet erklärt, diesen Ausspruch zu vollziehen, und wenn eine Zeitung oder Zeitschrift durch einen Ausspruch der Bundesversammlung unterdrückt worden, so sollte der Redakteur derselben binnen fünf Jahren in keinem Bundesstaate bei der Redaktion einer ähnlichen Schrift zugelassen werden.

Endlich müssen in Gemäßheit dieses provisorischen Preßgesetzes alle in Deutschland erscheinenden Druckschriften mit dem Namen des Verlegers und, insofern sie zur Klasse der Zeitungen und Zeitschriften gehören, auch mit dem Namen des Redakteurs versehen seyn. Druckschriften, bei welchen diese Vorschrift nicht beobachtet ist, dürfen in keinem Bundesstaate in Umlauf gesetzt, und müssen, wenn solches heimlicher Weise geschieht, gleich bei ihrer Erscheinung in Beschlag genommen, auch die Verbreiter derselben nach Beschaffenheit der Umstände zu Geld- oder Gefängnißstrafe verurtheilt werden.

Gegen seinen ausgesprochenen Zweck, neben der innern Sicherheit Deutschlands die Unabhängigkeit der einzelnen deutschen Staaten zu erhalten, mithin direkt nur da einzuschreiten, wo den selbstständigen Einzelregierungen zu Erhaltung der innern Ordnung entweder die Kraft oder der Wille fehlt, erscheint also hier der Deutsche Bund nicht bloß ein unmittelbares Richteramt in Sachen der Presse ausübend und mit Strafgewalt gegen die Unterthanen der Bundesfürsten bewaffnet, sondern die deutschen Völker erhalten auch in diesem wie in den vorhergehenden Beschlüssen einen Maaßstab, um zu ermessen, in welchem Sinne der Deutsche Bund für Wiederherstellung deutscher Nationalität und Freiheit fortan zu wirken und das der Nation gegebene Wort zu lösen gesonnen sey.

Der Bund hatte sich deutlich genug als Widersacher der bisher entstandenen liberalern Verfassungen zu erkennen gegeben, wenn über deren Lebensprinzip, die Oeffentlichkeit, ein verdammendes Urtheil gefällt und wenn behauptet wurde, daß in Deutschland „bereits versucht worden sey, durch die den landständischen Verfassungen zu verleihende Form die wesentlichen Rechte und Attribute des Bundes selbst unmittelbar anzugreifen und das einzige Band, wodurch gegenwärtig ein deutscher Staat mit dem andern und das gesammte Deutschland mit dem europäischen Staatensysteme verknüpft werde, aufzulösen.“ Es waren fortgesetzte Berathungen angekündigt zur „Aufrechthaltung des Bundesvereins“ durch eine „angemessene Auslegung und Erläuterung des dreizehnten Artikels der Bundesakte nach dem Sinne des monarchischen Prinzips“, und um vor der Hand „den Beschlüssen der Bundesversammlung, welche sie zu Erhaltung der innern Sicherheit, der öffentlichen Ordnung und zum Schutze des Besitzstandes zu fassen sich für hinlänglich veranlaßt und berechtigt halte, die gehörige Folgeleistung und Vollziehung zu sichern“, wurde (gleichfalls am 20. September 1819) eine provisorische Exekutionsordnung angenommen, wonach die Bundesversammlung sowohl von einzelnen Regierungen die Stellung von Exekutionstruppen zu verlangen, als die Zahl der Bundestruppen zu bestimmen ermächtigt ist, welche im Fall einer Widersetzlichkeit der Unterthanen eines Bundesstaats gegen die Vollziehung von Bundesbeschlüssen die betreffende Regierung zu unterstützen, oder im Falle des Ungehorsams einer Regierung gegen diese militärisch einzuschreiten haben.

Vierter Abschnitt.

Der Deutsche Bund nach seinen Grundgesetzen und organischen Einrichtungen.

Mit den Karlsbader Beschlüssen erscheint die Stellung des Deutschen Bundes gegen Deutschland von Grund aus verändert.

Wohl wissend, mit welchem Widerstreben manche deutsche Fürsten sich von Frankreich losgerissen und an ihre Sache angeschlossen hatten, wie günstig dagegen die Stimmung der Völker ihnen gewesen war, glaubten die großen Mächte anfangs, den Stützpunkt ihres Einflusses auf Deutschland in den Völkern suchen zu müssen. Sie fühlten, daß sie etwas für Diejenigen thun müßten, welche so viel für sie gethan hatten.

Wenn aber das Motiv der Errichtung des Deutschen Bundes bei den Großmächten offenbar kein anderes gewesen war, als einerseits die mindermächtigen deutschen Staaten in ein Verhältniß zu versetzen, worin es denselben schwer oder unmöglich würde, mit Frankreich wieder gemeinschaftliche Sache gegen die erstern zu machen, andrerseits die öffentliche Meinung in Deutschland durch die Begünstigung liberaler Institutionen und Beschützung der Volksrechte für sich zu gewinnen: so konnte jener Zweck nur durch Beschränkung der mindermächtigen, dieser dagegen nur durch Zugeständnisse von Seiten sämmtlicher Bundesfürsten erreicht werden.

Wo es sich deßwegen davon handelte, der Verbindung der deutschen Staaten durch Concentration und Einheit der Kriegsmacht, durch Errichtung eines Bundesgerichts, durch Beschränkung der reindeutschen Staaten in ihrem Bündniß-, Vertrags- und Gesandtschaftsrecht mehr Festigkeit zu geben, da fand jeder Vorschlag bei den Mächten zweiten Rangs und deren Anhang entschiedenen Widerstand. Wo hingegen davon die Rede war, der Nation ihre alten Rechte und Freiheiten zurückzugeben oder die ihr zugesagten neuen zu verleihen, da wollten wenigstens die Mindermächtigen, was sie gewährten, nicht als abgenöthigte Erfüllung einer Bundespflicht, sondern als eine freie Gabe betrachtet wissen, und die Mächtigern mochte es allmählig doch bedünken, man habe in einer Aufwallung von Dankbarkeit den Völkern mehr versprochen, als man hätte versprechen sollen. Dabei fehlte es nicht an Rathgebern, welche die Erfüllung, wenn das Volk sich ruhig verhielt, für überflüssig, und wenn gemahnt wurde, im Moment der Aufregung für gefahrvoll erklärten.

Innerhalb der Sphäre seiner ursprünglichen, nationalen und volksthümlichen Bestimmung gelang es daher dem Bunde nicht zu wirken, weil hier die nach dem Grundvertrag erforderliche Uebereinstimmung nicht zu erreichen war, und eine seiner wahren Bestimmung entgegengesetzte Richtung zu verfolgen, war man in den ersten Jahren noch nicht kühn genug.

Als aber der Eindruck einer schweren, verhängnißvollen Zeit allmählig sich verwischt hatte und einzelne Symptome von lebhafter Unzufriedenheit die Kabinette zu beunruhigen anfingen, wurde endlich der Entschluß gefaßt, den als Nationalbund nichtigen und erfolglosen Verein geradezu zum Fürstenbund zu stempeln, und die deutschen Völker, welche bisher nur die Unthätigkeit des Bundes beklagt hatten, sollten bald genug Ursache erhalten, diese Unthätigkeit zurückzuwünschen. So entschieden der Widerwille vieler deutschen Fürsten gegen Alles war, wodurch der Bund sich als eine über ihnen stehende Macht verkündigen mochte, so fehlte doch nicht ihre Zu=

stimmung zu Maaßregeln und Beschlüssen, vermöge welcher sich der Bund mit absoluter Machtvollkommenheit über die Völker Deutschlands stellte, um die fortschreitende Bewegung der Zeit, die ihnen als demokratische Anmaaßung erschien, zu hemmen, und wenn man auch damit die eng gesteckten Grenzen der ursprünglichen Bundesgewalt auf einmal weit überschritt, so war doch hier das einzige Gebiet entdeckt, auf dem einträchtiges Zusammenwirken aller Bundesglieder mit einiger Sicherheit erwartet und der Bund wenigstens den Fürsten nützlich werden konnte.

Daß die unbedingte Souveränität des Bundes über die deutschen Völker auch eine gewisse Souveränität des Bundes über die Fürsten in sich schließe, die hinsichtlich der Vollziehung seiner Gesetze von der Majorität der Bundesversammlung und von den über diese Majorität gebietenden Großmächten abhängig wurden, blieb entweder unbeachtet, oder war bei der einmal erwachten Furcht vor einer politischen Propaganda nicht vermögend, die Annahme von Bestimmungen zu hintertreiben, die manchem im Stillen erwünscht seyn mochten und die doch für sich allein in seinem Lande durchzusetzen schwer gehalten hätte. Die Erlassung von Gesetzen, die, weil sie auf dem übereinstimmenden Willen aller deutschen Regierungen beruhten, alle deutschen Völker unbedingt verpflichten sollten, war überdieß doch auch ein Akt der Souveränität. Nur den Völkern wurden diese Gesetze wider Willen aufgedrungen, bei den Fürsten beruhte ihre Annahme auf allseitiger Uebereinkunft und ausdrücklicher Zustimmung. Derselbe Fürstenstolz, welcher in den deutschen Monarchen gegen jede Unterordnung unter eine höhere Einheit sich auflehnte, fand daher eher eine gewisse Befriedigung als eine Demüthigung in der Annahme und in der diktatorischen Verkündigung inappellabler Beschlüsse, welche die Feinde der Monarchie treffen sollten. Die Großmächte des Bundes, welche ihre Wiederherstellung nicht den Höfen verdankten und deßwegen auch durch Begünstigung der Volkssache sich der Höfe gegen Frankreich zu versichern bemüht gewesen waren, hatten jetzt ein bequemeres Mittel entdeckt, die Kabinette auf direkten Wegen in ihr Interesse zu ziehen. Die dem deutschen Volk bestimmte Waffe konnte mit besserem Erfolge gegen dieses Volk gekehrt werden, und die deutschen Fürsten gewöhnten sich ihrerseits, den Bund mit andern Augen als bisher anzusehen. Ihr Mißtrauen gegen denselben oder gegen die darin herrschenden Großmächte minderte sich in dem Maaße, in welchem das Vertrauen der Völker sich vom Deutschen Bund abwandte. Der Bund, als unumschränkter Souverän zwar nicht der deutschen Fürsten, aber wohl der deutschen Völker, war das geeignetste Werkzeug zur Befestigung der Fürstengewalt und konnte leicht das Mittel werden, unvorsichtige Concessionen zurückzunehmen und die Fesseln ständischer Verfassungen, sobald sie allzulästig wurden, aufzulockern oder abzuschütteln.

Man verständigte sich daher, den Bund auf eine diesem Zweck entsprechende Weise förmlich zu organisiren. Wiederum traten die bevollmächtigten Minister deutscher Kabinette zu einem besondern Kongreß in Wien zusammen und das als die Wiener Schlußakte vom 15. Mai 1820 wohlbekannte Ergebniß ihrer Berathungen wurde unter dem Titel: „Schlußakte der über Ausbildung und Befestigung des Deutschen Bundes zu Wien gehaltenen Ministerial-Konferenzen“, durch Beschluß der Bundesversammlung vom 8. Juni 1820 zum Bundesgrundgesetz erhoben.

Charakter des Deutschen Bundes.

Der Geist der Karlsbader Beschlüsse waltete unverkennbar auch über dem Vertrag, durch welchen die Verfassung des Deutschen Bundes eine festere und entschiedenere Gestalt, jedoch keineswegs im nationalen Sinn erhielt und die noch jetzt die Hauptquelle des bestehenden Bundesrechts für Deutschland bildet.

Wiederholt ist durch die Wiener Schlußakte (Art. III.) die Bundesakte als der Grundvertrag und als das erste Grundgesetz des Vereins anerkannt, wodurch der Bund den Umfang und die Schranken seiner Wirksamkeit vorgezeichnet habe. Indem dieselbe die Zwecke des Bundes ausspricht, soll sie zugleich dessen Befugnisse und Verpflichtungen bedingen und begrenzen und nur insofern die Erfüllung der in der Bundesakte aufgestellten Zwecke es nothwendig macht, steht (nach Art. IV.) der Gesammtheit der Bundesglieder die Befugniß der Entwicklung und Ausbildung der Bundesakte zu. Die deßhalb zu fassenden Beschlüsse dürfen aber mit dem Geiste der Bundesakte nicht im Widerspruch stehen, noch von dem Grundcharakter des Bundes abweichen.

Als Zweck des Bundes spricht die Schlußakte (Art. I.), im Wesentlichen übereinstimmend mit der Bundesakte, „Bewahrung der Unabhängigkeit und Unverletzbarkeit der im Bunde begriffenen deutschen Staaten und Erhaltung der innern und äußern Sicherheit Deutschlands“ aus; nur ist zu bemerken, daß wenn die Bundesakte (Art. 2) „Erhaltung der äußern und innern Sicherheit Deutschlands und der Unabhängigkeit und Unverletzbarkeit der einzelnen deutschen Staaten“ als Bundeszweck angibt, die Handhabung eines allseitigen Rechtszustandes in ganz Deutschland als erster und die Unabhängigkeit der einzelnen Bundesglieder nur als zweiter Hauptzweck des Bundes erscheint, während die Schlußakte diese Ordnung umkehrt und mithin die Rechte der Regierungen den Rechten der Gesammtheit und der Einzelnen (deren Gewährleistung unter der innern und äußern Sicherheit des gesammten Deutschlands als Eines Ganzen mitbegriffen ist) voranstellt. *)

*) Um eine Konsequenz in die Verfassung und in die Grundgesetze des Deutschen Bundes zu bringen, welche vergeblich darin gesucht wird, haben ausgezeichnete Publizisten den Ausdruck „innere Sicherheit Deutschlands“ in einem

Der so eben angegebene Zweck soll nun (nach Art. **I. II.** und **V.**) erreicht werden durch einen völkerrechtlichen Verein der deutschen souveränen Fürsten und freien Städte, der in

---

sehr beschränkten Sinne genommen und darunter lediglich die innere völkerrechtliche Sicherung des ganzen Bundesvereins (gegen Angriffe der Bundesstaaten auf einander und wider den Bund selbst) verstanden. Unglaublich scheint es ihnen besonders im Hinblick auf die spätere Gestaltung der Bundesverhältnisse gewesen zu seyn, daß in einer Urkunde wie die Bundesakte wirklich von dem Deutschland die Rede seyn könne, welchem der einzelne Unterthan so gut als dessen Landesherr, der einzelne Staatenbürger so gut als die Staaten selbst, die deutschen Völker so gut als ihre Fürsten angehören, und daß die Bundesakte diesem Deutschland Recht und Frieden in seinem Innern vom Fürstenpalaste bis zur ärmsten Hütte herab verheiße, wie es in der alten Zeit der Kaiser im gesammten Reich verhieß. Und dennoch war es nicht anders gemeint. Oder was würde man unter dem Ausdruck äußere und innere Sicherheit Frankreichs anderes verstehen, als Sicherheit in allen seinen äußern, d. h. völkerrechtlichen, und Sicherheit in allen seinen innern, d. h.

seinem Innern als eine Gemeinschaft selbstständiger, unter sich unabhängiger Staaten mit wechselseitigen gleichen Vertragsrechten und Vertragsobliegenheiten, in seinen äußern Verhältnissen

---

staats= und privatrechtlichen Verhältnissen? Warum nicht gerade ebenso die äußere Sicherheit Deutschlands von allen seinen äußern (oder rein völkerrechtlichen), die innere Sicherheit Deutschlands von dem ganzen Complex seiner innern Verhältnisse (seyen es nun völker=, staats= oder privatrechtliche) verstehen? warum hier willkührlich unterscheiden und beschränken? Der Name Deutschland steht nun einmal als eine Anerkennung und als Denkzeichen der unverlierbaren Ansprüche der Nation auf Einheit und Ganzheit in der Bundesakte und konnte namentlich im Eingang derselben nichts anderes bedeuten, als was das ganze Deutsche Volk unter diesem Namen begreift. Die Artikel 1 und 2 der Bundesakte und Artikel I. der Schlußakte wiederholen aber nur denselben Ausdruck mit derselben Bedeutung. Hier wird Deutschland noch im Geiste eines Bundesstaats und nach der Analogie des deutschen Reichs als ein Land, die deutsche Nation als ein Volk aufgefaßt, worin Fürsten und Unterthanen, Staaten, Corporationen und Individuen ein Ganzes bilden, dessen aber als eine in politischer Einheit verbundene Gesammtmacht besteht und aus dem der Austritt keinem Mitglied freistehen soll.

Auch

äußere Sicherheit auf gemeinschaftlicher Vertheidigung, dessen innere Sicherheit auf einem unverbrüchlichen, alle Stände, Klassen und Verhältnisse umfassenden Rechtszustande beruhen soll. Daher der erste ausgesprochene Zweck des Bundes: äußere und innere Sicherheit Deutschlands.

Diesem Ganzen aber, in welchem die Fürsten wie die Völker und die einzelnen Staatsbürger gleicherweis als Theile und als Angehörige erscheinen, werden sofort im Artikel 2 der Bundesakte die einzelnen deutschen Staaten als solche, als selbstständige und unabhängige Mächte entgegengesetzt, deren Selbstständigkeit und Unabhängigkeit die Wirksamkeit des Bundes in der Art beschränkt, daß die Bundesgewalt nur so weit eingreifen und namentlich für die innere Sicherheit Deutschlands nur so weit thätig seyn darf, als dieser Zweck durch die freie Selbstthätigkeit der einzelnen Regierungen nicht erreichbar ist. Daß dagegen der Bund da, wo zu Herstellung oder Handhabung eines geordneten Rechtszustandes im Innern den einzelnen Staaten erwiesenermaßen

Auch hier stimmt die ausgesprochene Unauflöslichkeit des Vereins und die rechtliche Gleichheit seiner Mitglieder mit der Bundesakte zusammen, welche in ihrem ersten Artikel den Bund für einen beständigen erklärt und nach deren drittem Artikel alle Bundesglieder als solche gleiche

---

maßen entweder die Kraft oder der Wille fehlt, einzuschreiten berufen sey, ist so gewiß, daß selbst die Schlußakte, obgleich sie den Bundesverein für einen völkerrechtlichen erklärt und den Bundeszweck der Erhaltung der Unabhängigkeit der einzelnen deutschen Staaten dem Bundeszweck der Bewahrung der innern und äußern Sicherheit Deutschlands voranstellt, doch das Prinzip eines auch im Innern der einzelnen Bundesstaaten zu gewährleistenden Rechtszustandes festhält und in den Art. XXVI. und XXIX. den Bund, nicht etwa vermöge besondrer Bestimmungen, sondern vermöge seines Zwecks und nach dem Geist der Bundesakte ausdrücklich verpflichtet, einer angegriffenen Regierung, welche sich den verfassungsmäßigen Gehorsam bei ihren Unterthanen nicht mehr zu verschaffen im Stande ist, so wie unterdrückten Unterthanen, denen die landesverfassungsmäßige Justiz verweigert wird, ihren Schutz angedeihen zu lassen.

Rechte haben und alle gleichmäßig verpflichtet sind, die Bundesakte unverbrüchlich zu halten.

Daß aber dem Bund in der Schlußakte ausdrücklich ein völkerrechtlicher Charakter beigelegt wird, könnte, wenn dieses Prädikat in dem gewöhnlichen publizistischen Sinn zu nehmen wäre, so angesehen werden, als ob dadurch entschieden würde, was die zwischen einem Staatenbund und einem Bundesstaat schwankende Bundesakte unbestimmt gelassen. Dieß ist jedoch nicht der Fall. Die Bundesakte nähert sich nämlich der Idee eines Bundesstaats in der ausgesprochenen Unauflöslichkeit des Bundes und der Unfreiwilligkeit der Theilnahme, in der Ausdehnung des Bundeszwecks auf Erhaltung der innern Sicherheit Deutschlands anstatt eines bloßen Friedensstandes unter den verbündeten Staaten, in den gemeinnützigen Anordnungen, welche für ganz Deutschland in Aussicht gestellt sind, noch mehr aber darin, daß fast der ganze zweite Abschnitt sich auf Rechte und Verhältnisse der Unterthanen in den einzelnen Bundesstaaten bezieht.

Wollte man nun den Deutschen Bund auf den Charakter des reinen Staatenbunds, so weit es ohne Verletzung des Buchstabens der Bundesakte möglich war, zurückführen, so wäre erforderlich gewesen, den allerdings verschiedener Auslegungen fähigen Ausdruck „innere Sicherheit Deutschlands“ ausdrücklich auf die völkerrechtlichen Verhältnisse der einzelnen Bundesglieder gegen einander und zum Bunde zu beschränken und diejenigen Bestimmungen der Bundesakte, wodurch dieselbe in die staats= und privatrechtlichen Verhältnisse der Unterthanen deutscher Staaten eingreift, ausdrücklich für bloße, unter keinerlei Bedingung zu erweiternde Ausnahmen zu erklären. Sollte dagegen den gerechten Erwartungen der Nation entsprochen und der Deutsche Bund zu einem wahren Bundesstaat, zu einem Nationalbund ausgebildet werden: so war vor allen Dingen die ganz aufgehobene Verbindung zwischen der Centralgewalt des Bundes und den deutschen Völkern herzustellen und dabei das Hauptgebrechen der ehmaligen Reichsverbindung, die Mittelbarkeit der größtentheils dem Reiche gegenüber nur durch ihre Fürsten repräsentirten, nicht durch freigewählte Abgeordnete wirklich vertretenen, Reichsunterthanen durch Nationalvertretung zu beseitigen.

Das Letztere würde den Bund zu dem, was er von Anfang an seyn sollte, gemacht, das erstere wenigstens die deutschen Landesverfassungen nicht gefährdet oder verletzt haben. Allein es geschah weder das eine, noch das andre.

Die besondern Bestimmungen, wodurch die Bundesakte in die innern Rechtsverhältnisse der Bundesstaaten eingreift, wurden vielmehr (freilich in einer, wie später gezeigt werden wird, dem volksthümlichen Geist der Bundesakte ganz entgegengesetzten Richtung) erweitert, und auch die innere Sicherheit Deutschlands gab, besonders wenn man sie mit der beliebten innern Ruhe und Ordnung verwechselte, einen zu bequemen Vorwand zur Dämpfung des erwachenden Geistes der Völker, als daß der Bund auf die Einwirkung in die innere Staatseinrichtung und Staatsverwaltung der Gliederstaaten hätte verzichten mögen.

Anstatt nun aber auch das durch die Bundesakte begründete deutsche Bürgerrecht in seine volle Geltung einzusetzen und bis zum Rechte der Nationalvertretung zu erweitern, wodurch erst die Schöpfung eines Bundesstaats vollendet worden wäre, beschlossen die deutschen Kabinette, den Deutschen Bund ein für allemal durch eine authentische Auslegung für einen bloßen Bund der Fürsten, an dem die Völker keinen Antheil haben, dessen Beschlüssen aber dieselben dennoch Unterwerfung schuldig seyen, zu erklären.

Dieß und nichts anderes besagt der erste Artikel der Schlußakte, wenn er den Deutschen Bund einen völkerrechtlichen Verein nennt, nämlich einen Verein der Regierungen oder der Staaten als solcher, nicht auch der Staatenbürger und der deutschen Völker, woraus aber gar nicht folgen soll, was konsequenter Weise allerdings daraus folgen sollte, daß nun auch keine staatsrechtlichen, sondern bloß völkerrechtliche Verhältnisse in den Kreis der Bundesgewalt gezogen werden können. Nur darauf gab man sich das Wort, daß auch Gegenstände der innern Landesgesetzgebung vom Bunde rein diplomatisch behandelt und wie auswärtige Angelegenheiten lediglich von den Regierungen unter sich ohne Mitsprache der Völker abgethan werden sollten. Wenn aber damit die Nation von jeder Theilnahme und Mitwirkung in Bundesangelegenheiten ausgeschlossen war, so näherte sich wenigstens das System der Fürsten seiner Vollendung. Ihr Streben war auf einen Bund gerichtet, der den Völkern alles und den Fürsten nichts, als was ein jeder selbst gebilligt, zu gebieten hätte, und eine genauere Betrachtung der Gegenstände, über welche sich die

Competenz des Deutschen Bundes nach dem Zweck des Bundes, nach der Bundesakte und nach der die Bundesakte modifizirenden Schlußakte zu erstrecken hat, wird die Richtigkeit dieser Behauptung außer Zweifel setzen.

Gegenstände und Umfang der Bundesgewalt.

Da Staatenbund und Staat eine im Wesentlichen gleiche Aufgabe zu lösen haben, indem die äußere und innere Sicherheit ihrer Genossen der gemeinschaftliche Hauptzweck beider ist: so muß bei beiden auch das Mittel zu Erreichung ihres Zwecks im Wesentlichen das gleiche seyn.

Der Staat kann aber seine Aufgabe nicht erfüllen ohne die Errichtung einer über allen Einzelnen stehenden obersten Gewalt, welche das Recht hat, seinem Zweck gemäß zu wollen (d. h. Gesetze zu erlassen) und zu handeln (die erlassenen Gesetze zu vollziehen). Eine solche gesetzgebende und vollziehende Macht muß daher auch im Staatenbunde existiren, und in Ansehung des Bundeszwecks von allen Bundesgliedern als eine über ihnen stehende Gewalt anerkannt werden.

Auch die Gewalt des Deutschen Bundes ist mithin eine wahre höhere Gewalt, die sich, weil Gleichheit der Rechte aller Bundesglieder leitender Grundsatz des Bundes ist, zwar nicht monarchisch durch den Willen eines Einzigen, wohl aber in republikanischer Weise durch den Willen der Gesammtheit oder der Mehrheit ausspricht, und die nur in ihren Gegenständen durch den Bundeszweck beschränkter ist, als die den ganzen Lebensorganismus eines Volks vermöge des Staatszwecks umfassende Staatsgewalt.

Dieß angewendet auf die dem Bunde nach Art. 2 der Bundesakte und Art. I. der Schlußakte obliegende Sorge für die innere und äußere Sicherheit Deutschlands ergibt sich

I. in Beziehung auf die innere Sicherheit, als nächsten Gegenstand der Competenz des Bundes, Folgendes:

Der Begriff der innern Sicherheit Deutschlands hat an sich eine so weite Ausdehnung, daß er, in seinem vollen Umfang genommen, das Wesentliche des gesammten Staatszwecks in sich schließen und von dem Gebiet der innern Gesetzgebung und Verwaltung in den deutschen Staaten wenig übrig lassen würde, daß mithin eine vollkommene Unterordnung sämmtlicher deutschen Staaten unter eine förmliche Staatsgewalt des Deutschen Bundes daraus abgeleitet werden könnte. Mit der Errichtung einer, alle innern staats- und privatrechtlichen Verhältnisse auch in den einzelnen Vereinsstaaten umfassenden Bundesstaatsgewalt wäre jedoch die gleichfalls in den Bundeszweck aufgenommene Bewahrung der Unabhängigkeit und Selbstständigkeit der einzelnen deutschen Staaten unvereinbar, und der Bundeszweck der Erhaltung der innern Sicherheit Deutschlands ist daher auf eine solche Erhaltung dieser Sicherheit zu beschränken, bei welcher der weitere Hauptzweck des Bundes, Bewahrung der Unabhängigkeit jedes im Bunde begriffenen Staats, nicht vereitelt wird. Allerdings hat der Deutsche Bund als Hüter und Bewahrer der innern Sicherheit Deutschlands die Aufgabe, Gewalt und Selbsthülfe, Willkühr und Rechtlosigkeit überall in Deutschland zu verbannen. Aber dieselbe Aufgabe hat auch jede Bundesregierung innerhalb der Grenzen ihres Staats, und von diesem eigenthümlichen Gebiete darf daher der Bund der für die innere Sicherheit thätigen Gesetzgebung und Verwaltung seiner Gliederstaaten nichts entziehen, noch derselben ihre Grenze willkührlich stecken. Seine Wirksamkeit für die innere Sicherheit Deutschlands darf vielmehr erst da beginnen, wo die auf denselben Zweck gerichtete Thätigkeit der einzelnen deutschen Staaten, als unabhängiger Bundesglieder, nicht mehr wirken kann oder nicht mehr wirken will.

Nur auf diese Weise lassen beide, in gewissem Sinn einander entgegengesetzte Bundeszwecke sich vereinigen. Absolute Unabhängigkeit der Vereinsstaaten würde jede, zur Erhaltung des innern Friedens in Deutschland doch gewiß unumgängliche Dazwischenkunft der Bundesgewalt auch bei Streitigkeiten der Bundesglieder unter sich eben so gewiß ausschließen, als eine Einmischung in deren innere, staats- und privatrechtlichen Verhältnisse. Eine unbeschränkte Competenz des Bundes aber in allem, was die innere Sicherheit Deutschlands betrifft, müßte die Unabhängigkeit und selbst das Daseyn der Einzelstaaten zerstören und Deutschland in einen oligarchischen Staat, in eine einzige Aristokratie verwandeln.

Nach dem Art. 2 der Bundesakte und noch mehr nach dem die Bewahrung der Unabhängigkeit der deutschen Staaten jedem andern Bundeszweck voranstellenden Art. I. der Schlußakte muß daher der Bund zurücktreten, sobald das, was die innere Sicherheit erfordert, nur irgend durch die Selbstthätigkeit der einzelnen Regierungen erreichbar ist. Was dagegen jenseits dieser Grenze liegt, das fällt auch in die verfassungsmäßige Competenz des Bundes, mag nun von äußern oder von innern Verhältnissen der Einzelstaaten die Rede seyn.

Unzureichend zur Erhaltung der innern Sicherheit oder des innern Friedens in Deutschland ist nun offenbar die Kraft der Einzelregierungen bei Streitigkeiten der Bundesglieder unter sich vermöge der Natur der Sache, da kein Bundesglied von dem andern abhängig und sich dessen Entscheidung zu unterwerfen verpflichtet ist. Hier muß also nothwendig, wenn eine friedliche Ausgleichung im Weg der Unterhandlung, durch Austräge, Compromiß u. dergl. nicht zu Stande kommt, jedem Ausbruch einer gewaltsamen Selbsthülfe durch die Bundesgewalt begegnet werden.

Es bestimmt daher der Art. 11 der Bundesakte: „die Bundesglieder machen sich verbindlich, einander unter keinerlei Vorwand zu bekriegen, noch ihre Streitigkeiten mit Gewalt zu verfolgen, sondern sie bei der Bundesversammlung anzubringen. Dieser liegt alsdann ob, die Vermittlung durch einen Ausschuß zu versuchen, und falls dieser Versuch fehlschlagen sollte und demnach eine richterliche Entscheidung nothwendig würde, solche durch eine wohlgeordnete Austrägalinstanz zu bewirken, deren Ausspruch die streitenden Theile sich sofort zu unterwerfen haben."

Bestätigt und weiter ausgeführt sind diese Bestimmungen durch die Vorschriften der Schlußakte Art. **XVIII. — XXIV.**:

(Art. **XVIII.**) Da Eintracht und Friede unter den Bundesgliedern ungestört aufrecht erhalten werden soll, so hat die Bundesversammlung, wenn die innere Ruhe und Sicherheit des Bundes auf irgend eine Weise bedroht oder gestört ist, über Erhaltung oder Wiederherstellung derselben Rath zu pflegen und die dazu geeigneten Beschlüsse zu fassen.

(Art. **XIX.**) Wenn zwischen Bundesgliedern Thätlichkeiten zu besorgen oder wirklich ausgeübt worden sind, so ist die Bundesversammlung berufen, vorläufige Maaßregeln zu ergreifen, wodurch jeder Selbsthülfe vorgebeugt und der bereits unternommenen Einhalt gethan werde. Zu dem Ende hat sie vor Allem für Aufrechthaltung des Besitzstandes Sorge zu tragen.

(Art. XX.) Wenn die Bundesversammlung von einem Bundesgliede zum Schutze des Besitzstandes angerufen wird und der jüngste Besitzstand streitig ist, so soll sie für diesen besondern Fall befugt seyn, ein bei der Sache nicht betheiligtes Bundesglied in der Nähe des zu schützenden Gebiets aufzufordern, die Thatsache des jüngsten Besitzes und die angezeigte Störung desselben ohne Zeitverlust durch seinen obersten Gerichtshof summarisch untersuchen und darüber einen rechtlichen Bescheid abfassen zu lassen, dessen Vollziehung die Bundesversammlung, wenn der Bundesstaat, gegen welchen er gerichtet ist, sich nicht auf vorgängige Aufforderung freiwillig dazu versteht, durch die ihr zu diesem Ende angewiesenen Mittel zu bewirken hat.

(Art. XXI.) Die Bundesversammlung hat in allen, nach Vorschrift der Bundesakte bei ihr anzubringenden Streitigkeiten der Bundesglieder die Vermittlung durch einen Ausschuß zu versuchen. Können die entstandenen Streitigkeiten auf diesem Wege nicht beigelegt werden, so hat sie die Entscheidung derselben durch eine Austrägalinstanz zu veranlassen und dabei, so lange nicht wegen der Austrägalgerichte überhaupt eine anderweitige Uebereinkunft zwischen den Bundesgliedern statt gefunden hat, die in dem Bundestagsbeschlusse vom 16. Juni 1817 (s. oben) enthaltenen Vorschriften zu beobachten.

(Art. XXII.) Wenn nach Anleitung des gedachten Bundestagsbeschlusses der oberste Gerichtshof eines Bundesstaats zur Austrägalinstanz gewählt ist, so steht demselben die Leitung des Prozesses und die Entscheidung des Streits in allen seinen Haupt- und Nebenpunkten uneingeschränkt und ohne alle weitere Einwirkung der Bundesversammlung oder der Landesregierung zu. Letztere wird jedoch, auf Antrag der Bundesversammlung oder der streitenden Theile, im Fall einer Zögerung von Seiten des Gerichts, die zur Beförderung der Entscheidung nöthigen Verfügungen erlassen.

(Art. XXIII.) Wo keine besondern Entscheidungsnormen vorhanden sind, hat das Austrägalgericht nach den in Rechtsstreitigkeiten derselben Art vormals von den Reichsgerichten subsidiarisch befolgten Rechtsquellen, insofern solche auf die jetzigen Verhältnisse der Bundesglieder noch anwendbar sind, zu erkennen.

(Art. XXIV.) Es steht übrigens den Bundesgliedern frei, sowohl bei einzelnen vorkommenden Streitigkeiten als für alle künftigen Fälle, wegen besonderer Austräge oder Compromisse übereinzukommen, wie denn auch frühere Familien- oder Vertrags-Austräge durch Errichtung der Bundesausträgalinstanz nicht aufgehoben, noch abgeändert werden.

Was nun aber die innere Sicherheit in den einzelnen deutschen Staaten selbst betrifft, so muß als Regel angenommen werden, daß zu deren Erhaltung die Landesregierungen selbst die erforderlichen Mittel besitzen und anwenden werden. Auch schließt deßwegen nach Art. XXXII. und LIII. der Schlußakte die durch die Bundesakte den einzelnen Bundesstaaten garantirte Unabhängigkeit im Allgemeinen jede Einwirkung des Bundes in die innere Staatseinrichtung und Staatsverwaltung aus, und die Aufrechthaltung der innern Ruhe und Ordnung in den Bundesstaaten steht nach Art. XXV. den Regierungen allein zu. Wenn daher auch der Bund berechtigt ist, von jedem deutschen Staate die Begründung eines geordneten Rechtszustandes im Innern durch dessen selbstständige gesetzgebende und die Erhaltung dieses Zustandes durch dessen unabhängige vollziehende Gewalt zu fordern, so darf doch der Bund selbst, für diesen Zweck, mit einem Zwang nur ausnahmsweis und ohne deßwegen die gesetzgebende und vollziehende Gewalt im Innern sich selbst anzumaaßen, nur in denjenigen äußersten Fällen einschreiten, wo zu Herstellung und Handhabung eines geordneten Rechtszustandes dem einzelnen Staat erwiesenermaaßen entweder die Kraft oder der Wille fehlt. Diesen Zwang aber muß die um Hülfe angerufene Bundesgewalt zu Gunsten unterdrückter Unterthanen gegen rechtverletzende und rechtverweigernde Regierungen ebensowohl, als zu Gunsten einer mit Uebermacht angegriffenen Regierung gegen ihre den verfassungsmäßigen Gehorsam versagenden Unterthanen eintreten lassen. Wie indessen in Repräsentativstaaten eine mit dem System ihrer Regierung unzufriedene Kammer nicht selbst andere Minister ernennt, sondern nur durch Anwendung der konstitutionellen Mittel den Monarchen nöthigt, sich anderer Rathgeber zu bedienen, so darf auch die Bundesgewalt in denjenigen seltenen Fällen, wo nur durch ihr Eingreifen die gestörte oder aufgelöste Rechtsordnung im Innern eines Bundesstaats wiederhergestellt werden kann, dieß nicht dadurch bewerkstelligen, daß sie eigenmächtig dem Lande oder der Regierung Gesetze und Anordnungen aufdringt, sondern bloß dadurch, daß sie die Landesregierung zwingt oder ihr behülflich ist, den verletzten Rechtszustand im landesgesetzlichen und verfassungsmäßigen Wege selbst wiederherzustellen.

Als Ausnahmsfälle der erwähnten Art bezeichnet nun die Schlußakte den Fall der Justizverweigerung, so wie den Fall der Widersetzlichkeit, des Aufruhrs oder gefährlicher Bewegungen in einzelnen Bundesstaaten. Zufolge der Art. XXV. — XXVIII. findet nämlich die Mitwirkung der Gesammtheit zur Erhaltung oder Wiederherstellung der Ordnung in den Einzelstaaten statt, wenn in einem Bundesstaate durch Widersetzlichkeit der Unterthanen gegen die Obrigkeit die innere Ruhe unmittelbar gefährdet und eine Verbreitung aufrührerischer Bewegungen zu fürchten oder ein wirklicher Aufruhr zum Ausbruch gekommen ist und die Regierung selbst, nach Erschöpfung der verfassungsmäßigen und gesetzlichen Mittel, den Beistand des Bundes anruft, oder, obgleich notorisch außer Stande, den Aufruhr durch eigene Kraft zu unterdrücken, durch die Umstände gehindert ist, die Hülfe des

Bundes

Bundes zu begehren; deßgleichen wenn die öffentliche Ruhe und gesetzliche Ordnung in mehreren Bundesstaaten durch gefährliche Verbindungen und Anschläge bedroht sind und dagegen nur durch Zusammenwirken der Gesammtheit zureichende Maaßregeln ergriffen werden können. Doch sollen im ersten Fall die verfügten Maaßregeln von keiner längern Dauer seyn, als die Regierung, welcher die bundesmäßige Hülfe geleistet wird, es nothwendig erachtet, und im zweiten Falle die erforderlichen Maaßregeln nur nach vorgängiger Rücksprache mit den zunächst betheiligten Regierungen berathen und beschlossen werden.

Alle diese Vorschriften entsprechen im Allgemeinen dem Grundsatz, daß der Bund für die innere Sicherheit oder die Erhaltung eines allseitig gesicherten Rechtszustandes in ganz Deutschland zu sorgen habe, so weit dieser Zweck durch die Kraft und den Willen der unabhängigen einzelnen Landesregierungen nicht erreichbar ist. Wenn aber die Schlußakte dem Ausdruck „innere Sicherheit" den Ausdruck „innere Ruhe, öffentliche Ruhe" als einen gleichbedeutenden beliebig unterschiebt und im Art. **XXVII.** die Regierung, welcher die Bundeshülfe zu Theil geworden ist, für gehalten erklärt, die Bundesversammlung von der Veranlassung der eingetretenen Unruhen in Kenntniß zu setzen, hiemit also zu erkennen giebt, daß der Bund mit Waffengewalt einschreiten werde, sobald Unruhen in einem Lande ausgebrochen sind, gleichviel, ob die Unterthanen einen gerechten Grund zur Auflehnung haben oder nicht, ob der Bundesversammlung die Ursache ihrer Widersetzlichkeit bekannt ist oder nicht: so ist dieß eine Verwechslung der Begriffe, die sich nur aus dem in der Schlußakte vorherrschenden monarchischen Prinzip erklären läßt, und die den Rechten der Unterthanen, welche bei einem allseitig gesicherten Rechtszustande ebenso unverbrüchlich und unantastbar als die der Fürsten seyn müssen, empfindlich zu nahe tritt. Nur dem Recht und nie dem Unrecht, soll der Bund seinen Schutz und seine Hülfe leihen, auch wenn es eine Regierung ist, die ihn darum bittet. Aber das monarchische Prinzip, welches sich gegen jede Anerkennung selbstständiger Rechte der Unterthanen gegenüber dem Staatsoberhaupte sträubt, verwechselt gar zu gern den ganzen Staat mit dem bloßen Inhaber der Staatsgewalt oder der Regierung, und nimmt alsdann die Sicherheit der letztern oder diejenige Ruhe, welche aus der Unmöglichkeit jedes, selbst des gerechtesten Widerstands hervorgeht, diejenige Ruhe, welche auch die Ruhe eines Kirchhofs seyn kann und die eine despotische Regierung vielleicht durch Vernichtung alles Rechts und aller Freiheit erzwingt, für gleichbedeutend mit der innern Sicherheit des ganzen Staats, die auf der gleichmäßigen Unverletzbarkeit aller Rechte, der Regierung wie der Unterthanen, beruht.

Dagegen enthalten die Art. XXIX. und XXX. dem ausgesprochenen Bundeszweck vollkommen angemessene Bestimmungen für den Fall, daß eine Landesregierung da, wo sie es den eigenen oder fremden Landesunterthanen schuldig ist, kein Recht gewähren will. Wenn nämlich in einem Bundesstaate der Fall einer Justizverweigerung eintritt und auf gesetzlichen Wegen ausreichende Hülfe nicht erlangt werden kann, so liegt nach Art. XXIX. der Bundesversammlung ob, erwiesene, nach der Verfassung und den bestehenden Gesetzen jedes Landes zu beurtheilende Beschwerden über verweigerte oder gehemmte Rechtspflege anzunehmen und darauf die gerichtliche Hülfe bei der Landesregierung, die zu der Beschwerde Anlaß gegeben hat, zu bewirken. Wenn ferner Forderungen von Privatpersonen deßhalb nicht befriedigt werden können, weil die

Verpflichtung, denselben Genüge zu leisten, zwischen mehreren Bundesgliedern zweifelhaft oder bestritten ist, so hat nach Art. XXX. die Bundesversammlung, auf Anrufen der Betheiligten, zuvörderst eine Ausgleichung auf gütlichem Wege zu versuchen, im Fall aber, daß dieser Versuch ohne Erfolg bliebe und die in Anspruch genommenen Bundesglieder sich nicht in einer zu bestimmenden Frist über ein Compromiß vereinigten, die rechtliche Entscheidung der streitigen Vorfrage durch eine Austrägalinstanz zu veranlassen.

Freilich wird der Rechtsschutz, den durch Art. XXIX. der Deutsche Bund verheißt, zu Gunsten deutscher Landesunterthanen nicht leicht wirksam werden, da eine förmliche Cognition und Urtheilsfällung ihm nicht zusteht, da überhaupt die Bundesgewalt, um der Selbstständigkeit der Bundesglieder nicht zu nahe zu treten, nur bei ganz offenbaren Rechtsverletzungen im Innern der Vereinsstaaten einzuschreiten berufen ist, und selten eine deutsche Regierung die Rechte ihrer Unterthanen so gründlich und entschieden verletzen wird als der Herzog Carl von Braunschweig in der Sache des Freiherrn v. Sierstorpff gethan. Auch braucht nicht erst bemerkt zu werden, wie unzulänglich alle speziellen Bestimmungen seyen, um jede Unsicherheit, Willkühr und Ungleichheit bei der Anwendung des Grundsatzes zu verbannen, daß die Wirksamkeit des Bundes für die innere Sicherheit Deutschlands erst da beginnen dürfe, wo die auf denselben Zweck gerichtete Thätigkeit und Fürsorge der einzelnen deutschen Staaten nicht mehr wirken kann oder nicht mehr wirken will. Der Grund ist aber gewiß weit weniger in der innern Mangelhaftigkeit oder Lückenhaftigkeit der aufgestellten Bestimmungen, als in dem Charakter des Deutschen Bundes und der dadurch bedingten Natur des Prinzips selbst zu suchen, indem, genau betrachtet, der Deutsche Bund etwas Unmögliches verlangt, nämlich volle Unabhängigkeit der Glieder eines unauflöslichen, zwischen Bundesstaat und Staatenbund schwankenden Staatenvereins.

Und gerade dieses Schwanken ist es, was bei Abfassung der Schlußakte benützt wurde, um den Nationalbund der Deutschen in einen Fürstenbund zu verwandeln. Vom Staatenbunde sollte die Unabhängigkeit und das polnische Veto der Bundesglieder, vom Bundesstaate die Gewalt auch über innere Regierungsverhältnisse der Vereinsstaaten beibehalten werden, und es kam nur darauf an, die Bestimmungen der Bundesakte so zu deuten, zu beschränken oder auszudehnen, wie es jener Zweck erforderte.

Bei den allgemeinen Bestimmungen oder dem ersten Abschnitt konnte man nun den Buchstaben der Urkunde, wonach die „Fürsten" Deutschlands den Deutschen Bund gestiftet, dafür geltend machen, daß der Bund lediglich Sache der Fürsten sey. Eines weitern Grunds hatte man nicht zu bedürfen geglaubt, um den Unterthanen deutscher Fürsten die Eigenschaft von Bundesbürgern und von wahren Bundesangehörigen peremtorisch abzusprechen und die Nation von der Gemeinschaft des Bundes, als eines bloß völkerrechtlichen Vereins, definitiv auszuschließen.

Schwieriger dagegen war es bei den im zweiten Abschnitt der Bundesakte enthaltenen besondern Bestimmungen, ohne offenbare Verletzung des Grundvertrags dem Bunde den Stempel eines Fürstenbundes aufzudrücken. Die Bundesakte beschränkte sich nämlich nicht darauf, dem gesammten Deutschland im Allgemeinen einen festen Rechtszustand, worin neben den Fürsten auch die Völker und die einzelnen Staatsbürger ihre Sicherheit durch unverbrüchliche Festhaltung der bestehenden Landesverfassungen und durch die Unverletzbarkeit wohlerworbener Rechte nach Maasgabe der bestehenden Landesgesetze finden sollten, zu gewährleisten und die Souveränität der Einzelstaaten so weit, als es für die Erreichung dieses Zwecks unumgänglich nothwendig war, zu beschränken. In der dankbaren Stimmung, von der die Stifter des Deutschen Bundes bei dessen Errichtung gegen die deutschen Völker beseelt waren, hatten sie es außerdem für ihre Pflicht gehalten, denselben insgesammt (sowie einzelnen Klassen von Staatsbürgern und solchen Individuen, welche ein Opfer der Zeitereignisse geworden waren,) von Bundeswegen gewisse Rechte den Regierungen gegenüber ausdrücklich zuzusichern und letztere somit ausnahmsweis in ihrer innern Staatseinrichtung und Verwaltung noch mehr zu beschränken, als der allgemeine Bundeszweck erfordert hätte.

Läugnen ließ sich diese Thatsache nicht, und doch lag ein Widerspruch darin, in einer Urkunde, welche als die magna charta eines Fürstenbundes gelten sollte, die vom Bund ausdrücklich ausgeschlossenen deutschen Völker vorzugsweis bedacht zu sehen. Da jedoch der ganze zweite Abschnitt der Bundesakte nicht ohne Weiters durchstrichen werden konnte, so blieb nichts übrig, als durch Zusätze, welche den Fürsten einen vorzüglichen Bundesschutz für ihre Rechte und Interessen sicherten, und durch Restriktionen, welche die Befugnisse des Volks beschränkten, jene besondern Bestimmungen so zu modificiren, daß auch in ihnen der Deutsche Bund fortan den Charakter eines Fürstenbunds nicht verläugnete.

Den speziellen Rechten der Unterthanen, welche sich auf die Bundesakte gründeten, mußten in der Schlußakte spezielle Beschränkungen, dem zu Gunsten der Völker in der Bundesakte sanktionirten Grundsatze der Volksvertretung mußte zu Gunsten der Fürsten in der Schlußakte ein monarchisches Princip entgegengesetzt werden.

Anerkannt wurde zwar (Art. LIII.), daß, da die Bundesglieder sich in dem zweiten Abschnitt der Bundesakte über einige besondere Bestimmungen vereinigt, welche sich theils auf Gewährleistung zugesicherter Rechte, theils auf bestimmte Verhältnisse der Unterthanen beziehen, dem Bund obliege, die Erfüllung der durch diese Bestimmungen übernommenen Verbindlichkeiten zu bewirken, wenn sich aus hinreichend begründeten Anzeigen der Betheiligten ergebe, daß solche nicht stattgefunden habe. Allein da es sich hier nicht von Rechten, sondern von Verbindlichkeiten der Regierungen handelt, so ward hier ausdrücklich daran erinnert, daß die durch die Bundesakte den einzelnen Bundesstaaten garantirte Unabhängigkeit im Allgemeinen jede Einwirkung des Bundes in die innere Staatseinrichtung und Staatsverwaltung ausschließe, und es soll die Anwendung der in Gemäßheit jener Verbindlichkeiten getroffenen allgemeinen Anordnungen auf die einzelnen Fälle den Regierungen allein überlassen bleiben.

Dieß wird sofort speziell auf das wichtigste von den in der Bundesakte verheißenen Rechten, auf das Recht der Volksvertretung und landständischer Verfassungen, angewendet. Da nach dem Sinn des dreizehnten Artikels der Bundesakte und den darüber erfolgten spätern Erklärungen in allen Bundesstaaten landständische Verfassungen stattfinden sollen, so hat nach Art. LIV. die Bundesversammlung darüber zu wachen, daß diese Bestimmung in keinem Bundesstaat unerfüllt bleibe. Aber den souveränen Fürsten der Bundesstaaten bleibt nach Art. LV. überlassen, diese innere Landesangelegenheit, mit Berücksichtigung sowohl der früherhin gesetzlich bestandenen ständischen Rechte, als der gegenwärtig obwaltenden Verhältnisse zu ordnen.

Wollte man jedoch den deutschen Völkern

die Wohlthat des dreizehnten Artikels der Bundesakte auf wirksame Weise sichern, so genügte es nicht, den souveränen Fürsten zu überlassen, wie wenig oder wie viel sie unter dem Namen landständischer Verfassungen ihren Unterthanen gewähren wollten, und den letztern im Art. LVI. eine Versicherung zu ertheilen, welche sich, als im Begriff einer Verfassung liegend, ganz von selbst versteht: daß nämlich die einmal in anerkannter Wirksamkeit bestehenden landständischen Verfassungen nur auf verfassungsmäßigem Wege wieder abgeändert werden können; wenn gleich dieser Artikel insofern einen Werth hat, als der Bund selbst dadurch auf jede eigenmächtige Abänderung bestehender Landesverfassungen ausdrücklich verzichtet und (im Zusammenhalt mit Art. LXI.) gegen Verfassungsverletzungen seinen Schutz zusagt. Ebensowenig genügte die Bestimmung des Art. LX., daß, wenn von einem Bundesgliede die Garantie des Bundes für die in seinem Lande eingeführte landständische Verfassung nachgesucht wird, der Bund berechtigt sey, solche zu übernehmen und dadurch die Befugniß erhalte, auf Anrufung der Betheiligten die Verfassung aufrecht zu erhalten, und die über Auslegung oder Anwendung derselben entstandenen

Irrungen, sofern dafür nicht anderweitig Mittel und Wege gesetzlich vorgeschrieben seyen, durch gütliche Vermittlung oder compromissarische Entscheidung beizulegen.

Der Begriff landständischer Verfassungen und das Minimum von Rechten und Befugnissen, das eine solche Verfassung gewähren muß (nach den am Wiener Kongreß gepflogenen Verhandlungen bestehend in der Bewilligung der Steuern und der Mitaufsicht über deren Verwendung, in der Mitwirkung der Stände bei Abfassung der Gesetze, in dem Recht der Beschwerdeführung und der Vertretung der Verfassung bei dem Bunde), war ausdrücklich festzusetzen, wenn die deutschen Landesunterthanen nicht Gefahr laufen sollten, von dieser oder jener Regierung statt der Sache mit einem bloßen Namen, mit Provinzialständen oder Postulatenlandtagen abgefunden zu werden.

Es wäre dieß auch um so dringender gewesen, als in einem großen Theil des Bundesgebiets in den fünf Jahren seit Errichtung des Bundes so gut wie nichts geschehen war, um den dreizehnten Artikel in Erfüllung zu bringen. Allein den Kabinetten war es bereits weit mehr um Hemmung und Beschränkung, als um Verwirklichung und Belebung des anstößig gewordenen Repräsentativsystems zu thun, und wenn überhaupt der unbestimmte, halb staats-, halb völkerrechtliche Charakter des Bundes die Dazwischenkunft des Bundes in innern Angelegenheiten auf Unordnungen oder Rechtsverletzungen der gröbsten und entschiedensten Art beschränkt, in zweifelhaften Fällen dagegen ausschließt, so zeigte sich der Bund bei Sicherstellung der Verfassungsrechte der Völker doppelt gewissenhaft, der Unabhängigkeit der verbündeten Regierungen nicht zu nahe zu treten, aber nur um auf der andern Seite desto sorglicher über der Erhaltung der Souveränitätsrechte dieser Regierungen zu wachen.

Der Bundeszweck der Erhaltung eines allseitig gesicherten Rechtszustandes und das freilich in der Anwendung ziemlich unsichere Prinzip, daß zu möglichster Schonung der Unabhängigkeit der Vereinsstaaten eine Einmischung in deren innere Angelegenheiten nur in den äußersten Nothfällen stattfinde, würde nämlich gegen eine Gefährdung der innern Sicherheit Deutschland's durch ständische Verfassungen und durch Streitigkeiten der Landesherren mit ihren Ständen folgende Normen an die Hand geben:

1) Die Erfüllung der Bundespflichten darf

durch keine landständische Verfassung der Einzelstaaten verhindert werden.

2) Eine Einwirkung der Bundesgewalt in Streitigkeiten zwischen den Landesherren und ihren Ständen ist nicht statthaft bei jeder Irrung und Meinungsverschiedenheit, die ohne Gefahr für die öffentliche Sicherheit bis zur eigenen freiwilligen Vereinigung der streitenden Theile unausgeglichen bleiben kann, sondern nur bei Ausbrüchen thätlicher Gewalt oder bei offenbarer Verletzung der durch die Stände vertretenen Verfassung.

3) So wenig als der Bund in Landesjustizsachen die oberste Appellationsinstanz bildet, ebenso wenig bildet er für Streitigkeiten der Landesherren und Landstände unter sich das kompetente förmliche Gericht. Die Einwirkung des Bundes besteht daher nicht in Aussprechung einer für beide Theile verbindlichen und rechtskräftigen Entscheidung, sondern in vermittelnder Dazwischenkunft und in hinreichend kräftiger Unterstützung des Theils, dem das Recht zur Seite steht, um den andern Theil zur Anerkennung und Erfüllung gerechter Forderungen zu vermögen.

4) Die Bundesgewalt darf ihre Hülfe und Dazwischenkunft nicht aufdringen, so lang eine

Regierung sich bei ihrem Rechte durch eigene Kraft behaupten kann und sich den verfassungsmäßigen Gehorsam selbst verschaffen will, oder so lang die Stände zu Wiederherstellung ihrer verletzten Verfassung die Anwendung anderer gesetz- und verfassungsmäßiger Mittel einer Einschreitung des Bundes vorziehen.

Allein die Schlußakte, obgleich dieselbe in den Artikeln LVI. und LXI. die Verpflichtung des Bundes anerkennt, auch die Völker nöthigenfalls bei ihren in anerkannter Wirksamkeit bestehenden Verfassungen zu schützen, übrigens aber in landständische Angelegenheiten oder in Streitigkeiten zwischen den Landesherren und ihren Ständen außer im Falle des Aufruhrs und der Widersetzlichkeit, der übernommenen besondern Garantie einer landständischen Verfassung und der Aufrechthaltung der über den dreizehnten Artikel der Bundesakte festgesetzten Bestimmungen nicht einzuwirken, geht doch in eben diesen Bestimmungen zu Gunsten des monarchischen Prinzips viel weiter, als die vorentwickelten Grundsätze mit sich bringen.

Man hielt nicht für hinreichend, ausdrücklich einzuschärfen, daß die im Bunde vereinten souveränen Fürsten (die hier nicht ohne Bedeutung anstatt der Bundesstaaten genannt und also schon nicht mehr in der Eigenschaft von Vertretern ihrer Völker, sondern im Gegensatz von ihren Völkern aufgefaßt sind), durch keine landständische Verfassung in der Erfüllung ihrer bundesmäßigen Verpflichtungen gehindert oder beschränkt werden dürfen. (Art. LVIII.) Man begnügte sich nicht damit, den Landesherren in denjenigen Fällen, wo Streitigkeiten mit ihren Ständen den Charakter der Widersetzlichkeit oder des Aufruhrs annehmen, den Bundesschutz gegen ihre Unterthanen wiederholt zuzusichern. (Art. LXI.) Da die Oeffentlichkeit der landständischen Verhandlungen besonders gefährlich schien, so ward den Fürsten nicht, was folgerecht hätte geschehen müssen, überlassen, wie sie nach Pflichten einer möglichen Gefährdung der innern Sicherheit Deutschland's vorbeugen wollten, sondern es ward hier, wo es keine Sicherung der Rechte des Volks, sondern die Sicherheit der Regierungen galt, durch einen Eingriff in die innere Staatseinrichtung ausdrücklich vorgeschrieben, es müsse durch die Geschäftsordnung dafür gesorgt werden, daß die gesetzlichen Gränzen der freien Aeußerung weder bei den Verhandlungen selbst, noch bei deren Bekanntmachung durch den

Druck auf eine die Ruhe (also hier abermals statt Sicherheit bloß Ruhe!) des einzelnen Bundesstaats oder des gesammten Deutschland's gefährdende Weise überschritten werden. (Art. **LIX.**)

Um aber auch da, wo solche spezielle Vorschriften gegen die Fortschritte des gefürchteten demokratischen Prinzips nicht ausreichen sollten, für jeden möglichen Bedarf im Voraus gedeckt zu seyn, mußte das monarchische Prinzip als solches in das Grundgesetz des Bundes aufgenommen und die monarchische Verfassung der Bundesstaaten in einem möglichst unbestimmten, schwankenden und jeder beliebigen Auslegung und Ausdehnung fähigen Sinn zu einem Fundamentalartikel in dem öffentlichen Recht des Deutschen Bundes gemacht werden.

Davon war allerdings in der Bundesakte nichts enthalten. Diese sicherte bloß den deutschen Völkern landständische Verfassungen und bekümmerte sich im Uebrigen nicht um die innere Einrichtung und Verwaltung der Einzelstaaten, so lange sie nur ihre Bundespflicht nach Maaßgabe des Grundvertrags und der verfassungsmäßigen Beschlüsse der Bundesversammlung erfüllen, d. h. die Bundesversammlung gehörig beschicken, einen geordneten Rechtszustand bei sich herstellen und erhalten, Streitigkeiten mit andern Bundesgliedern entweder auf gütlichem Wege ausgleichen oder der bundesrichterlichen Entscheidung unterwerfen, zur gemeinsamen Vertheidigung Deutschlands und der einzelnen Staaten verhältnißmäßig beitragen und ihren Angehörigen die im zweiten Abschnitt der Bundesakte garantirten Rechte gewähren.

Daß jeder Bundesstaat von einem einzigen Inhaber aller Regierungsrechte beherrscht seyn müsse, stand nirgends geschrieben und war durch die Thatsache widerlegt, daß der Bund auch Freistaaten unter seine Mitglieder aufgenommen hatte. Daß den deutschen Regenten die freiwillige Beschränkung ihrer Gewalt zu Gunsten deutscher Völker verboten sey, war nirgends auch nur angedeutet. Der Geist der Bundesakte versprach Schutz und Bundeshülfe demjenigen Fürsten, dem seine Unterthanen den verfassungsmäßigen Gehorsam versagen, den sie seiner verfassungsmäßigen Rechte mit Gewalt berauben würden, aber sie erklärte ihn nirgends im Interesse seiner Mitfürsten für verpflichtet, gewisse Befugnisse seinem Volke niemals einzuräumen.

Demungeachtet war die Begründung des

monarchischen Princips aus dem Grundvertrage des Deutschen Bundes kein Problem, an dessen Lösung die kunstreiche Gewandtheit der Ausleger zu verzweifeln brauchte. Der Eingang der Bundesakte und deren erster Artikel, wo als Stifter des Bundes die souveränen Fürsten und die freien Städte Deutschland's bezeichnet sind, konnte auch hier aushelfen, um zu beweisen, daß nur Fürsten und nur souveräne, im ungetheilten Besitz der gesammten innern Staatsgewalt befindliche Fürsten, Mitglieder des Bundes seyn können und daß daher, mit Ausnahme der freien Städte, an der Spitze eines jeden Staates, der zum Deutschen Bund gehöre, ein solcher Fürst stehen müsse.

Hatte man erst einmal den Deutschen Bund als Staatenbund zu einem Verein der Fürsten mit Ausschluß der Völker gestempelt, so war nur noch ein Schritt dazu, denselben auch für einen Verein der Fürsten gegen die Völker zu erklären, für einen Verein, der sich Erhaltung des monarchischen Princips als Zweck vorgesetzt und dessen Glieder sich verbindlich machen, die Völker auf der Bahn der Freiheit und einer fortschreitenden Emanzipation mit aller Macht zurückzudrängen.

Daß zur Zeit der Errichtung des Deutschen Bundes die deutschen Fürsten die natürlichen Vertreter ihrer Völker waren, weil durch die vorangegangene Periode des ungemessensten Regierungsdespotismus die Völker alle andern Vertreter verloren hatten und kein gesetzliches Organ des Volkswillens mehr existirte; daß die Bundesakte die Fürsten wirklich nur als Repräsentanten der Staaten betrachtete, und mit diesen völlig identificirte, indem in den Artikeln 4. 5. und 6. (verglichen mit Art. 14, welcher ausdrücklich „die Bundesstaaten“ als die Contrahenten bezeichnet,) nicht die deutschen Fürsten, nicht der Kaiser und die Könige, sondern Oestreich, Preussen, Baiern u. s. w. als Bundesglieder genannt sind; daß mithin die deutschen Staaten die eigentlichen Bundesglieder sind, — wurde gänzlich ignorirt. Daß der Deutsche Bund von Anfang an unter seinen Mitgliedern auch Freistaaten gezählt hatte, konnte in den Augen der Diplomaten die Vereinbarkeit selbst einer republikanischen Verfassung mit der Eigenschaft eines Bundesstaats und der Erfüllung der Bundespflichten nicht beweisen. Daß die deutschen Fürsten, welche den Bund schlossen, nur in dem Sinne souveräne Fürsten genannt wurden, in welchem die zum Bund gehörigen Städte freie Städte genannt werden, daß man durch dieses Beiwort die jetzigen Bundesfürsten bloß von den Mediatisirten, die auch gerne Mitglieder des Deutschen Bundes geworden wären, unterscheiden wollte; daß ein König von England, ungeachtet er nicht die ganze Staatsgewalt in sich vereinigt und das „allmächtige Parlament", das ihm zur Seite steht, das kaiserliche heißt, doch den Titel eines Souveräns so unbestritten führt, als irgend ein Monarch der Welt; — alles dieß war zwar den Abgeordneten der Kabinette wohl bewußt, konnte aber für sie kein Abhaltungsgrund seyn, zu behaupten: durch den Ausdruck „souveräne Fürsten" in der Bundesakte sey für die deutschen Bundesstaaten der Grundbegriff gegeben, daß die gesammte Staatsgewalt in dem Oberhaupte des Staats vereinigt bleiben müsse.

Der Art. LVII. bestimmte daher:

„Da der Deutsche Bund, mit Ausnahme der freien Städte, aus souveränen Fürsten besteht, so muß, dem hierdurch gegebenen Grundbegriffe zufolge, die gesammte Staatsgewalt in dem Oberhaupt des Staats vereinigt bleiben und der Souverän kann durch eine landständische Verfassung nur in der Ausübung bestimmter Rechte an die Mitwirkung der Stände gebunden werden."

Damit war denn auch das Hauptwerk der Schlußakte, soweit es die Erhaltung innerer Sicherheit im Geiste eines Fürstenbunds betraf, vollbracht und Aufrechthaltung des monarchischen Princips zum Bundesgrundgesetz in einer Allgemeinheit erhoben, die jeder künftigen Verlegenheit vorbeugte. Denn es war weislich unterlassen worden, sich näher darüber zu erklären, was die bestimmten Rechte seyen, in deren Ausübung der Souverän an eine Mitwirkung der Stände gebunden werden könne und worin diese Mitwirkung bestehen dürfe, ohne daß dadurch der Vereinigung der gesammten Staatsgewalt in dem Oberhaupte des Staats Eintrag geschehe. Alles dieß blieb künftiger Bestimmung vorbehalten, und so konnte es nie mehr an Mitteln und an Waffen fehlen, um den Strom der Volksbewegungen zu dämmen und den Weg des Fortschrittes zu versperren. Die Verwandlung des Nationalbundes in einen Fürstenbund war jetzt vollendet, statt der Preßfreiheit des Artikels 18 der Bundesakte hatte man den Deutschen einstweilen die Censur von Bundeswegen aufgedrungen, die als Brennpunkte einer nationalen Aufklärung gefürchteten Universitäten waren unter strenge Polizei gestellt, und so durfte man um alles Weitere ziemlich unbekümmert seyn, weßhalb auch durch die Schlußakte nichts geschah, wodurch irgend eine der noch unerfüllten Verheißungen der Bundesakte der Erfüllung nur um einen Schritt näher geführt worden wäre.

Nur die Interessen der schon in dem vierzehnten Artikel der Bundesakte sehr sorgfältig bedachten Aristokratie mochten den Diplomaten etwas näher am Herzen liegen, und ihre Sicherstellung schien eine etwas ernstlichere und gemessenere Sprache zu fordern, als die Verwirklichung bloßer Volksrechte.

Um nämlich den im Jahre 1806 und seitdem mittelbar gewordenen ehemaligen Reichsständen und Reichsangehörigen, in Gemäßheit der gegenwärtigen Verhältnisse, in allen Bundesstaaten einen gleichförmig bleibenden Rechtszustand zu verschaffen, haben sich die Bundesstaaten nach Art. 14 der Bundesakte dahin vereinigt:

a) daß diese fürstlichen und gräflichen Häuser fortan nichts desto weniger zu dem hohen Adel in Deutschland gerechnet werden, und ihnen das Recht der Ebenbürtigkeit in dem bisher damit verbundenen Begriff verbleibt.

b) Sind die Häupter dieser Häuser die ersten Standesherren in dem Staate, zu dem sie gehören; sie und ihre Familien bilden die privilegirteste Klasse in demselben, insbesondre in Ansehung der Besteurung.

c) Es sollen ihnen überhaupt in Rücksicht ihrer Personen, Familien und Besitzungen alle diejenigen Rechte und Vorzüge zugesichert werden oder bleiben, welche aus ihrem Eigenthum und dessen ungestörtem Genuß herrühren und nicht zu der Staatsgewalt und den höhern Regierungsrechten gehören.

Unter den vorerwähnten Rechten sind insbesondre und namentlich begriffen:

1) Die unbeschränkte Freiheit, ihren Aufenthalt in jedem zu dem Bunde gehörenden oder mit demselben in Frieden lebenden Staat zu nehmen.

2) Werden nach den Grundsätzen der frühern deutschen Verfassung die noch bestehenden Familienverträge aufrecht erhalten und ihnen die Befugniß zugesichert, über ihre Güter und Familienverhältnisse verbindliche Verfügungen zu treffen, welche jedoch dem Souverän vorgelegt und bei den höchsten Landesstellen zur allge-

meinen Kenntniß und Nachachtung gebracht werden müssen. Alle bisher dagegen erlassenen Verordnungen sollen für künftige Fälle nicht weiter anwendbar seyn.

3) Privilegirter Gerichtsstand und Befreiung von aller Militärpflichtigkeit für sich und ihre Familien.

4) Die Ausübung der bürgerlichen und peinlichen Gerechtigkeitspflege in erster und — wo die Besitzung groß genug ist — in zweiter Instanz, der Forstgerichtsbarkeit, Ortspolizei und Aufsicht in Kirchen- und Schulsachen, auch über milde Stiftungen, jedoch nach Vorschrift der Landesgesetze, welchen sie sowie der Militärverfassung und der Oberaufsicht der Regierungen über jene Zuständigkeiten unterworfen bleiben.

Bei der nähern Bestimmung der angeführten Befugnisse sowohl, wie überhaupt und in allen übrigen Punkten, wird zur weitern Begründung und Festhaltung eines in allen deutschen Bundesstaaten übereinstimmenden Rechtszustandes der mittelbar gewordenen Fürsten, Grafen und Herren die in dem Betreff erlassene königlich bairische Verordnung von 1807 als Basis und Norm unterlegt werden.

Dem ehemaligen Reichsadel werden die sub Nro. 1. und 2. angeführten Rechte, Antheil der Begüterten an der Landstandschaft, Patrimonial- und Forstgerichtsbarkeit, Ortspolizei, Kirchenpatronat und der privilegirte Gerichtsstand zugesichert. Diese Rechte werden jedoch nur nach Vorschrift der Landesgesetze ausgeübt.

Nach Art. LXIII. der Schlußakte liegt nun der Bundesversammlung ob, auf die genaue und vollständige Erfüllung dieser Bestimmungen zu achten. Diejenigen Bundesglieder, deren Ländern die Besitzungen der mittelbar gewordenen ehemaligen Reichsstände und des ehemaligen unmittelbaren Reichsadels einverleibt worden, bleiben gegen den Bund zur unverrückten Aufrechthaltung der durch jene Bestimmungen begründeten staatsrechtlichen Verhältnisse verpflichtet. Und wenn gleich die über die Anwendung der in Gemäßheit des vierzehnten Artikels der Bundesakte erlassenen Verordnungen oder abgeschlossenen Verträge entstehenden Streitigkeiten in einzelnen Fällen an die kompetenten Behörden des Bundesstaats, in welchem die Besitzungen der mittelbar gewordenen Fürsten, Grafen und Herren gelegen sind, zur Entscheidung gebracht werden müssen, so bleibt denselben doch im Fall der verweigerten gesetzlichen und verfassungsmäßigen Rechtshülfe oder einer einseitigen, zu ihrem Nachtheil erfolgten, legislativen Erklärung der durch die Bundesakte ihnen zugesicherten Rechte der Rekurs an die Bundesversammlung vorbehalten, und ist diese in einem solchen Falle verpflichtet, wenn sie die Beschwerde gegründet findet, eine genügende Abhülfe zu bewirken.

Unstreitig hatten in der despotischen Periode des Rheinbundes die mediatisirten ehemaligen Reichstände und die Reichsritterschaft die größten Verluste erlitten und eine sehr gewaltthätige Behandlung erfahren. Es mochte dem Recht und der Billigkeit gemäß scheinen, daß die souverän gewordenen Reichsstände ihren mediatisirten vormaligen Mitständen wenigstens einen Theil des mit Gewalt Entrissenen zurückgaben, daß die Bundesakte in dieser Beziehung für sie sorgte und daß die Schlußakte die Erfüllung des ihnen gewidmeten Artikels besonders einschärfte. Aber auch dem deutschen Volk, aus dessen Reihen sich die Vorfahren jener Mediatisirten größtentheils durch Usurpation erhoben hatten und vor welchem sie auch nach ihrer Mediatisirung immer noch große Vorzüge behalten sollten, waren

Rechte, nicht bloße Privilegien, von den Fürsten zurückzugeben, und vergleicht man den gemessenen Ton der Schlußakte, wo sie von Restitution des Reichsadels in gewisse Vorrechte spricht, mit den Artikeln, wo von Wiedereinsetzung des Volks in seine Rechte die Rede ist, so fragt man unwillkührlich: warum muß denn überall das Vorrecht eines kräftigern Schutzes als das Recht genießen? warum trägt man überall größeres Bedenken, ein Privilegium Einzelner zu verletzen, als die natürlichen Menschenrechte Aller zu beschränken oder aufzuheben?

II. Ein ebenso wesentlicher Bundeszweck als die Erhaltung der innern Sicherheit oder des Rechtsschutzes im Innern ist nach dem Bundesgrundgesetz die Erhaltung der äußern Sicherheit Deutschland's, oder die Sicherung und Vertheidigung des Bundes und der Bundesglieder gegen das Ausland.

Aus diesem zweiten Hauptzweck ergeben sich als Gegenstände der Bundesgewalt: Krieg und Frieden, Bündnisse und Staatsverträge.

Die Rechte und Interessen eines Staats werden nämlich dem Ausland gegenüber gewahrt und geltend gemacht durch Kriegführung oder durch Unterhandlung. Daher hat nach Art.

XXXV. der Schlußakte der Bund als Gesammtheit das Recht, Krieg, Frieden, Bündnisse und andere Verträge zu beschließen, und es liegt demselben nach Art. L. in Bezug auf die auswärtigen Verhältnisse überhaupt ob, für die Aufrechthaltung friedlicher und freundschaftlicher Verhältnisse mit den auswärtigen Staaten Sorge zu tragen; die von fremden Mächten bei dem Bunde beglaubigten Gesandten anzunehmen und, wenn es nöthig befunden werden sollte, Gesandte an fremde Mächte abzuordnen; in eintretenden Fällen Unterhandlungen zu führen und Verträge abzuschließen; auf Verlangen einzelner Bundesregierungen für dieselben seine Verwendung bei fremden Regierungen und in gleicher Art auf Verlangen fremder Staaten die Dazwischenkunft des Bundes bei einzelnen Bundesgliedern eintreten zu lassen. Deßgleichen ist nach Art. LI. der Bund verpflichtet, die auf das Militärwesen des Bundes Bezug habenden organischen Einrichtungen und die zur Sicherstellung seines Gebiets erforderlichen Vertheidigungsanstalten zu beschließen. Er soll aber dem im Art. 2 der Bundesakte ausgesprochenen Bundeszwecke gemäß diese Rechte nur zu seiner Selbstvertheidigung, zur Erhaltung der Selbstständigkeit und äußern Sicherheit Deutschland's und der Unabhängigkeit und Unverletzbarkeit der einzelnen Bundesstaaten ausüben, welche dadurch das Recht der Bündnisse aller Art nicht verlieren, sondern zufolge des Art. 11 der Bundesakte sich bloß verpflichten, in keine Verbindungen einzugehen, welche gegen die Sicherheit des Bundes oder einzelner Bundesstaaten gerichtet wären.

Was nun insbesondre die Führung von Bundeskriegen betrifft, so tritt nach der Schlußakte der Fall eines Bundeskriegs von selbst ein, nicht nur wenn das Bundesgebiet von einer auswärtigen Macht feindlich überfallen wird (Art. XXXIX.), und muß in diesem Fall ohne Verzug zu den erforderlichen Vertheidigungsmaaßregeln geschritten werden, sondern auch alsdann, wenn ein einzelner Bundesstaat von Auswärtigen verletzt wird. Denn da nach dem eilften Artikel der Bundesakte alle Mitglieder des Bundes sich verbindlich gemacht haben, sowohl ganz Deutschland als jeden einzelnen Bundesstaat gegen jeden Angriff in Schutz zu nehmen und sich gegenseitig ihre sämmtlichen unter dem Bunde begriffenen Besitzungen zu garantiren, so kann kein einzelner Bundesstaat von Auswärtigen verletzt werden, ohne daß die Verletzung zugleich und in demselben Maaße die Gesammtheit des Bundes treffe. (Art. XXXIV.) In allen andern Fällen ist zu einem Bundeskriege ein förmlicher Bundesbeschluß erforderlich.

Sache des Bundes ist aber, wenn ein Bundesstaat bei einer zwischen ihm und einer auswärtigen Macht entstandenen Irrung die Dazwischenkunft des Bundes anruft, den Ursprung solcher Irrung und das wahre Sachverhältniß sorgfältig zu prüfen. Ergiebt sich aus dieser Prüfung, daß dem Bundesstaate das Recht nicht zur Seite steht, so hat die Bundesversammlung denselben von Fortsetzung des Streites ernstlich abzumahnen und die begehrte Dazwischenkunft zu verweigern, auch erforderlichen Falls zur Erhaltung des Friedensstandes geeignete Mittel anzuwenden. Ergiebt sich das Gegentheil, so ist die Bundesversammlung verpflichtet, dem verletzten Bundesstaate ihre wirksamste Verwendung und Vertretung angedeihen zu lassen und solche soweit auszudehnen, als nöthig ist, damit demselben volle Sicherheit und angemessene Genugthuung zu Theil werde. (Art. XXXVII.) Wenn ferner aus der Anzeige eines Bundesstaats oder aus andern zuverlässigen Angaben Grund zu der Besorgniß geschöpft wird, daß ein einzelner Bundesstaat oder die Gesammtheit des Bundes von einem feindlichen Angriffe bedroht sey, so soll die Bundesversammlung sofort die Frage, ob die Gefahr eines solchen Angriffs wirklich vorhanden sey, in Berathung nehmen und darüber in der kürzest möglichen Zeit einen Ausspruch thun. Wird die Gefahr anerkannt, so muß, gleichzeitig mit diesem Ausspruch, wegen der in solchem Fall unverzüglich in Wirksamkeit zu setzenden Vertheidigungsmaaßregeln ein Beschluß gefaßt werden. (Art. XXXVIII.) Auch soll der Bund, wenn in einem Falle, wo es die Gefahr und Beschützung einzelner Bundesstaaten gilt, einer der streitenden Theile auf die förmliche Vermittlung des Bundes anträgt, diese Vermittlung, insofern er es der Lage der Sachen und seiner Stellung angemessen findet, unter vorausgesetzter Einwilligung des andern Theils übernehmen, ohne daß jedoch dadurch der Beschluß wegen der zur Sicherheit des Bundesgebiets zu ergreifenden Vertheidigungsmaaßregeln aufgehalten werden, noch in der Ausführung der bereits beschlossenen ein Stillstand oder eine Verzögerung eintreten darf. (Art. XLIII.) Wenn endlich in einem Kriege zwischen auswärtigen Mächten oder in andern Fällen Verhältnisse eintreten, welche die

Besorgniß einer Verletzung der Neutralität des Bundesgebiets veranlassen, so hat die Bundesversammlung ohne Verzug die zur Behauptung dieser Neutralität erforderlichen Maaßregeln zu beschließen. (Art. XLV.)

Durch die Gemeinschaft der Vertheidigung soll jedoch der Unabhängigkeit und Selbstständigkeit der Einzelstaaten so wenig als möglich Eintrag geschehen, und in diesem Sinne bestimmt die Schlußakte Art. XLII. und XLIV., daß wenn die Vorfrage, ob Gefahr vorhanden sey, durch die Stimmenmehrheit verneinend entschieden werde, nichts desto weniger denjenigen Bundesstaaten, welche von der Wirklichkeit der Gefahr überzeugt sind, unbenommen bleibe, gemeinschaftliche Vertheidigungsmaaßregeln unter einander zu verabreden, und daß bei ausgebrochenem Bundeskriege jedem Bundesstaat freistehe, zur gemeinsamen Vertheidigung auf seine Kosten eine größere Macht zu stellen, als sein Bundeskontingent beträgt.

Der Pflicht des Bundes und aller Bundesglieder, sowohl ganz Deutschland als jeden einzelnen Bundesstaat gegen jeden Angriff in Schutz zu nehmen und sich gegenseitig ihre sämmtlichen unter dem Bunde begriffenen

Besitzungen

Besitzungen zu garantiren (Bundesakte Art. 11), entspricht aber auch das Recht der Gesammtheit, zu verlangen, daß (den Fall der Selbstvertheidigung oder unausweichlicher Selbsthülfe ausgenommen) kein Bundesglied einseitig und für sich allein Krieg mit dem Ausland führe.

Jeder Krieg, den ein Mitglied des Bundes eigenmächtig unternimmt, kann nämlich eine Verletzung der vom Bunde garantirten Integrität des kriegführenden Vereinsstaats im Gefolge haben, die der Bund abzuwehren verpflichtet ist, da er das einzelne Bundesglied nicht preisgeben kann, ohne zugleich das Vereinsgebiet selbst preiszugeben. Jeder solche Krieg gefährdet also die äußere Sicherheit des Vereins und widerspricht dadurch dem Zweck des Bundes, der, als ein bloßer Sicherheits- und Vertheidigungsbund, unmöglich jeden muthwilligen oder dem Gesammtinteresse fremden Krieg der Einzelnen für dieselben ausfechten, noch den Einzelnen gestatten kann, den Bund in Kriege, welche die Mehrheit nicht will, zu verwickeln.

Dieß anerkennend bestimmt auch der Art. **XXXVI** der Schlußakte ausdrücklich:

Die einzelnen Bundesstaaten sind verpflichtet, auswärtigen Staaten von ihrer Seite weder Anlaß zu Verletzungen zu geben noch solche zuzufügen. Sollte daher von Seiten eines fremden Staats über eine von einem Mitgliede des Bundes ihm widerfahrene Verletzung bei der Bundesversammlung Beschwerde geführt und diese gegründet befunden werden, so liegt der Bundesversammlung ob, das Bundesglied, welches die Beschwerde veranlaßt hat, zur schleunigen und genügenden Abhülfe aufzufordern und mit dieser Aufforderung nach Befinden der Umstände Maaßregeln, wodurch weitern friedestörenden Folgen zur rechten Zeit vorgebeugt werde, zu verbinden.

Sehr inkonsequent und widersprechend war es aber, in dieser Beziehung zwischen rein deutschen Staaten und solchen Staaten, die zugleich außerhalb des Bundesgebiets Besitzungen haben, einen Unterschied zu machen. Denn ein Krieg, welchen ein Staat der letztern Art in seiner Eigenschaft als europäische Macht beginnt, kann ebensowohl zu einer Verletzung des Bundesgebiets und seiner Integrität führen, kann also den Bund ebensowohl zur Theilnahme an einem ungerechten und grundlosen, oder wenigstens von ihm nicht gewollten Angriffskriege nöthigen, als der Angriffskrieg, den ein reindeutscher Staat auf eigene Hand beginnt. Dennoch hat die Schlußakte diesen Unterschied als etwas sich von selbst Verstehendes vorausgesetzt, und zur Wahrung der Rechte und Interessen des Bundes weiter nichts für nöthig erachtet, als die Bestimmungen der Art. XLVI, XLVII und XLVIII, daß die Vorschrift der Bundesakte, vermöge welcher nach einmal erklärtem Bundeskriege kein Mitglied des Bundes einseitige Unterhandlungen mit dem Feinde eingehen, noch einseitig Waffenstillstand oder Frieden schließen darf, für sämmtliche Bundesstaaten, sie mögen außerhalb des Bundes Besitzungen haben oder nicht, gleich verbindlich sey; daß wenn ein Bundesstaat, der zugleich außerhalb des Bundesgebiets Besitzungen hat, in seiner Eigenschaft als europäische Macht einen Krieg beginnt, ein solcher die Verhältnisse und Verpflichtungen des Bundes nicht berührender Krieg dem Bunde ganz fremd bleibe; und daß in den Fällen, wo ein solcher Bundesstaat in seinen außer dem Bunde belegenen Besitzungen bedroht oder angegriffen wird, für den Bund die Verpflichtung zu gemeinschaftlichen Vertheidigungsmaaßregeln oder zur Theilnahme und Hülfsleistung nur insofern eintrete, als derselbe Gefahr für das Bundesgebiet erkenne. Aber der sehr wohl mögliche Fall, daß auch ein von einer solchen europäischen Macht begonnener Krieg Gefahr für das Bundesgebiet herbeiführt, ist als ein besonders delikater Punkt mit Stillschweigen übergangen, und da in diesem Fall die Pflicht des Bundes, keine Verletzung oder feindliche Betretung des Bundesgebiets zu dulden, seine Theilnahme an dem Krieg nothwendig fordert, so hat dadurch der Deutsche Bund nicht nur mit den Zwecken eines Sicherheits- und Friedensbundes sich in Widerspruch gesetzt, sondern auch, mit Verletzung des natürlichen Grundsatzes, daß in Bundesangelegenheiten, namentlich über die Führung von Bundeskriegen, nur der Wille der Gesammtheit oder der Mehrheit entscheiden könne, in die Willkühr eines Einzigen das Recht der Entscheidung über Krieg oder Frieden gelegt. Denn wenn z. B. Oestreich einen Krieg mit Rußland anfängt und derselbe eine für Oestreich unglückliche Wendung nimmt, so vermag weder der Bund noch Oestreich diesen Krieg in dem Augenblick zu hemmen, wo er, um nach den Gesetzen des Bundes nicht Bundeskrieg zu werden, aufhören müßte, d. h. in dem Augenblick, wo eine russische Armee in die zum Bund gehörigen Provinzen des Kaiserreichs einzudringen im Begriff ist.

Noch größere Verwicklungen und vermehrte Widersprüche können aber daraus entstehen, wenn, was die Schlußakte zwar ebenfalls mit Stillschweigen übergeht, aber folgerichtig auch annehmen muß, mehrere europäische Bundesmächte, als solche, Krieg unter einander zu führen befugt sind. Denn wie soll z. B. im Fall eines Kriegs zwischen Oestreich und Preussen die Neutralität ihrer Besitzungen im Bunde selbst aufrecht erhalten und dafür gesorgt werden, daß dieser europäische Krieg nicht ein Krieg deutscher Bundesstaaten unter sich werde und den innern Bundesfrieden störe? Oder wie sollen, wenn Frankreich die Gelegenheit eines solchen Kriegs benutzen wollte, um den neutralen Deutschen Bund einiger Provinzen zu berauben, Oestreich und Preussen, die als feindselige Mächte kampfgerüstet einander gegenüberstehen, durch die bloße Macht eines der Natur der Dinge widersprechenden Bundesgesetzes vermocht werden, ihre Bundeskontingente unter einem gemeinschaftlichen Bundesfeldherrn zu vereinigen und den Vertheidigungskrieg des Bundes gegen Frankreich in ungestörter Eintracht mitzukämpfen?

Schon das den Bundesgliedern in der Bundesakte vorbehaltene Bündnißrecht gefährdet indirekt die Einheit und die Sicherheit des Bundes, indem auswärtige Verbindungen die einzelnen Bundesfürsten leicht dem Bund entfremden und die Quelle von Verwicklungen werden können, welche nur das Schwert zu lösen vermag. Kommt aber zu einem selbstständigen Gesandtschafts-, Bündniß- und Vertragsrecht noch das Recht vom Bunde unabhängiger Kriegführung hinzu; so ist eine gesicherte Existenz des Bundes vollends nicht mehr möglich, und auch die Beschränkung des letztern Rechts auf Bundesstaaten, welche außerhalb des Bundesgebiets Besitzungen haben, hebt nicht den innern Widerspruch, so lange nicht das Geheimniß entdeckt ist, durch einen bloßen Bundesbeschluß jedem Krieg, den eine europäische Bundesmacht mit einem auswärtigen Staate begonnen hat, in dem Momente Stillstand zu gebieten, wo der siegreiche Feind das Bundesgebiet betritt, und so lang dem Bunde die Gewißheit fehlt, daß europäische Bundesmächte, welche unter einander Krieg führen, die Kriegsoperationen niemals über ihre Besitzungen außerhalb des Bundes ausdehnen und der zwischen ihnen herrschenden Feindschaft ungeachtet im Bunde ihre Bundespflichten mit einander ihrem ganzen Umfang nach erfüllen werden.

Dagegen ist die Beschränkung des jus belli

auf die europäischen Bundesmächte ganz geeignet, zwischen ihnen und den deutschen Bundesmächten einen schreienden Unterschied, ja eine unheilbare Rechtsungleichheit einzuführen. Denn da die Gewalt der Waffen es ist, die doch am Ende alle politischen Händel schlichtet, so sind zu einer selbstständigen und vom Bunde unabhängigen Politik auch nur solche Bundesglieder berechtigt, welche sich das jus belli ohne Einschränkung vorbehalten haben, wogegen die rein deutschen Staaten, die ihr Kriegsrecht, wie es ihre Bundespflicht erfordert, dem Bund abgetreten, ebendamit auch auf eine selbstständige äußere Politik Verzicht geleistet haben, und ihrer durch die Bundesakte verbürgten Gleichheit und Unabhängigkeit zum Trotz, den europäischen Bundesmächten gegenüber in dem Verhältnisse von Mediatisirten erscheinen müssen.

Organische Bundeseinrichtungen.

Jeder Staat oder Staatenverein bedarf zur Erreichung seiner Zwecke besondrer Einrichtungen, in denen sich der Geist und die Prinzipien des

Grundgesetzes ausprägen müssen und die um so vollendeter, eigenthümlicher und ausgebildeter seyn werden, je höher die Stufe der Entwicklung ist, auf der die Verfassung eines Landes oder eines Länderganzen sich befindet.

Die Bundesakte Art. 6 und 7 und nach ihr die Schlußakte Art. XIII nennt dergleichen bleibende Anstalten, die sie als Mittel zur Erfüllung der ausgesprochenen Bundeszwecke bezeichnet, organische Bundeseinrichtungen.

Zu Leitung und Besorgung seiner Angelegenheiten bedarf nun der Bund vor allen Dingen eines denselben repräsentirenden Gesammtorgans. Es ist dieß nach Art. 4 und 9 der Bundesakte die in Frankfurt residirende Bundesversammlung. Diese, aus den Bevollmächtigten sämmtlicher Bundesglieder gebildete, permanente Versammlung stellt nach Art. VII der Schlußakte den Bund in seiner Gesammtheit vor und ist das beständige verfassungsmäßige Organ seines Willens und Handelns. Als solches ist sie berufen, zur Aufrechthaltung des wahren Sinnes der Bundesakte, die darin enthaltenen Bestimmungen, wenn über deren Auslegung Zweifel entstehen sollten, dem Bundeszweck gemäß zu erklären und in allen vorkommenden Fällen den Vorschriften dieser Urkunde ihre richtige Anwendung zu sichern (Art. XVII). Dagegen soll sie ihre Rechte und Obliegenheiten auch nur innerhalb der ihr durch die Bundesakte vorgezeichneten Schranken ausüben, und ihre Wirksamkeit ist nach Art. IX zunächst durch die Vorschriften dieser Urkunde und durch die in Gemäßheit derselben beschlossenen oder ferner zu beschließenden Grundgesetze, wo aber diese nicht zureichen, durch die im Grundvertrage bezeichneten Bundeszwecke bestimmt.

Eine äußerst schwierige, wo nicht unmögliche Aufgabe war es nun aber, in der innern Organisation dieses zugleich gesetzgebenden und vollziehenden Körpers die grundgesetzlichen Prinzipien der Unabhängigkeit und vollkommenen Rechtsgleichheit aller Bundesglieder festzuhalten. Zwar hatte es keinen Anstand, jedem Bundesglied die gleiche Befugniß einzuräumen, Vorschläge zu machen und in Vortrag zu bringen (Bundesakte Art. 5) oder die Initiative für ein, allen Bundesgliedern gemeinschaftliches Recht zu erklären. Aber schon in Beziehung auf den Vorsitz fand man sich zu einer Abweichung von dem Grundsatz der Gleichheit genöthigt, indem der Vorsitz in der Bundesversammlung (Art. 5), statt unter den verschiedenen Bundesgliedern zu wechseln, Oestreich für immer eingeräumt ward.

Vollends unmöglich war aber die Durchführung beider Prinzipien in Beziehung auf die Bildung der den Gesammtwillen aussprechenden Bundesbeschlüsse. Der Gesammtwille des Bundes wird nämlich (Schlußakte Art. VIII und X) von der Bundesversammlung durch Beschlüsse ausgesprochen, die innerhalb der Grenzen ihrer Competenz nach vorgängiger Berathung mittelst freier Abstimmung der Bundesglieder durch ihre, ihnen allein verantwortlichen und von ihnen selbst unbedingt abhängigen, Bevollmächtigten gefaßt werden.

Hier würde eine vollständige Unabhängigkeit aller Bundesglieder, so lange der Austritt aus dem Bunde nicht freisteht, erfordern, daß gegen jeden Bundesbeschluß jedem Bundesglied ein Veto zustände, oder daß gültige und verbindliche Beschlüsse nur mit Stimmeneinhelligkeit gefaßt werden könnten. Es ist aber klar, daß mit einer solchen Verfassung der Bund selbst unmöglich wäre, indem es von der Willkühr des einzelnen Bundesglieds abhinge, jeden Beschluß, der ihm eine unwillkommene Verpflichtung auferlegt oder dasselbe zur Erfüllung seiner Verbindlichkeiten gegen den Bund anhalten wollte, durch seine Einsprache zu vernichten, und man würde in vielen Fällen, auch bei der dringendsten Nothwendigkeit einer Entschließung, zu keiner Beschlußnahme gelangen können.

Diese möglich zu machen und, so viel als thunlich, zu erleichtern, konnte also die Bundesakte nicht umhin, die Fassung der Beschlüsse nach Mehrheit der Stimmen als die Regel (Art. 7, vergl. mit Schlußakte Art. IX) aufzustellen, und dieß erforderte Bestimmungen über die Vertheilung und Berechnung der Stimmen in der Bundesversammlung, aus denen die Mehrheit hervorgehen sollte.

Dem grundgesetzlichen Prinzip vollständiger Rechtsgleichheit aller Bundesglieder als selbstständiger unter sich unabhängiger Staaten wäre es nun am angemessensten, der Stimme jedes einzelnen Bundesglieds vollkommen gleiche Geltung mit der jedes andern einzuräumen. Diese absolute Rechtsgleichheit würde aber, weil die bei weitem größere Anzahl der Bundesglieder aus sehr kleinen Staaten besteht, den Staaten des ersten und zweiten Ranges eine dem Rechte nach höchst untergeordnete Bedeutung am Bundestag angewiesen und, da eine Unterordnung der Stärkern unter die Schwächern weder gerecht noch natürlich ist, keine andre Folge gehabt haben, als daß die gegen den Willen der Mächtigern von den Schwächern durchgesetzten Beschlüsse nie vollzogen worden wären. Wollte man dagegen dem Prinzip der relativen Gleichheit huldigen und die Geltung der Stimme eines jeden Bundesglieds nach der Ausdehnung seiner Besitzungen im Bunde oder der Zahl seiner Unterthanen bemessen, so hätten Oestreich und Preussen allein ein größeres Stimmengewicht erhalten müssen, als alle übrigen Bundesglieder zusammengenommen, und dieß hätte wiederum die mindermächtigen Bundesglieder der Gefahr ausgesetzt, beständig überstimmt und von den mächtigern unterdrückt, wo nicht gar vernichtet zu werden.

Es setzte daher der Art. 4 der Bundesakte eine Art der Stimmenvertheilung fest, die weder ganz auf absolute, noch ganz auf relative Rechtsgleichheit gebaut war, und bestimmte, daß in der Bundesversammlung alle Glieder des Bundes durch ihre Bevollmächtigten theils einzelne, theils Gesammtstimmen folgendermaßen führen sollten:

1.	Oestreich	1 Stimme.
2.	Preussen	1 —
	Uebertrag:	2 Stimmen.

	Uebertrag:	2	St.
3.	Baiern	1	—
4.	Sachsen	1	—
5.	Hannover	1	—
6.	Würtemberg	1	—
7.	Baden	1	—
8.	Kurhessen	1	—
9.	Großherzogthum Hessen . . .	1	—
10.	Dänemark, wegen Holstein . .	1	—
11.	Niederlande, wegen des Großherzogthums Luxemburg . .	1	—
12.	Die großherzoglich- und herzoglich sächsischen Häuser . . .	1	—
13.	Braunschweig und Nassau . .	1	—
14.	Meklenburg-Schwerin und Meklenburg-Strelitz	1	—
15.	Holstein-Oldenburg, Anhalt und Schwarzburg	1	—
16.	Hohenzollern, Lichtenstein, Reuß, Schaumburg-Lippe, Lippe und Waldeck	1	—
17.	Die freien Städte Lübeck, Frankfurt, Bremen und Hamburg	1	—
	Zusammen	17	St.

Da jedoch bei dieser Abstimmungsweise die einfache Stimmenmehrheit entscheiden soll und von siebenzehn Stimmen auf die sechs mächtigsten Bundesglieder (den Kaiser und die fünf Könige) nur sechs Stimmen kommen, so glaubten sich dieselben gegen Ueberstimmung wenigstens bei wichtigeren Gegenständen nicht gehörig gesichert. Es lag vorerst nicht in ihrer Absicht, auch dem deutschen Volk eine Vertretung am Bundestage zu Theil werden zu lassen, und so konnte auch nicht ein aus Volksvertretern gebildetes Unterhaus, in welches jedes deutsche Land eine mit der Größe seiner Bevölkerung im Verhältniß stehende Zahl von Repräsentanten zu senden hätte, als das natürlichste Mittel benützt werden, die im Oberhaus vorherrschende absolute Gleichheit durch die im Unterhaus geltende relative zum Vortheil der größern Staaten zu neutralisiren.

Es mußte daher auf ein anderes Auskunftsmittel gedacht werden und dieses fand man zunächst in der Bestimmung (Art. 6 und 7), daß, wo es auf Abfassung und Abänderung von Grundgesetzen des Bundes, auf Beschlüsse, welche die Bundesakte selbst betreffen, auf organische Bundeseinrichtungen und auf gemeinnützige Anordnungen sonstiger Art ankomme, die Versammlung sich zu einem Plenum bilde, in welchem nur eine auf zwei Drittheilen der Stimmen beruhende Mehrheit entscheiden soll, und mit Rücksicht auf die Verschiedenheit der Größe der einzelnen Bundesstaaten folgende Berechnung und Vertheilung der Stimmen vorgeschrieben ist:

1.	Oestreich erhält . . .	4	Stimmen.
2.	Preussen	4	—
3.	Sachsen	4	—
4.	Baiern	4	—
5.	Hannover	4	—
6.	Würtemberg	4	—
7.	Baden	3	—
8.	Kurhessen	3	—
9.	Großherzogthum Hessen .	3	—
10.	Holstein	3	—
11.	Luxemburg	3	—
12.	Braunschweig . . .	2	—
13.	Meklenburg = Schwerin .	2	—
14.	Nassau	2	—
15.	Sachsen = Weimar . .	1	—
16.	» Gotha . . .	1	—
17.	» Coburg . . .	1	—
18.	» Meinungen .	1	—
19.	» Hildburghausen.	1	—
20.	Meklenburg = Strelitz . .	1	—
21.	Holstein = Oldenburg . .	1	—
	Uebertrag:	52	Stimmen.

	Uebertrag:	52	Stimmen.
22.	Anhalt-Dessau erhält .	1	Stimme.
23.	„ Bernburg . .	1	—
24.	„ Cöthen . . .	1	—
25.	Schwarzburg-Sondershausen	1	—
26.	„ „ Rudolstadt .	1	—
27.	Hohenzollern-Hechingen .	1	—
28.	Lichtenstein	1	—
29.	Hohenzollern-Sigmaringen	1	—
30.	Waldeck	1	—
31.	Reuß, ältere Linie . .	1	—
32.	„ jüngere Linie . .	1	—
33.	Schaumburg-Lippe . .	1	—
34.	Lippe	1	—
35.	Die freie Stadt Lübeck .	1	—
36.	„ „ „ Frankfurt	1	—
37.	„ „ „ Bremen .	1	—
38.	„ „ „ Hamburg	1	—
	Zusammen	69	Stimmen.

(Zu bemerken ist übrigens, daß das Haus Sachsen-Gotha im Jahr 1825 erloschen und daß durch Plenarbeschluß der Bundesversammlung vom 7. Juli 1817 der Landgraf von Hessen-Homburg und dessen Haus in den Deutschen Bund aufgenommen worden ist.)

In dem Plenum treten hiernach die sechs

mächtigsten

mächtigsten Bundesglieder zusammen mit vier und zwanzig, die übrigen mit fünf und vierzig Stimmen auf, und erreichen mithin letztere gegen erstere nicht die zu einem Beschluß nöthigen zwei Drittheile aller Stimmen.

In der Regel faßt also die Bundesversammlung die zu Besorgung der gemeinsamen Angelegenheiten des Bundes erforderlichen Beschlüsse im engern Rathe nach einfacher Stimmenmehrheit und steht bei Stimmengleichheit dem Vorsitzenden die Entscheidung zu. (Bundesakte Art. 7.) Diese Form der Schlußfassung findet nach Art. XI der Schlußakte in allen Fällen statt, wo bereits feststehende allgemeine Grundsätze in Anwendung oder beschlossene Gesetze und Einrichtungen zur Ausführung zu bringen sind, überhaupt aber bei allen Berathungsgegenständen, welche die Bundesakte oder spätere Beschlüsse nicht bestimmt davon ausgenommen haben. In den zuvor bezeichneten wichtigern Fällen dagegen und nach Art. XII der Schlußakte, wo es auf eine Kriegserklärung oder Friedensschlußbestätigung von Seiten des Bundes ankommt, wie auch, wenn über die Aufnahme eines neuen Mitglieds in den Bund entschieden werden soll, bildet sich die Versammlung zu einem Plenum. Ist in einzelnen Fällen die Frage, ob ein Gegenstand vor das Plenum gehöre, zweifelhaft, so wird hierüber in der engern Versammlung durch Stimmenmehrheit entschieden. (Bundesakte Art. 7.) Im Plenum findet keine Erörterung noch Berathung statt, sondern die der Entscheidung des Plenum zu unterziehenden Beschlußentwürfe sollen in der engern Versammlung vorbereitet und in der vollen Versammlung nur über ihre Annahme oder Verwerfung abgestimmt werden. (Bundesakte Art. 7 und Schlußakte Art. XII.)

Aber auch hiemit fanden sich die Bundesglieder über eine mögliche Gefährdung ihrer Unabhängigkeit durch aufgedrungene Bundesgesetze nicht genugsam beruhigt, und es wurde deßwegen von der Entscheidung durch Stimmenmehrheit noch eine ganze Reihe von Gegenständen ausgenommen.

Dahin gehören nach Art. 7 der Bundesakte und Art. XIII — XV, LXIV und LXV der Schlußakte:

1. Die Annahme neuer Grundgesetze oder die Abänderung der bestehenden.

Da eine Definition der Grundgesetze weder in der Bundesakte noch in der Schlußakte enthalten ist, so bleibt nichts übrig, als sich dießfalls zunächst an die ausdrückliche Erklärung, daß die Bundesakte und die Schlußakte solche Grundgesetze seyen, zu halten. Jede Abweichung von Bestimmungen, die in einer dieser beiden Urkunden enthalten ist, ferner jede neue Bestimmung, für die sich kein Grund in den Vorschriften dieser beiden Urkunden und in deren Vollziehung nachweisen läßt, muß als ein neues Grundgesetz oder als Abänderung eines bestehenden betrachtet werden.

Damit ist aber die wichtige Frage nicht entschieden, in wie weit Bestimmungen, die sich zwar aus den genannten Urkunden begründen und entwickeln lassen, die aber nicht in denselben ausgesprochen sind und auch nicht mit logischer Nothwendigkeit daraus hervorgehen, zu den Grundgesetzen des Bundes gehören. Man findet sich also hier rücksichtlich des Begriffs von Bundesgrundgesetzen, der denn doch nicht, wie die Redaktionscommission bei den Wiener Ministerialconferenzen vom Jahr 1820 geglaubt, zu jenen einfachen Begriffen zu gehören scheint, welche durch schulgerechte Definitionen viel leichter verdunkelt, als aufgeklärt und befestigt würden, lediglich an die Theorie und an die Rechtslehrer verwiesen.

Einer der gründlichsten Kenner und verdientesten Bearbeiter unseres öffentlichen Rechts, Klüber, definirt die Grundgesetze des Deutschen Bundes als diejenigen, wodurch das Daseyn, der Zweck und das Wesentliche der Form des Staatenbundes bestimmt wird.

Der scharfsinnige Rudhart versteht unter Grundgesetzen des Bundes diejenigen Bestimmungen, welche das Wesen, d. h. Subjekt und Objekt des Bundes betreffen, somit alle diejenigen Bestimmungen, welche die Errichtung, den Zweck, die Rechte des Bundes und die Rechte und Verbindlichkeiten der Bundesglieder angehen.

Bei der Bundesversammlung selbst hatte eine für gutachtliche Festsetzung des Begriffs der Grundgesetze und der organischen Einrichtungen des Bundes erwählte Commission im Jahr 1819 folgende Definitionen vorgeschlagen:

1) Grundgesetze des Deutschen Staatenbundes sind diejenigen vertragsmäßigen Bestimmungen, welche die Errichtung des Bundes, den Verein seiner Glieder, die Festsetzung seines Zweckes, so wie die der Rechte der Gesammtheit, der Theilnahme der einzelnen Bundesglieder an deren Ausübung, der Verpflichtungen derselben gegen den Bund

und der Verbindlichkeiten dieses gegen sie, endlich des Rechts, die Bundesangelegenheiten zu besorgen, betreffen. Durch diese vertragsmäßigen Bestimmungen wird die Bundesverfassung gebildet.

2) Da aber zur Erreichung des Bundeszwecks, zur Ausübung der Bundesrechte, zur Besorgung der Bundesangelegenheiten, Anstalten und Mittel nothwendig sind, ohne welche die Wirksamkeit des Bundes nicht möglich wäre: so muß dieser die dem Zweck entsprechenden Einrichtungen treffen, welche der Grundvertrag organische nennt, weil durch sie der Bundeskörper gleichsam die Werkzeuge erhält, durch welche er seine Thätigkeit zu äußern in den Stand gesetzt wird. Die Beschlüsse, welche der Bund zu diesem Ende als beständige, allgemeine Normen faßt, können mit Recht den Grundgesetzen beigezählt werden. Diesen stellt auch der 7. Art. der Bundesakte die organischen Bundeseinrichtungen in Ansehung der Ausnahmen von der Entscheidung durch Stimmenmehrheit gleich.

3) Wollte man nun, im Gegensatz von Grundgesetzen, die übrigen Bundesgesetze näher

bezeichnen, so ist es einleuchtend, daß hier in Beziehung auf die Gegenstände nur eine negative Beschreibung möglich wäre, und daß man eigentlich als Gesetze des Bundes, die nicht Grundgesetze sind, diejenigen Beschlüsse anzusehen hat, die nach der Stimmenmehrheit nicht gefaßt werden können.

Folgt man nun der Klüberischen Definition, so ist der Begriff von Bundesgrundgesetzen ein zwar nicht völlig bestimmter, aber doch jedenfalls ein so enger und auf solche Gegenstände beschränkter Begriff, daß in Betreff derselben füglich von der Regel der Entscheidung durch Stimmenmehrheit abgegangen und jedem Bundesglied ein Veto eingeräumt werden konnte. Es sind Gesetze, durch welche der Staatenverein erst seine Existenz erhält, zu einer Einheit im juridischen Sinne wird, und wie zur ursprünglichen Errichtung einer freien Gesellschaft überhaupt, so ist auch zu jeder Abänderung in den Grundbedingungen ihres Daseyns durch Zusätze oder Beschränkungen Einstimmigkeit und ein förmlicher besondrer Vertrag nothwendig. Nur die Entwicklung, Vollziehung und Anwendung dieser Grundgesetze darf alsdann kein einzelnes Mitglied verweigern, und Beschlüsse hierüber müssen auch gegen die Ansicht

Einzelner durch Stimmenmehrheit gefaßt werden können, wenn dem Verein nicht jeden Augenblick Auflösung drohen soll.

Legt man aber die Rudhartische und die mit dieser übereinstimmende, nur noch weiter gehende Definition der Bundescommission zu Grund, so wird für die Gesetzgebung des Bundes kaum ein Gegenstand von Bedeutung übrig bleiben, der nicht unter die Kategorie der Grundgesetze gebracht und der Entscheidung durch Stimmenmehrheit entzogen werden könnte, so daß am Ende zu jedem Bundesbeschlusse, der nicht bloße Vollziehungsgegenstände betrifft, Stimmeneinhelligkeit erforderlich wäre. Und dieß dürfte allerdings, wenn auf das erwähnte Gutachten ein Gewicht gelegt werden darf und wenn man das Widerstreben der meisten Bundesregierungen gegen jede gesetzliche Beschränkung ihrer Souveränität im Interesse der Gesammtheit, ihr eifersüchtiges Festhalten an einer kostspieligen und verderblichen Titularunabhängigkeit erwägt, die von der Bundesversammlung angenommene Ansicht seyn.

Wie sehr aber unter dieser Voraussetzung die gesetzgebende Gewalt des Bundes als gelähmt erscheinen muß, bedarf keiner weitern Ausführung. Ein Bundesgesetz wird in der Regel nur da zu Stande kommen, wo alle Bundesfürsten ein gleiches Interesse haben oder zu haben glauben, und dieß ist heutzutage selten der Fall, so lange es nicht die gemeinschaftliche Sache der Fürsten gegen die Völker gilt.

Ein weiterer Gegenstand, welchen die Bundesakte von der Entscheidung durch Stimmenmehrheit ausnimmt, sind

2. die organischen Bundeseinrichtungen, oder nach Art. XIII der Schlußakte diejenigen bleibenden Anstalten, welche als Mittel zur Erfüllung der ausgesprochenen Bundeszwecke dienen.

Was diese betrifft, so muß nach Art. XIV der Schlußakte nicht nur über die Vorfrage, ob solche unter den obwaltenden Umständen nothwendig seyen, sondern auch über Entwurf und Anlage derselben in ihren allgemeinen Umrissen und wesentlichen Bestimmungen im Plenum und durch Stimmeneinhelligkeit entschieden werden. Wenn aber die Entscheidung zu Gunsten der vorgeschlagenen Einrichtung ausgefallen ist, so bleiben die sämmtlichen weitern Verhandlungen über die Ausführung im Einzelnen der engern Versammlung überlassen, welche alle dabei noch vorkommenden Fragen durch Stimmenmehrheit entscheidet, auch, nach Befinden der Umstände, eine Commission aus ihrer Mitte anordnet, um die verschiedenen Meinungen und Anträge mit möglichster Schonung und Berücksichtigung der Verhältnisse und Wünsche der Einzelnen auszugleichen.

In Ansehung solcher Einrichtungen eine Ausnahme von der Entscheidung durch Stimmenmehrheit festzusetzen, erscheint als eine wahre Verletzung des Axioms: daß, wer den Zweck will, auch die Mittel wollen muß. Denn sobald einmal anerkannt war, daß durch dieselben die zu einer erfolgreichen Thätigkeit des Bundes unentbehrlichen Mittel und Werkzeuge erst geschaffen werden, so war es die höchste Inkonsequenz, die Verwirklichung solcher Einrichtungen von dem Zufall einer unter acht und dreißig Stimmberechtigten zu Stande kommenden Stimmeneinhelligkeit abhängig zu machen.

Die unausbleibliche Folge einer so zweckwidrigen Bestimmung ist, daß der Bund die zur vollständigen Erreichung seiner Zwecke nöthigen Organe entweder gar nicht, oder nur spät und in dürftiger, verkümmerter und unvolksthümlicher Gestalt erhält.

3. Neben den organischen Bundeseinrich-

tungen hat zwar die Bundesakte die „gemeinnützigen Anordnungen sonstiger Art“ nicht ausdrücklich unter den Gegenständen aufgeführt, welche der Entscheidung durch Stimmenmehrheit entzogen seyn sollen. Allein da Anordnungen dieser Art durch die Bundesakte bloß nicht ausgeschlossen, aber durch den, mit Uebergehung andrer Elemente des Gemeinwohls, auf Rechtsschutz und Sicherheit beschränkten Bundeszweck nicht geboten sind; da ferner Anordnungen dieser Art meist in die innern administrativen Verhältnisse der einzelnen Bundesstaaten eingreifen müssen: so ist es konsequent, daß die Schlußakte auch für Beschlüsse über solche Gegenstände Stimmeneinhelligkeit verlangt.

Wenn nämlich Vorschläge zu gemeinnützigen Anordnungen, deren Zweck nur durch die zusammenwirkende Theilnahme aller Bundesstaaten vollständig erreicht werden kann, von einzelnen Bundesgliedern an die Bundesversammlung gebracht werden und diese sich von der Zweckmäßigkeit und Ausführbarkeit solcher Vorschläge im Allgemeinen überzeugt, so liegt nach Art. LXIV der Bundesversammlung ob, die Mittel zur Vollführung derselben in sorgfältige Erwägung zu ziehen, und ihr anhaltendes Bestreben dahin zu richten, die zu dem Ende erforderliche freiwillige Vereinbarung unter den sämmlichen Bundesgliedern zu bewirken. Sodann sind die in diese Kategorie fallenden Gegenstände, welche die Bundesakte in den besondern Bestimmungen Art. 16, 18 und 19 ausdrücklich zur Berathung der Bundesversammlung gestellt hat, (bürgerliche Verbesserung der Juden, Regulirung der Militärpflichtigkeit, Preßfreiheit, Abstellung des Nachdrucks, Freiheit des Handels und Verkehrs, sowie der Schiffahrt) durch Art. LXV der Schlußakte, zur fernern Bearbeitung vorbehalten, um durch gemeinschaftliche Uebereinkunft zu möglichst gleichförmigen Verfügungen darüber zu gelangen.

Alles dieß entspricht dem mehr völkerrechtlichen als staatsrechtlichen Charakter des Deutschen Bundes. Befremden darf es aber auch nicht, wenn bei so folgerichtiger Anwendung des Grundgesetzes für die allgemeine Wohlfahrt Deutschlands durch gemeinnützige Anordnungen von Seiten der Bundesversammlung nichts geschieht, weil die Fürsten von jeder gemeinschaftlichen Anordnung, die nicht unmittelbar die Sicherung ihrer Rechte und Interessen gegen die Völker bezweckt, entweder eine Gefährdung ihrer Souveränität, oder eine Verletzung partikulärer Interessen zu erblicken nur gar zu geneigt sind.

5. In Fällen, wo die Bundesglieder nicht in ihrer vertragsmäßigen Einheit, sondern als einzelne, selbstständige und unabhängige Staaten erscheinen, folglich jura singulorum obwalten, oder wo einzelnen Bundesgliedern eine besondre, nicht in den gemeinsamen Verpflichtungen Aller begriffene Leistung oder Verwilligung für den Bund zugemuthet werden sollte, kann nach Art. XV der Schlußakte ohne freie Zustimmung sämmtlicher Betheiligten kein dieselben verbindender Beschluß gefaßt werden.

Ueber solche Gegenstände kann nämlich die Bundesversammlung schon wegen mangelnder Competenz nicht verfügen. Ein Beschluß hierüber ist vielmehr, wie Rudhardt treffend sagt, ein besonderer Vertrag der zum Deutschen Bund gehörigen Staaten, zu dessen Gültigkeit die freie Zustimmung sämmtlicher Betheiligten nothwendig ist.

Unter den juribus singulorum nehmen übrigens die Deutschen Landesverfassungen die erste Stelle ein. Es gehört zu den eigenthümlichen Rechten der verschiedenen Bundesländer, vermöge welcher sie nicht in ihrer vertragsmäßigen

Einheit, sondern als einzelne, selbstständige und unabhängige Staaten erscheinen, frei von jeder äußern Einwirkung sich nach eigenem Gutfinden als Staaten zu gestalten, die Mittel und Bedingungen für ihre Zwecke festzusetzen, ihre inneren Angelegenheiten zu ordnen, überhaupt sich selbstthätig einzurichten und zu verwalten. Auch ist es weder Wille noch Bestimmung der im Bunde vereinigten Fürsten, das vereinigte Deutschland als einen Staat in oligarchischer Gemeinschaft zu beherrschen, und es gehört daher gleichfalls zu den eigenthümlichen Rechten jedes einzelnen, daß er das unabhängige Oberhaupt gerade dieses oder jenes bestimmten Landes, von dieser bestimmten Größe und Beschaffenheit, mit dieser bestimmten eigenthümlichen Verfassung ist, welche vom Bunde nicht eigenmächtig und ohne freie rechtsgültige Einwilligung aller dabei Betheiligten, mithin in konstitutionellen Staaten auch des Volkes oder der das Volk vertretenden Stände abgeändert werden kann.

Gleichwie daher keinem deutschen Fürsten ein in seine innern Landesangelegenheiten eingreifendes Gesetz wider seinen Willen vom Bunde aufgedrungen werden darf, so kann ein solches Gesetz für sein Land auch nur alsdann gültig und verbindlich seyn, wenn er seine freie Zustimmung in der durch die Landesverfassung vorgeschriebenen Art und Form ertheilt hat. Andrerseits darf aber auch keine deutsche Landesverfassung die Landesregierung an Erfüllung wirklicher Bundespflichten verhindern, wenn gleich außer diesem Fall kein rechtliches Hinderniß im Wege steht, daß die Landesregierung auch in Bundessachen sich jeder Art von Beschränkung durch ständische Mitwirkung unterwerfe.

Daraus folgt, was zwar die Bundesversammlung nie berücksichtigt, aber dem Rechte nach unläugbar feststeht, daß die Abstimmung des Bevollmächtigten eines deutschen Fürsten am Bundestag ohne die nach der Landesverfassung etwa erforderliche Mitberathung oder Einwilligung der Stände keine rechtliche Gültigkeit hat, und daß daher zur Gültigkeit eines Bundesbeschlusses die landesverfassungsmäßige Einwilligung der Stände in allen den Fällen nothwendig ist, wo nach der Bundesverfassung ohne Zustimmung des Fürsten kein gültiger Beschluß gefaßt werden kann; daß aber auch wegen verweigerter Zustimmung der Stände das verneinende Votum ihres Fürsten in den Fällen, wo die Bundespflicht ihm Unterwerfung unter die

Entscheidung der Mehrheit gebietet (z. B. gegen einen mit der erforderlichen Stimmenmehrheit beschlossenen Bundeskrieg,) nicht die Kraft eines Veto haben kann.

Hiernach kann allerdings nicht in Abrede gestellt werden, daß je mehr in Deutschland das konstitutionelle System sich entwickelt und verbreitet, um so größere Schwierigkeiten auch ein jeder, in die innern Angelegenheiten der Einzelstaaten eingreifender, Akt der Bundesgesetzgebung finden muß, insofern zu seiner Gültigkeit ausdrückliche Zustimmung aller deutschen Ständeversammlungen erfordert würde. So lange aber die Wirksamkeit des Deutschen Bundes die bisherige unvolksthümliche Richtung verfolgt, so lange ist es auch kein Unglück, wenn ihm jedes Eingreifen in die innern Verhältnisse der Einzelstaaten selbst bis zur Unmöglichkeit erschwert werden sollte. Nur zeigt sich auch hier wiederum die Unnatur eines zwischen Staatenbund und Bundesstaat schwankenden Staatenvereins, der in so vielen Fällen die wichtigsten Interessen und Rechtsverhältnisse der Unterthanen berührt und diese dennoch als seine Angehörigen nicht betrachten, sondern als Fremde behandeln will.

Die weitern Gegenstände, in Ansehung derer

die Bundesakte und die Schlußakte eine Ausnahme von der Entscheidung durch Stimmenmehrheit machen, nämlich die Aufnahme neuer Mitglieder in den Bund, Religionsangelegenheiten, Uebergang der auf den Besitzungen eines souveränen deutschen Hauses haftenden Stimme auf einen neuen Besitzer, Aenderungen in den Rechten und Verpflichtungen der Bundesglieder durch Veränderungen in dem gegenwärtigen Besitzstand, Abtretung der auf einem Bundesgebiet haftenden Souveränitätsrechte an ein Nichtmitglied des Bundes, geben zu keinen besondern Bemerkungen Anlaß.

Im Allgemeinen geht aber aus der bisherigen Aufzählung und Erörterung der in der Bundesverfassung begründeten Ausnahmen von der Beschlußfassung durch Stimmenmehrheit hervor, daß das Prinzip der Entscheidung durch Stimmenmehrheit bis zu einem Grade beschränkt ist, der zwar die Gefahr einer Ueberstimmung in Hauptfragen für alle Bundesglieder gründlich genug beseitigt und dadurch die Vollziehbarkeit der wirklich zu Stande kommenden Beschlüsse zu sichern scheint, in wichtigen Angelegenheiten aber auch die Fassung von Beschlüssen so erschwert, daß der Bund die Fähigkeit verliert, für das wahre

Beste der Nation mit Nachdruck und Erfolg zu handeln.

Wollte man einerseits der Schmach der Nichtvollziehung wirklich gefaßter Beschlüsse entgehen, andrerseits das Zustandekommen wirksamer Beschlüsse über wichtige Gegenstände nicht beinahe unmöglich machen: so blieb nichts übrig, als das Erforderniß der Stimmeneinhelligkeit auf jura singulorum und auf Annahme oder Abänderung der Grundgesetze im strengsten Sinne zu beschränken, zugleich aber Ausschließung aus dem Bund als Strafe gegen widerspenstige Bundesglieder, die der Bund nicht zum Gehorsam bringen würde, zu verhängen, oder die Gleichheit noch einmal zu verletzen und ein liberum veto bei solchen Gesetzgebungsgegenständen, wo dasselbe nicht für alle Bundesglieder in der Natur des Vereins begründet ist, nur denjenigen einzuräumen, die wie Oestreich und Preussen allzumächtig sind, als daß der Bund sie zur Unterwerfung zwingen könnte. (Dadurch würden aber solche Bundesglieder aus Genossen in Protektoren des Bundes verwandelt, ohne daß dadurch für ihre fortdauernde und beständige Geneigtheit zu Erfüllung auch der freiwillig übernommenen Bundespflichten eine Bürgschaft gewonnen würde, die nur dadurch möglich ist, daß das Protektorat einer Macht ausschließlich, nicht zweien getheilt übertragen wird. Denn ein getheiltes Protektorat hat nicht einmal für Preussen, noch weniger für Oestreich so viel Werth, daß von demselben die Erfüllung aller seiner Bundespflichten unter allen Umständen, bloß um dieses Protektorat nicht zu verlieren, zu erwarten stände.)

So wie die Sachen jetzt geordnet sind, kann die Hartnäckigkeit, vielleicht die Eigensucht eines einzigen Bundesglieds die ganze Thätigkeit des Bundes, die Erlassung der zweckmäßigsten Gesetze, die Einführung der nothwendigsten (oder nützlichsten) Bundesanstalten hemmen. Die Mehrzahl der Staaten mag einen Vorschlag, den sie für heilsam erachtet, in ihrem Gebiet ausführen, aber als Anstalt für den Bund und in dem Bund kann sie denselben nicht in's Werk setzen, so lang nur eine einzige Stimme dagegen ist. Und wenn auch im lebhaften Gefühl dieser Nachtheile in der siebenundzwanzigsten Sitzung der Bundesversammlung vom Jahr 1819 die Ansicht aufgestellt worden, daß, wenn ein Beschluß wegen abweichender Meinung der Minderzahl nicht zu Stande komme, diese zwar durch die Meinung der Mehrheit nicht gebunden sey, aber auch nicht fordern könne, daß diese ihre Meinung aufgebe, sondern die Mehrheit befugt sey, die Einrichtungen, für welche sie sich erklärt habe, auszuführen und, wenn dieselben von solcher Art seyen, daß sie durch den Nichtbeitritt einzelner Bundesstaaten gestört würden, die Minderzahl zum Beitritt oder zur Mitwirkung aufzufordern, welche nicht verweigert werden könne, wenn man nicht aufhören wolle, Bundesmitglied zu seyn: so hat doch die Schlußakte diesen Punkt definitiv wiederum anders entschieden. Auch sie verfügt nämlich, wie die Bundesakte, ganz unbeschränkt, daß in Betreff der ausgenommenen Gegenstände kein Beschluß durch Stimmenmehrheit stattfinde. Doch soll eine definitive Abstimmung über Gegenstände dieser Art nur nach genauer Prüfung und Erörterung der den Widerspruch einzelner Bundesglieder bestimmenden Gründe, deren Darlegung in keinem Falle verweigert werden dürfe, erfolgen. (Art. XIII.)

In dem Bisherigen ist die Bundesversammlung vorzugsweis als ein gesetzgebender Körper aufgefaßt worden. Da dieselbe aber für den Bund das beständige verfassungsmäßige Organ nicht bloß seines Willens, sondern auch seines Handelns bildet, so muß sie nunmehr auch in ihrer Eigenschaft als handelnde oder vollziehende Gewalt betrachtet werden.

Auch bei Ausübung der vollziehenden Gewalt herrscht nämlich im Bunde das Prinzip republikanischer Gleichheit aller Bundesglieder vor und es ist deßwegen diese Gewalt nicht etwa einem seiner Glieder übertragen, sondern der Bundesversammlung selbst ihrem ganzen Umfang nach vorbehalten, wenn gleich es scheinen könnte, daß zwei Gründe die Aufstellung eines Chefs der vollziehenden Gewalt längst empfohlen haben sollten.

Der erste Grund ist die durch zahllose Erfahrungen bestätigte und auch in Demokratien (namentlich in dem nordamerikanischen Bundesstaat) anerkannte Untauglichkeit vielköpfiger Versammlungen zur unmittelbaren Administration und zum wirklichen Handeln, da bei ihnen die Geheimhaltung und Schnelle des Entschlusses, wie die Kraft und Einheit in der Ausführung unmöglich ist, welche so häufig den glücklichen Erfolg aller Maaßnahmen der vollziehenden Gewalt und ihre ganze Wirksamkeit bedingt.

Der zweite Grund ist das Daseyn von Bundesgliedern, gegen die wegen ihrer überlegenen Macht keine Bundesexekution möglich ist, die aber dafür um so besser zu Exekutoren der Bundesbeschlüsse taugen würden.

Aus beiden Gründen hätte die Uebertragung der vollziehenden Gewalt an ein mächtiges Bundesglied fast unausbleiblich erfolgen müssen, wenn bloß eine solche überlegene Macht im Bunde wäre. Allein da zwei solcher Bundesmächte vorhanden sind, deren keine sich der andern unterordnen will, noch auch von der andern zum Gehorsam mit sicherer Ueberlegenheit gezwungen werden kann, so blieb die gesammte vollziehende Gewalt in den Händen einer Versammlung, die, aus den Bevollmächtigten von acht und dreißig Staaten zusammengesetzt, bei jedem entscheidenden Schritt, bei jeder wichtigern Vollziehungsmaaßregel zur Instruktionseinholung von den verschiedenen Regierungen verpflichtet ist.

Zwar ist es wohl zu rechtfertigen, daß in Betreff der Geldbeiträge, welche zu Erreichung der Zwecke und Besorgung der Angelegenheiten des Bundes von der Gesammtheit der Mitglieder zu leisten sind, die Bundesversammlung vermöge Art. LII der Schlußakte sich vorbehält:

1) Den Betrag der gewöhnlichen verfassungsmäßigen Ausgaben, soweit solches im Allgemeinen geschehen kann, festzusetzen;

2) In vorkommenden Fällen die zur Ausführung besondrer in Hinsicht auf anerkannte Bundeszwecke gefaßter Beschlüsse erforderlichen außerordentlichen Ausgaben und die zur Bestreitung derselben zu leistenden Beiträge zu bestimmen;

3) Das matrikelmäßige Verhältniß, nach welchem von den Mitgliedern des Bundes beizutragen ist, festzusetzen;

4) Die Erhebung, Verwendung und Verrechnung der Beiträge anzuordnen und darüber die Aufsicht zu führen.

Denn dieß sind Akte, welche großentheils noch in das Gebiet der Gesetzgebung fallen.

Nicht minder entsprach es der Natur der durch den Bund begründeten Verhältnisse, besonders wichtige Handlungen der ausübenden Gewalt, wie Kriegserklärungen, Friedensschlüsse, Staatsverträge, der Bundesversammlung vorzubehalten oder ihrer Bestätigung zu unterwerfen. Denn auch diese Akte sind nicht selten von den wichtigsten Folgen für die Verfassung und Gesetzgebung, ja sogar für die Existenz eines Staats oder eines Staatenganzen, und mit Recht bestimmt daher die Schlußakte (in den Art. **XL**, **XLIX** und **L**), daß eine förmliche Kriegserklärung nur in der vollen Versammlung nach der für dieselbe vorgeschriebenen Stimmenmehrheit von zwei Drittheilen beschlossen werden, auch die Annahme und Bestätigung eines Friedensvertrags nur in der vollen Versammlung geschehen könne, und daß in Bezug auf die auswärtigen Verhältnisse überhaupt der Bundesversammlung obliege, in eintretenden Fällen Verträge für den Bund abzuschließen. Aber wenig Heil konnte in der That daraus entstehen, wenn die schwerfällige Bundesversammlung nicht nur die oberste Leitung und Ueberwachung aller Bundesangelegenheiten und Bundesgeschäfte übernahm, sondern auch mit dem ganzen Detail der Verwaltung und Vollziehung sich belastete, wenn nach den vorerwähnten Artikeln der Schlußakte ihr obliegt, die Unterhandlungen für die Gesammtheit des Bundes selbst zu führen und namentlich bei Unterhandlungen über Abschluß eines Friedens oder Waffenstillstands zu spezieller Leitung derselben einen Ausschuß zu bestellen, zu dem Unterhandlungsgeschäfte selbst aber eigene Bevollmächtigte zu ernennen und mit Instruktionen zu versehen.

Nur durch die Aufstellung eines Chefs der vollziehenden Gewalt wäre es möglich, der ausübenden Thätigkeit des Bundes die erforderliche

Raschheit und Energie des Handelns zu verleihen. Allein dieß wird freilich so lang ein frommer Wunsch bleiben müssen, als Oestreich und Preussen neben einander im Bunde leben, und die lähmende unselige Idee, unter deren Auspizien der Deutsche Bund entstanden ist, die Idee eines gleichzeitigen und gleichgewichtigen Einflusses dieser beiden Staaten, in einer unnatürlichen Verbindung beider mit dem übrigen Deutschland zu einem Ganzen, das nicht Staatenbund und nicht Bundesstaat ist, festgehalten wird.

Anstatt also die verschiedenen Zweige und Fäden der vollziehenden Gewalt nach Außen und im Innern, den Feldherrnstab, die Leitung der auswärtigen Verhältnisse, die Exekution der bundesrichterlichen Erkenntnisse und der Bundesbeschlüsse in einer festen Hand zu vereinigen, und für die Bundesjustiz, die Bundesvertheidigung, die Vertretung des Bundes im gesandtschaftlichen Verkehr mit dem Ausland und die Vollziehung seiner Gesetze und Anordnungen im Innern durch kraftvolle Organe und Bundesanstalten zu sorgen, beschränkt sich jetzt der ganze Vollziehungsorganismus des Bundes auf einige Satzungen und Einrichtungen, welche vermöge des oben angedeuteten Charakters seiner gesetzgebenden Gewalt nicht anders als mangelhaft und kraftlos, oder antinational ausfallen konnten.

A. Zur Erhaltung der innern Sicherheit Deutschlands, soweit diese insbesondre durch einen ungestörten Friedenszustand unter den Verbündeten bedingt ist, wurde nämlich statt eines unabhängigen permanenten Bundesgerichts eine erst für jeden vorkommenden Fall zu bildende Austrägalinstanz beliebt, worüber der Bundesbeschluß vom 16. Juni 1817 und die Schlußakte Art. XIX — XXIV die früher angegebenen Bestimmungen enthält.

Bezeichnend ist es übrigens für den unbestimmten und schwankenden Charakter der Bundesgewalt, daß bis auf den heutigen Tag noch unentschieden bleibt, ob die Austrägalinstanz zur Entscheidung aller Streitigkeiten zwischen Bundesgliedern zuständig ist, oder ob eine richterliche Entscheidung gewisser Arten von Streitigkeiten, der sogenannten politischen oder Interesse-Streitigkeiten, der Unabhängigkeit der Bundesglieder zu nahe trete.

B. Zur Erhaltung der äußeren Sicherheit Deutschland's und der Unabhängigkeit und Unverletzbarkeit der einzelnen deutschen Staaten ist ein gemeinschaftliches Vertheidigungssystem, ein Bundesheer und eine Kriegsverfassung nothwendig; auch erheischt

C. der gleiche Zweck eine gemeinsame Vertretung des Bundes im diplomatischen Verkehre mit dem Ausland.

Es enthält jedoch die Schlußakte, obgleich (Art. LI) die Nothwendigkeit organischer Bundeseinrichtungen für die Vertheidigung gegen Außen anerkennend, im fünften Jahre nach Errichtung des Bundes noch nicht einmal die Grundzüge einer Kriegsverfassung.

Ebenso ist in der Schlußakte (Art. L) die Obliegenheit der Bundesversammlung ausgesprochen, für die Aufrechthaltung friedlicher und freundschaftlicher Verhältnisse mit dem Ausland Sorge zu tragen, die von fremden Mächten bei dem Bunde beglaubigten Gesandten anzunehmen und, wenn es nöthig befunden werden sollte, im Namen des Bundes Gesandte an fremde Mächte abzuordnen.

Bis auf den heutigen Tag ist aber noch kein einziges Mal die Abordnung eines solchen Gesandten nöthig befunden worden, geschweige denn eine beständige gemeinsame Repräsentation des Bundes durch besondere diplomatische Agenten in's Leben getreten, was doch unumgänglich scheint, wenn sich der Deutsche Bund Geltung und Anerkennung im Ausland verschaffen will. Alles ist vielmehr so eingerichtet, wie wenn der Deutsche Bund als solcher und die einzelnen deutschen Regierungen, die nur in Gemeinschaft kräftig und geachtet sich dem Auslande gegenüberstellen können, zu beständiger politischer Nullität verurtheilt bleiben sollten. Denn da kein durchgreifendes Gesetz dem einzelnen Bundesstaate verbietet, seine Politik von der des Bundes zu trennen, so treten Oestreich und Preussen bei allen auswärtigen Verhältnissen natürlich lieber in der vom Bunde unabhängigen Eigenschaft europäischer Mächte auf, als daß sie in der Bundesversammlung von den Mächten zweiten oder dritten Rangs sich überstimmen lassen, und auch die fremden Mächte müssen den Verkehr mit Regierungen, die selbstständig handeln und entscheiden können, einer schleppenden Unterhandlung mit dem ganzen Bunde vorziehen. Wo aber der Bund nicht ganz umgangen werden kann, da werden wenigstens die fremden Mächte sich zuerst an Oestreich und Preussen wenden, um sich ihres Einflusses auf den Bund im Voraus zu versichern, (so wie diese ihrerseits auch stets bereit sind, die Besorgung der auswärtigen An=

gelegenheiten des vom Ausland wenig geachteten und gekannten Bundes aus besondrer Gefälligkeit zu übernehmen,) oder es wird, wenn irgend eine politische Negociation auf Widerstand von ihrer Seite stoßen könnte, der Weg einseitiger Unterhandlung zwischen den fremden Mächten und den rein deutschen Bundesstaaten der Verhandlung mit dem Bunde vorgezogen werden.

D. Wenn endlich, um den Gesetzen des Bundes, den Austrägalerkenntnissen und allen von der Bundesversammlung innerhalb der verfassungsmäßigen Grenzen ihrer Competenz gefaßten Beschlüssen den Vollzug im Innern zu sichern, die Aufstellung einer überlegenen und wohlgeordneten Exekutivmacht nöthig gewesen wäre: so begnügte sich der Bund mit einigen Verabredungen, die keinen seiner mächtigen Genossen hindern können, sich der Erfüllung selbst der entschiedensten Bundespflicht zu entziehen und den Beschlüssen der Bundesversammlung ungestraft Hohn zu sprechen.

Es verordnen nämlich die, die erste definitive Exekutionsordnung des Bundes enthaltenden, Artikel XXXI—XXXIV der Schlußakte:

(Art. XXXI.) Die Bundesversammlung

hat das Recht und die Verbindlichkeit, für die Vollziehung der Bundesakte und übrigen Grundgesetze des Bundes, der in Gemäßheit ihrer Competenz von ihr gefaßten Beschlüsse, der durch Austräge gefällten schiedsrichterlichen Erkenntnisse, der unter die Gewährleistung des Bundes gestellten kompromissarischen Entscheidungen und der am Bundestage vermittelten Vergleiche, so wie für die Aufrechthaltung der von dem Bunde übernommenen besondern Garantien zu sorgen, auch zu diesem Ende, nach Erschöpfung aller andern bundesverfassungsmäßigen Mittel die erforderlichen Exekutions-Maaßregeln in Anwendung zu bringen.

(Art. **XXXII.**) Da jede Bundesregierung die Obliegenheit hat, auf Vollziehung der Bundesbeschlüsse zu halten, der Bundesversammlung aber eine unmittelbare Einwirkung auf die innere Verwaltung der Bundesstaaten nicht zusteht, so kann in der Regel nur gegen die Regierung selbst ein Exekutionsverfahren stattfinden.

(Art. **XXXIII.**) Die Exekutionsmaaßregeln werden im Namen der Gesammtheit des Bundes beschlossen und ausgeführt. Die

Bundesversammlung ertheilt zu dem Ende, mit Berücksichtigung aller Lokalumstände und sonstigen Verhältnisse, einer oder mehreren bei der Sache nicht betheiligten Regierungen den Auftrag zur Vollziehung der beschlossenen Maaßregeln, und bestimmt zugleich sowohl die Stärke der dabei zu verwendenden Mannschaft, als die nach dem jedesmaligen Zweck des Exekutionsverfahrens zu bemessende Dauer desselben.

(Art. **XXXIV.**) Die Regierung, an welche der Auftrag gerichtet ist und welche solchen als eine Bundespflicht zu übernehmen hat, ernennt zu diesem Behuf einen Civilkommissär, der in Gemäßheit einer nach den Bestimmungen der Bundesversammlung von der beauftragten Regierung zu ertheilenden besondern Instruktion das Exekutionsverfahren unmittelbar leitet. — Wenn der Auftrag an mehrere Regierungen ergangen ist, so bestimmt die Bundesversammlung, welche derselben den Civilkommissär zu ernennen hat. Die beauftragte Regierung wird, während der Dauer des Exekutionsverfahrens, die Bundesversammlung von dem Erfolge desselben in Kenntniß erhalten und sie, sobald der Zweck vollständig erfüllt ist, von der Beendigung des Geschäfts unterrichten.

E. Im Geist des Deutschen Bundes konnte es nicht liegen, die Zahl der organischen Bundeseinrichtungen mit einem selbstständigen Bundesschatze zu vermehren und dem Bund eine wahre Finanzgewalt mit dem Rechte der Auflagenerhebung einzuräumen. Die zur Erreichung der Bundeszwecke und Besorgung der Bundesangelegenheiten erforderlichen Geldmittel sind vielmehr nach der Schlußakte (Art. LII) durch Beiträge aufzubringen, welche von der Gesammtheit der Mitglieder nach dem Verhältniß der Bundesmatrikel zu leisten sind. Da jedoch die Bevölkerung sämmtlicher Bundesstaaten die einzige Basis der Matrikel bildet, so muß dieser Vertheilungsmaaßstab nicht nur die an materiellen Kräften und Hülfsmitteln ärmern Bundesländer ungleich treffen, sondern es ist auch gar wohl möglich, daß, z. B. in einem Bundeskrieg, die gemeinschaftlich zu tragenden Ausgaben eine Höhe erreichen, welche die Kräfte derjenigen Bundesglieder, die ihre Hülfsmittel nicht zugleich aus andern, außerhalb des Deutschen Bundes liegenden Gebietstheilen schöpfen können, übersteigt und die rein deutschen Bundesstaaten zu den europäischen Bundesmächten in das Verhältniß zahlungsunfähiger Schuldner versetzt. Zu welcher Ungleichheit und Ungerechtigkeit kann also hier die Rechtsgleichheit der Bundesglieder führen!

Faßt man Alles, was die Wiener Schlußakte Deutschland leistet und gewährt, in einen Ueberblick zusammen, so ergiebt sich, daß durch sie die Bundesakte zwar in vielen Punkten ergänzt, erläutert und genauer bestimmt oder ausführbar gemacht, aber keinem ihrer wesentlichen Gebrechen abgeholfen ist. Der Vorwurf, der gewöhnlich von praktischen Staatsmännern den Theoretikern gemacht wird: auf gegebene Verhältnisse so wenig Rücksicht zu nehmen, als ob die Welt auf dem Papier durch philosophische Systeme und Abstractionen sich regieren ließe, kann wohl den Urhebern der Bundesakte und der Schlußakte, falls es ihnen Ernst mit ihrem Werke war, im vollsten Maaß zurückgegeben werden.

Bundesakte und Schlußakte halten nicht für wesentlich, daß ein deutscher Bund auch nur aus deutschen Mächten bestehe, da es ja leicht ist, bei seinen mächtigsten Genossen ihre Eigenschaft als Bundesglieder von ihrer Eigenschaft als europäische Mächte in der Abstraction zu

trennen

trennen und ihre zum Bund gehörigen Besitzungen von den nicht dazu gehörigen durch einen Strich auf der Landkarte zu unterscheiden.

Bundesakte und Schlußakte scheinen zu glauben, um den Deutschen Bund wahrhaft unauflöslich zu machen und auch diejenigen Staaten, deren Antagonismus die Auflösung des deutschen Reichs herbeigeführt, an diesen Bund zu ketten, genüge es, wenn der Bund auf dem Papier für unauflöslich erklärt werde, ohne diese Unauflöslichkeit durch wechselseitiges Bedürfniß, Gemeinschaft der Interessen und Errichtung einer kräftigen Exekutivgewalt zu sichern. Allein nach aller Wahrscheinlichkeit wäre es um die innere Festigkeit und Kräftigung des Bundes besser bestellt ohne die stipulirte Unauflösbarkeit, vermöge welcher auch dasjenige Bundesglied seine Bundesrechte fortwährend in Anspruch nimmt, am Bundestage mitstimmt und ein hemmendes Veto einlegt, welches seine Bundespflichten nicht erfüllt, und wenn vielleicht der gegenwärtige Deutsche Bund in dem Augenblicke, wo er seine Kraft bewähren soll, sich auflöst, nämlich bei'm Ausbruch des nächsten europäischen Kriegs, so dürfte seine gebotene Unauflösbarkeit eine der Hauptursachen seyn.

Bundesakte und Schlußakte setzen endlich

voraus, es lasse sich ein Staatenbund nach den Prinzipien absoluter Rechtsgleichheit organisiren, wo in der Wirklichkeit die höchste Verschiedenheit der Größe und der materiellen Hülfsmittel stattfindet und wo alle Verhältnisse den Stempel der Ungleichheit tragen.

In alle dem ist nirgends ein Fortschritt zu Erreichung dessen wahrzunehmen, was die Bundesakte noch so sehr vermissen ließ. Wahre Rückschritte sind dagegen durch die Schlußakte da geschehen, wo der Geist der Bundesakte Sicherstellung der gesetzlichen Freiheit, der Rechte und der Interessen der einzelnen deutschen Völker, wie der ganzen Nation gebot. Denn die Aufgabe, welche sich die Schlußakte vor allen andern gestellt und am vollständigsten gelöst hat, ist Verwandlung des ursprünglich beabsichtigten und verheißenen volksthümlichen Nationalbunds in einen Fürstenbund durch peremtorische Ausschließung des deutschen Volks von der Gemeinschaft des Bundes und durch Aufstellung des der Bundesakte fremden monarchischen Prinzips, welches die einzelnen deutschen Fürsten zu Behauptung ihrer Gewalt von Bundeswegen verpflichtet und die den Völkern zu gewährenden Verfassungen willkührlicher Beschränkung unterwirft.

Durch die Schlußakte war also der Deutsche Bund im Sinne der Fürsten eingerichtet und vollendet, und was fortan geschah, ist fast ohne Ausnahme, als ein Ausfluß des unvolksthümlichen Geistes, der den deutschen Fürstenbund beherrschte, auf Erhaltung und Befestigung monarchischer Gewalt berechnet.

Die einzige organische Arbeit, die nicht diesen Stempel ganz ausschließlich an der Stirne trägt, ist, neben einigen näheren Bestimmungen über das Verfahren bei Aufstellung der Austrägalinstanz und bei Vollziehung von Bundesbeschlüssen, die Kriegsverfassung des Deutschen Bundes vom 9. April 1821 mit den nähern Bestimmungen vom 12. April 1821 und vom 11. Juli 1822.

Eine Kriegsverfassung war dem Deutschen Bunde unentbehrlich, um die erste Bundespflicht, Vertheidigung des Bundes gegen äußern Angriff, zu erfüllen. Aber die große Schwierigkeit, vollständige Rechtsgleichheit und Unabhängigkeit der Bundesglieder mit vollständiger Erreichung der Bundeszwecke und Erfüllung der Bundespflichten zu vereinigen, trat hier, wo kraftvolle Einheit so nothwendig und jede Zersplitterung der Kräfte so nachtheilig ist, besonders unüberwindlich hervor. Wie die Souveränitätsbegriffe der Fürsten die Gründung eines Bundesgerichts und einer wahren Exekutivgewalt unmöglich machten, so mußte noch viel mehr an eben diesen Begriffen die Aufstellung eines Bundeshauptmanns mit beständiger wirksamer Oberaufsicht über die gesammte Kriegsverfassung Deutschlands und die Errichtung eines Bundesheers scheitern, das durch Einheit der Bildung und des Charakters aller Theile, durch Einheit des Willens und der Leitung, auch im Frieden ein organisches und kompaktes Ganze gebildet hätte.

Nur im Falle eines wirklichen Bundeskriegs soll zur Aufstellung eines Bundesheers geschritten werden, dessen Stärke und Zusammenziehung, so wie die etwaige Bildung einer eigenen Kriegskasse aus den matrikularmäßigen Beiträgen sämmtlicher Bundesglieder, durch besondre Bundesbeschlüsse bestimmt wird. Das Einzige, wozu die Fürsten auch in Friedenszeiten sich verstehen konnten, ist die Festsetzung der Größe des Kontingents, das jeder deutsche Staat im Falle eines Kriegs zu stellen hat, und die Verabredung gewisser gemeinschaftlicher Grundsätze über das Verhältniß der Waffengattungen, über die Bereithaltung im Frieden, die Einübung der

Mannschaft und die Eintheilung in sieben ungemischte und drei kombinirte (aus Truppen verschiedener Bundesstaaten zusammengesetzte) Armeecorps, deren jedes in Abtheilungen von Divisionen, Brigaden, Regimentern, Bataillonen, Compagnien, Schwadronen und Batterien nach Bestimmungen zerfällt, die in der Anwendung noch eine große Weite und Ungleichheit zulassen. Im Uebrigen soll nach der grundgesetzlichen Gleichheit der Rechte und Pflichten bei der Organisation der Kriegsmacht des Bundes selbst der Schein von Suprematie eines Bundesstaats über den andern vermieden werden, und kein Bundesstaat, dessen Kontingent ein oder mehrere Armeecorps für sich allein bildet, darf Kontingente anderer Bundesstaaten mit dem seinigen in einer Abtheilung vereinigen.

Zwar ist ausgesprochen, daß die einmal aufgestellte Kriegsmacht des Bundes ein Heer bilde und von einem dem Bunde persönlich verantwortlichen Feldherrn befehligt werde, dem die Bestimmung und Ausführung des Operationsplans ganz nach eigenem Ermessen überlassen bleibt, dessen einzige Behörde die Bundesversammlung ist und der von der Bundesversammlung einem Kriegsgericht unterworfen werden kann. Aber dieser Oberfeldherr soll jedesmal erst, wenn die Aufstellung des Heers beschlossen wird, vom Bunde erwählt werden und seine Stelle mit der Auflösung des Heers wieder aufhören. Derselbe ist gehalten, alle Theile des Bundesheers, soweit es von ihm abhängt, durchaus gleichmäßig zu behandeln, und darf die festgesetzte Heereintheilung nicht abändern. Die Befehlshaber der einzelnen Truppenabtheilungen werden von dem Staat, dessen Truppen sie befehligen sollen, ernannt; ihre Pflichten und Rechte sind denen des Oberfeldherrn analog; auch steht denselben die Gerichtsbarkeit über ihre Heerabtheilungen nach den von den Bundesstaaten ihnen vorgeschriebenen Grenzen zu.

Die unermeßliche Wichtigkeit, welche die Kriegsverfassung des Bundes durch eine volksthümliche Einrichtung für die Wohlfahrt, die Freiheit und die äußere Sicherheit der gesammten Nation hätte gewinnen können, mochte zwar dem Auge der Fürsten nicht entgehen und fand sich schon in der Bundesakte durch die in Aussicht gestellten gleichförmigen Bestimmungen über die Militärpflichtigkeit der deutschen Staatsbürger angedeutet. Von Anbeginn war es die Kriegsverfassung und das Heerwesen, was auf alle

Zustände der Nation den entschiedensten Einfluß geübt hatte. Das stehende Heer ist es, welches so häufig das Mark der Länder verzehrt und auch die bürgerliche Freiheit steht in Deutschland zu allen Zeiten mit dem Recht der Waffen und der Wehrhaftigkeit in dem genauesten Zusammenhang. Die deutschen Volksgemeinden waren frei und zahlten keine Abgaben, so lange noch das Volk bewaffnet war; das Volk versank in Hörigkeit und wurde ausgesogen, als das Recht der Waffen auf den Adel und die Ritter überging; und als mit der höchsten Ausbildung des Systems der stehenden Heere die Fürsten sich in unumschränkte Kriegsherren verwandelten und manches deutsche Land zu einer Kaserne machten, hatte auch der Despotismus seinen Höhepunkt erreicht und die Völker mußten unter der Last des Militäraufwands erliegen.

Darum wäre es jetzt an der Zeit, den Rückweg zu einer volksthümlichen Wehrverfassung mit allem Ernst und im Großen zu suchen. Eine Quelle des Heils hätte hier der Nation geöffnet, für Freiheit, Nationalehre und Wohlstand eine neue Zeitrechnung geschaffen werden können.

Aber anstatt das ganze Heerwesen im Sinne der wichtigsten gemeinsamen Nationalangelegenheit zu behandeln, scheint man vielmehr darauf bedacht gewesen zu seyn, auch hierin eine Stütze der Gewalt gegen das Volk zu suchen. Durch gemeinschaftliche Uebereinkunft wurde das Kontingent so angesetzt, daß eine Erleichterung des Volks und eine theilweise Ersetzung des stehenden Militärs durch Nationalgarden unmöglich ist, ja daß selbst die Forderungen, welche Napoleon an die Rheinbundsfürsten gemacht, als sehr gemäßigt erscheinen.

Die von den Rheinbundsfürsten zu stellende Mannschaft war nämlich auf ungefähr ⅔ Procent oder $1/150$ der Gesammtbevölkerung berechnet gewesen. Nach den Bestimmungen der Kriegsverfassung des Deutschen Bundes beträgt dagegen das gewöhnliche, stets vollständig und schlagfertig zu erhaltende Contingent eines jeden Bundesstaats, wovon ein Siebentel aus Reiterei, ein Hundertstel aus Pionniers und Pontonniers bestehen muß und auf je tausend Mann 2 Stücke Geschütz, jedes mit 36 Artilleristen, kommen, den hundertsten Theil seiner Bevölkerung.

Demnach hat zu stellen:

Oestreich von einer Bevölkerung

von **9,482,227** Seelen: **94,822** Mann,

als erstes, zweites und drittes Armeecorps.

Preussen von einer Bevölkerung
von 7,923,439 Seelen: 79,234 Mann,
als viertes, fünftes und sechstes Armeecorps.

Baiern von einer Bevölkerung
von 3,560,000 Seelen: 35,600 Mann,
als siebentes Armeecorps.

Würtemberg von einer Bevölkerung

	von 1,395,462 Seel.	13,955 M.
Baden . . .	1,000,000 —	10,000 —
Großherzogth. Hessen	619,500 —	6,195 —
Hohenzollern-Hechingen	14,500 —	145 —
Lichtenstein . . .	5,546 —	55 —
Hohenzoll. Sigmaringen	35,560 —	356 —
Hessen-Homburg . .	20,000 —	200 —
Frankfurt . . .	47,850 —	479 —
		31,385 M.

als achtes Armeecorps.

Königreich Sachsen von einer Bevölkerung

	von 1,200,000 Seel.	12,000 M.
Kurhessen . . .	567,868 —	5,679 —
Luxemburg . . .	255,628 —	2,556 —
Nassau	302,769 —	3,028 —
Weimar . . .	201,000 —	2,010 —
Gotha	185,682 —	1,857 —
Koburg	80,012 —	800 —
	Uebertrag:	27,930 M.

	Uebertrag:	27,930 M.
Meiningen . . .	54,400 Seel.	544 —
Hildburghausen . .	29,706 —	297 —
Dessau	52,947 —	529 —
Bernburg . . .	37,046 —	370 —
Köthen	32,454 —	325 —
Sondershausen . .	45,117 —	451 —
Rudolstadt . . .	53,937 —	539 —
Reuß ältere Linie .	22,255 —	223 —
» jüngere Linie	52,205 —	522 —
	zusammen	31,730 M.

als neuntes Armeecorps.

Hannover von einer Bevölkerung von	1,305,351 Seel.	13,054 M.
Holstein . . .	360,000 —	3,600 —
Braunschweig . .	209,600 —	2,096 —
Meklenburg-Schwerin	358,000 —	3,580 —
» » » Strelitz	71,769 —	718 —
Oldenburg . . .	217,769 —	2,178 —
Waldeck . . .	51,877 —	519 —
Lippe-Schaumburg .	24,000 —	240 —
» Detmold . .	69,062 —	691 —
Lübeck	40,650 —	407 —
Bremen . . .	48,500 —	485 —
Hamburg . . .	129,800 —	1,298 —
	zusammen	28,866 M.

als zehntes Armeecorps.

Um die Vollständigkeit dieses Heers von 301,637 Mann fortwährend zu sichern, muß sogleich nach dem Ausrücken desselben der sechshundertste Theil der ganzen Bevölkerung aufgestellt und unausgesetzt vollzählig erhalten werden. Sechs Wochen nach dem Ausrücken des Bundesheers wird von dieser Ersatzmannschaft die Hälfte als Ergänzung dem Heer nachgesendet, mit den übrigen Nachsendungen aber nach Maaßgabe des Bedarfs von zwei zu zwei Monaten nöthigenfalls so lange fortgefahren, bis der Erfolg in einem Kriegsjahr den zweihundertsten Theil der Bevölkerung erreicht.

Außerdem müssen in jedem Bundesstaat schon in Friedenszeiten Cadres von Offizieren, Unteroffizieren und Spielleuten für den dreihundertsten Theil der Bevölkerung vorhanden und solche Einrichtungen getroffen seyn, daß zehn Wochen nach dem gefaßten Bundesbeschluß vollständig geübte und ausgerüstete Regimenter, Bataillone und Eskadrone schlagfertig aufgestellt werden können.

Die Anwendung dieser Bestimmungen, welche von den Regierungen häufig lieber ausdehnend als einschränkend erklärt wurden, ergab für die deutschen Staaten eine bewaffnete Macht von beiläufig anderthalb Procenten der Bevölkerung oder nahezu das Doppelte von dem ehmaligen Rheinbundsheere, gleich als ob durch die Menge ersetzt werden sollte, was den einander fremden und vielleicht nicht minder als ihre Fürsten auf einander eifersüchtigen Contingenten, wenn sie im Augenblick des Ausbruchs eines Bundeskriegs zusammengestoßen werden, an nationaler Gesinnung und moralischem Zusammenhang, deren Entstehung ohne vorausgegangene wechselseitige Berührung der verschiedenen Heeresabtheilungen nicht wohl möglich ist, fehlen muß.

Dafür aber, daß diese Kriegsmacht aus stehendem Militär bestehe, ist durch eine doppelte Bestimmung gesorgt. Es muß nämlich das Contingent auch im Frieden vollständig erhalten werden und, sobald es vom Bund aufgeboten wird, in allen seinen Theilen vollständig gerüstet, marsch- und schlagfertig ausrücken. Ferner muß da, wo zur Bildung der Contingente Landwehr verwendet wird, dieselbe gleich den Linientruppen geübt, ausgerüstet, schlagfertig und mit in der Linie gebildeten Offizieren besetzt seyn; auch darf kein Contingent zum größern Theil aus Landwehr bestehen.

Mit einem so beträchtlichen stehenden Heer

auch noch Volksbewaffnung zu verbinden, wäre eine unsinnige Verschwendung der Staatskräfte. Das Militär mußte also bleiben, was dasselbe bisher gewesen war, eine Stütze der Gewalt, eine Klippe der Freiheit und des Wohlstandes, und die Kriegsverfassung des Deutschen Bundes hat Deutschland weder ein Nationalheer noch eine Nationalbewaffnung gegeben.

Nur in Ansehung der Bundesfestungen wurde von Anfang an von dem Systeme abgewichen, wonach der Bund nichts Eigenes, weder Schatz noch Heer, weder Gerichte noch vollziehende Beamte hat, sondern seine Zwecke überall nur durch Benutzung der Mittel, Kräfte und Anstalten der Bundesglieder erreicht.

Eigentliche Bundesfestungen sind nämlich Mainz, Luxemburg, Landau und ein vierter Punkt am Oberrhein auf bairischem Gebiet, bei deren Besetzung Oestreich, Preussen und Baiern bestimmte Vorrechte haben sollen. Diese Festungen sind das einzige wirkliche Eigenthum des Bundes und erscheinen als gemeinsame Anstalten, deren Errichtung und Unterhaltung der Gesammtheit des Bundes obliegt.

Fünfter Abschnitt.

Der Deutsche Bund in seiner weitern Entwicklung.

Mit der deutschen Kriegsverfassung hatte der Bund den Kreis seiner organischen Einrichtungen geschlossen und es blieb ihm fortan wenig übrig, als gemach die Bahn zu verfolgen, auf der er sich, als eine heilige Allianz im Kleinen, immer mehr der Nation entfremden mußte.

Am 11. December 1823 erklärte die Bundesversammlung ihren Vorsatz, daß sie neuen Bundeslehren und falschen Theorien von Schriftstellern keine auf Bundesbeschlüsse einwirkende Autorität gestatten und keiner Berufung auf solche bei ihren Verhandlungen Raum geben wolle.

Ein Beschluß vom 15. Januar 1824 unterwarf die bei ihr einzureichenden gedruckten Reklamationen und Denkschriften einer Censur.

Am 1. Juli 1824 wurde wegen Beschränkung der Oeffentlichkeit der Bundestagsverhandlungen ein Beschluß gefaßt, der in seinen Wirkungen einer Aufhebung aller Oeffentlichkeit gleichkommt und der an die Heimlichkeit erinnern könnte, mit welcher die gefürchtete Aristokratie Venedigs sich umgab. „Die Bundesversammlung sey“ — so hieß es nunmehr — „ein permanenter Ministerialkongreß der Repräsentanten sämmtlicher Bundesglieder; in dieser Versammlung würden vorzugsweise die Ansichten der verschiedenen Bundesregierungen über Gegenstände des gemeinsamen Interesse freundschaftlich ausgetauscht und, nach vorheriger gründlicher Erörterung und reifer Erwägung, die Beschlüsse gefaßt. Daß das Resultat dieser Berathungen, je nachdem es für Alle oder für Einzelne von Interesse sey, bekannt gemacht werde, dieß sey unbedingte Nothwendigkeit — aber die Vorbereitung der Gegenstände, die Arbeiten der Comité's und die verschiedenen Ansichten der einzelnen Regierungen, dieß seyen Epochen der Geschäftsverhandlung, welche zur Oeffentlichkeit durchaus nicht geeignet seyen. Bei Militärangelegenheiten und bei Differenzen der Bundesfürsten unter sich oder mit ihren Ständen sey dieß vorzugsweise der Fall.“

Endlich brachte das Jahr 1824 der Nation auch noch eine Erneuerung der bei'm Bundestage so beliebten Karlsbader Beschlüsse. Am 16. August wurde nämlich auf den vom Deutschen Bunde mit Dank für die unwandelbare Fürsorge aufgenommenen Antrag Oestreichs festgesetzt:

1) Es soll in allen Bundesstaaten, in welchen landständische Verfassungen bestehen, strenge darüber gewacht werden, damit in der Ausübung der den Ständen durch die landständische Verfassung zugestandenen Rechte das monarchische Prinzip unverletzt erhalten bleibe und damit zur Abhaltung aller Mißbräuche, welche durch die Oeffentlichkeit in den Verhandlungen oder durch den Druck derselben begangen werden können, eine den Bestimmungen der Schlußakte entsprechende Geschäftsordnung eingeführt werde.

2) Das provisorische Gesetz, welches die Bundesversammlung am 20. September 1819 über die deutschen Universitäten beschlossen, dauert zwar selbstverstanden fort; es soll aber aus der Mitte der Bundesversammlung eine Commission von fünf Mitgliedern gewählt werden, welche, mit Rückblick auf die hinsichtlich der Universitäten bereits vorliegenden Verhandlungen, die gegenwärtig hervortretenden Gebrechen des gesammten Schul-, Unterrichts- und Erziehungswesens in Deutschland zu erörtern und die Maaß-

regeln,

regeln, zu welchen diese Erörterung Anlaß geben wird, in Vorschlag zu bringen hat.

3) Das mit dem 20. September laufenden Jahrs erlöschende provisorische Preßgesetz bleibt so lange in Kraft, bis man sich über ein definitives Preßgesetz vereinbart haben wird.

In Deutschland war zwar seit dem Jahr 1819 nichts mehr vorgefallen, was irgend die Erneuerung eines die gesammte Nation treffenden Ausnahmegesetzes, wie das Preßgesetz vom Jahr 1819, rechtfertigen konnte. Allein da doch in diesem Zeitraum die spanische und neapolitanische Revolution die Kabinette beunruhigt hatte, so mochte es gerathen scheinen, nach der Unterdrückung und Bestrafung jener Revolutionen auch die Deutschen nicht ganz leer ausgehen zu lassen, und bemerkenswerth ist dabei ganz besonders die von keiner Seite widersprochene Aeußerung des östreichischen Präsidialgesandten: „daß Se. Majestät der Kaiser zu vertraut seyen mit den ächt föderativen Gesinnungen, von welchen die deutschen Bundesregierungen sich beseelt finden, als daß Höchstdieselben dem Gedanken Raum geben könnten, daß es möglich wäre, diesem aus dem Fürstenrathe Deutschlands hervorgehenden gemeinsamen Beschlusse mit dem Einwande einer Verletzung der Verfassung eines einzelnen Staates entgegenzutreten.“ Dabei mußten sich die Deutschen abermals in's Angesicht behaupten lassen, daß ihre Gesammtverfassung einen gleichen Grad von Freiheit, wie in andern Ländern, nicht vertrage, indem „die in geschlossenen Staaten gegen Preßvergehungen eingeführten, zum Theil sehr harten Strafgesetze, wenn sie auch an und für sich den viel mildern Censurgesetzen vorzuziehen wären, in einem Föderativstaate, wie Deutschland, wo jedes einzelne Land seine besondre Gerichtsverfassung und Polizeiverwaltung habe, als Garantie für das Ganze durchaus unanwendbar seyn würden, und Friede und Ordnung in einem solchen Vereine nicht anders, als durch vom Bunde ausgehende, von den Landesbehörden gehandhabte, im Nothfall aber durch die Centralautorität zu ergänzende Aufsicht über die Erzeugnisse der Presse gesichert werden können.“ Dieß heißt mit andern Worten: weil seit Jahrhunderten die deutschen Fürsten an der Auflösung Deutschlands gearbeitet und dadurch seine physische Kraft gebrochen, den mächtigen Körper des ehmaligen Reichs verstümmelt oder auseinander gerenkt: so fordere die Erhaltung dieses Zustandes, daß nun auch der Geist gelähmt, die Freiheit des Gedankens in Deutschland getödtet werde. Weil es dem Deutschen Bund gefallen habe, ohne Rath und Zuthun der Nation einem Zustand innerer Lähmung und Zerrissenheit das Siegel der Bestätigung aufzudrücken, so müsse ihm auch zustehen, im Namen der Nation und ohne sie darum zu fragen, den letzten kümmerlichen Ersatz für so Vieles, was sie in Vergleichung mit andern Nationen entbehren muß, ihr einziges und letztes Eigenthum, der Befestigung und Vollendung seines Werks zu opfern.

Seitdem mußte man in Deutschland aufhören, vom Deutschen Bunde irgend eine Erfüllung gemeinsamer Wünsche zu erwarten. Schweigend ergaben sich die Völker in das Loos der Unterwerfung, und so lang die Völker ruhten, ruhte auch der Bund, den ihre Fürsten unter sich geschlossen hatten. Endlich, als die Julirevolution in Frankreich wieder einen mächtigen Anstoß gab und alle Freiheitshoffnungen der Völker neu belebte, suchte man, den Deutschen Bund ganz ignorirend, sich, so gut als man vermochte, selbst zu helfen. So kam es zu den Aufständen in Braunschweig, in Hannover, in Sachsen und Hessen.

Da erwachte auch der Deutsche Fürstenbund

aus seinem Schlummer, um die Nation von neuem an sein fast vergessenes Daseyn zu erinnern. Auf den mit Dank angenommenen Antrag Oestreichs erklärte die Bundesversammlung am 21. Oktober 1830 für die Dauer der damaligen Zeitverhältnisse in allen denjenigen Fällen, in welchen nach der Bestimmung des Art. XXVI der Schlußakte die Mitwirkung der Gesammtheit zur Wiederherstellung der Ruhe und Ordnung in den Bundesstaaten begründet sey, sämmtliche Bundesregierungen zur gegenseitigen Hülfsleistung in der Art für verpflichtet, daß wenn eine den Beistand des Bundes bedürfende Regierung sich wegen Dringlichkeit der Gefahr unmittelbar an eine oder die andere benachbarte Regierung mit dem Ersuchen um militärische Hülfe wende, diese Hülfe sofort Namens des Bundes geleistet werde, soweit die Kräfte des requirirten Bundesstaats hiezu ausreichen und soweit es ohne Gefahr für dessen eigenes Gebiet und ohne offenbare Compromittirung seiner Truppen geschehen könne.

Die Bundesregierungen anerkannten ferner die Verbindlichkeit, von allen innerhalb ihres Gebiets vorfallenden aufrührischen Auftritten, welche einen politischen Charakter andeuten, offene und rückhaltlose Anzeige am Bundestage zu erstatten und zugleich über die Veranlassung der eingetretenen Unruhen und über die zur Befestigung der Ordnung ergriffenen Maaßregeln Nachricht zu geben, damit die Bundesversammlung sofort die ihr durch die Bundesgesetzgebung vorgezeichnete Stellung annehme.

Zugleich sollten die Censoren der öffentlichen Blätter politischen Inhalts auf das Bestimmteste angewiesen werden, bei Zulassung von Nachrichten über stattgefundene aufrührische Bewegungen mit Vorsicht und mit Vergewisserung der Quellen, aus welchen derlei Nachrichten geschöpft seyen, zu Werk zu gehen und die bestehenden Bundesbeschlüsse vom 20. September 1819 sich gegenwärtig zu halten, auch ihre Wachsamkeit auf jene Tagblätter auszudehnen, welche, auswärtigen Angelegenheiten fremd, bloß innere Verhältnisse behandeln, indem auch diese bei ungehinderter Zügellosigkeit das Vertrauen in die Landesbehörden und Regierungen schwächen und dadurch indirekt zum Aufstand reizen.

Während aber die Bundesversammlung den verbündeten Regierungen ohne Untersuchung der Gerechtigkeit ihrer Sache gegen widersetzliche Unterthanen die Hülfe des Bundes und der einzelnen Bundesglieder unbedingt zusicherte, begnügte sie sich, (zum Beweise, daß den Fürsten mit ganz anderem Maaß gemessen werde, als den Völkern) zu Gunsten letzterer die Erwartung auszudrücken, daß die Regierungen gerechten Beschwerden, wo solche bestehen und im gesetzlichen Wege vorgebracht werden, mit landesväterlichem Sinne abhelfen, die ihnen bundesgesetzlich obliegenden Verpflichtungen gegen ihre Unterthanen erfüllen und auf diese Weise jeden Vorwand zu sträflicher Auflehnung beseitigen werden.

Die Ruhe ward indessen durch die angewandten Mittel nicht so, wie der Bund es wünschte, wiederhergestellt. Die Volksaufstände wurden zwar gedämpft und wiederholten sich nicht wieder; aber die durch die Ereignisse in Frankreich und den Sieg des demokratischen Prinzips in Belgien aufgeregte Stimmung dauerte demungeachtet fort. Die Stellung, welche Frankreich annahm, war von solcher Art, daß man jeden Augenblick das Erscheinen eines französischen Heers auf deutschem Boden und den Ausbruch eines allgemeinen Kriegs erwarten konnte. Dazu kamen die revolutionären Bewegungen in Italien und der heldenmüthige Freiheitskampf der Polen.

Die allgemeine Aufregung der Geister sprach

sich sogar in Adressen aus, welche von Angehöri- gen deutscher Bundesstaaten der Bundesversamm- lung übergeben wurden. Wenn daher früher die Bundesversammlung jeden, wäre es auch von Privatpersonen, an den Bundestag gelangenden Vorschlag zu gemeinnützigen Anordnungen ihrer Beachtung werth gefunden und die Sammlung solcher Vorschläge angeordnet hatte, so ward jetzt die Einreichung gemeinschaftlicher Adressen oder Vorstellungen von Angehörigen deutscher Bundes- staaten bei der Bundesversammlung in Beziehung auf öffentliche Angelegenheiten des Deutschen Bun- des für unstatthaft erklärt, da eine Befugniß hiezu in der Bundesverfassung nicht begründet und das Sammeln der Unterschriften zu derglei- chen Adressen vielmehr nur als ein die Autorität der Bundesregierungen und die öffentliche Ord- nung und Ruhe gefährdender Versuch, auf die gemeinsamen Angelegenheiten und Verhältnisse Deutschlands einen ungesetzlichen, mit der Stel- lung der Unterthanen zu ihren Regierungen und der letztern zum Bunde unvereinbaren, Einfluß zu üben, anzusehen sey.

Vor den unbequemen Mahnungen der Presse aber suchte man sich durch die Einschärfung des Karlsbader Censurgesetzes so wie durch Unterdrückung und Verbot verschiedener Tagblätter und andrer periodischen Schriften Ruhe zu verschaffen.

Allein auch diese Maaßregeln fand der Bund nicht ausreichend. Denn wenn früher die Presse und die Universitäten es hauptsächlich gewesen waren, welche den deutschen Regierungen Besorgniß einflößten, so hatte jetzt die Bewegung der Zeit bis auf einen gewissen Grad sich auch den Massen mitgetheilt; der den Machthabern so furchtbare Ruf nach Freiheit und Gleichheit ließ sich hier und dort vernehmen, manche von den Regierungen vergessene Versprechung ward in Erinnerung gebracht, die Idee der Einheit lebte stärker wieder auf und selbst deutsche Ständeversammlungen begannen dem Bund und den Regierungen gegenüber eine feste Stellung anzunehmen oder wenigstens Deutschland an die Erscheinung einer Opposition zu gewöhnen.

Dieß waren neue Feinde, welche man von Seiten des Bundes bekämpfen zu müssen glaubte. Oestreich und Preussen entwarfen ihren Mitverbündeten ein Gemälde der Gefahren, welche die innere Ruhe Deutschlands bedrohen, wenn hier die rohe Gewalt aufgeregter Volkshaufen, dort eine in das verfassungsmäßige Gewand ständischer Opposition gekleidete Anmaaßung des demokratischen Geistes im Bunde mit einer zügellosen Presse die Macht der Regierungen theils zu schwächen suche, theils aber wirklich schon geschwächt und ihnen Zugeständnisse von Rechten abgenöthigt habe oder noch abzutrotzen drohe, deren sie sich ohne Gefahr für die Erhaltung öffentlicher Ordnung und eines gesicherten gesetzlichen Zustandes im wohlverstandenen Interesse ihrer Unterthanen nicht entäußern können.

Dabei ergoß sich Oestreich überdieß durch den Mund seines Gesandten in Klagen über den krankhaften Zustand der öffentlichen Meinung; über die in mehreren Gegenden Deutschlands herrschende Gährung, welche nicht bloß die innere Ruhe und Sicherheit der einzelnen Staaten, sondern die Existenz des ganzen Bundes bedrohe; über die Revolution, welche bei der über ganz Deutschland ergossenen Fluth revolutionärer Zeit- und sonstiger Schriften, bei dem selbst in den ständischen Kammern lautgewordenen Mißbrauch der Rede, bei der täglichen Bearbeitung einer enggeschlossenen, heute am hellen Lichte ungescheut wirkenden Propaganda und bei den täglichen Beweisen fruchtlosen Einwirkens einzelner Regierungen, in Deutschland mit starken Schritten ihrer Reife entgegengehe.

Unter dankbarer Anerkennung „der von Ihren Majestäten, dem Kaiser von Oestreich und dem Könige von Preussen wiederholt bewährten Fürsorge für das gemeinsame Beste des deutschen Vaterlandes“ vereinigten sich demnach am 28. Juni 1832 sämmtliche Bundesregierungen zu folgenden Bestimmungen:

I. Da nach dem Art. 57 der Wiener Schlußakte die gesammte Staatsgewalt in dem Oberhaupte des Staates vereinigt bleiben muß und der Souverän durch eine landständische Verfassung nur in der Ausübung bestimmter Rechte an die Mitwirkung der Stände gebunden werden kann, so ist auch ein deutscher Souverän als Mitglied des Bundes zu Verwerfung einer hiemit in Widerspruch stehenden Petition der Stände nicht nur berechtigt, sondern die Verpflichtung zu dieser Verwerfung geht aus dem Zwecke des Bundes hervor.

II. Da gleichfalls nach dem Geiste des eben angeführten Art. 57 der Schlußakte und der hieraus hervorgehenden Folgerung, welche der Art. 58 ausspricht, keinem deutschen Souverän durch die Landstände die zur Führung einer den Bundespflichten und der Landesverfassung entsprechenden Regierung erforderlichen

Mittel verweigert werden dürfen, so werden Fälle, in welchen ständische Versammlungen die Bewilligung der zur Führung der Regierung erforderlichen Steuern auf eine mittelbare oder unmittelbare Weise durch die Durchsetzung anderweiter Wünsche und Anträge bedingen wollten, unter diejenigen Fälle zu zählen seyn, auf welche die Artikel 25 und 26 der Schlußakte in Anwendung gebracht werden müßten.

III. Die innere Gesetzgebung der deutschen Bundesstaaten darf weder dem Zwecke des Bundes, wie solcher in dem Art. 2 der Bundesakte und in dem Art. I der Schlußakte ausgesprochen ist, irgend einen Eintrag thun, noch darf dieselbe der Erfüllung sonstiger bundesverfassungsmäßiger Verbindlichkeiten gegen den Bund und namentlich der dahin gehörigen Leistung von Geldbeiträgen, hinderlich seyn.

IV. Um die Würde und Gerechtsame des Bundes und der den Bund repräsentirenden Versammlung gegen Eingriffe aller Art sicher zu stellen, zugleich aber in den einzelnen Bundesstaaten die Handhabung der zwischen den Regierungen und ihren Ständen bestehenden verfassungsmäßigen Verhältnisse zu erleichtern, soll am Bundestage eine mit diesem Geschäft besonders beauftragte Commission, vor der Hand auf sechs Jahre, ernannt werden, deren Bestimmung seyn wird, insbesondre auch von den ständischen Verhandlungen in den deutschen Bundesstaaten fortdauernd Kenntniß zu nehmen, die mit den Verpflichtungen gegen den Bund oder mit den durch die Bundesakte garantirten Regierungsrechten in Widerspruch stehenden Anträge und Beschlüsse zum Gegenstand ihrer Aufmerksamkeit zu machen und der Bundesversammlung davon Anzeige zu thun, welche demnächst, wenn sie die Sache zu weitern Erörterungen geeignet findet, solche mit den dabei betheiligten Regierungen zu veranlassen hat.

V. Da nach Art. **LIX** der Wiener Schlußakte da, wo Oeffentlichkeit der landständischen Verhandlungen durch die Verfassung gestattet ist, die Grenzen der freien Aeußerung weder bei den Verhandlungen selbst noch bei deren Bekanntmachung durch den Druck auf eine die Ruhe des einzelnen Bundesstaats oder des gesammten Deutschlands gefährdende Weise überschritten werden darf und dafür durch die Geschäftsordnung gesorgt werden soll: so machen auch sämmtliche Bundesregierungen, wie sie es ihren Bundesverhältnissen schuldig sind, sich gegen einander anheischig, zur Verhütung von Angriffen auf den Bund in den ständischen Versammlungen und zur Steuerung derselben, jede nach Maaßgabe ihrer innern Landesverfassung, die angemessenen Anordnungen zu erlassen und zu handhaben.

VI. Da die Bundesversammlung schon nach dem Art. **XVII** der Schlußakte berufen ist, zur Aufrechthaltung des wahren Sinnes der Bundesakte, die darin enthaltenen Bestimmungen, wenn über deren Auslegung Zweifel entstehen sollte, dem Bundeszwecke gemäß zu erklären, so versteht es sich von selbst, daß zu einer Auslegung der Bundesakte und der Schlußakte mit rechtlicher Wirkung auch nur allein und ausschließend der Deutsche Bund berechtigt ist, welcher dieses Recht durch sein verfassungsmäßiges Organ, die Bundesversammlung, ausübt.

Zugleich wurde in Beziehung auf die „beispiellosen Mißbräuche der periodisch politischen Presse“ die Erscheinung eines Preßgesetzes in Aussicht gestellt, welches, ohne die Thätigkeit nützlicher und achtungswerther Schriftsteller zu hemmen oder den natürlichen Fortschritten des menschlichen Geistes Fesseln anzulegen, die wilden Ausschweifungen einer alle Begriffe verwirrenden, nur auf Erschütterung und Umwälzung des Bestehenden gerichteten und das Höchste wie das Heiligste lästernden Preßfrechheit in die gehörigen Schranken zu weisen geeignet sey. Auch verkündeten Oestreich und Preussen ihren festen Entschluß, im Gefühle der von eigener Erhaltung unzertrennlichen Sorge für das Schicksal der im Bunde vereinigten Staaten, in gerechter Würdigung der Gefahr, das ganze gesellschaftliche System von Europa durch gesetzlose Willkühr zertrümmert zu sehen und in getreuer Erfüllung der ihnen obliegenden Verpflichtung gegen den Bund und gegen dessen einzelne Glieder, zur Aufrechthaltung und Durchführung der Bundesverfassung, ihrer wichtigen Zwecke und der darauf gegründeten oder noch zu gründenden Beschlüsse der Bundesversammlung, endlich zur Zurückweisung der Angriffe gegen den Bund und dessen Glieder, von welcher Seite sie auch kommen mögen, auf jedesmaliges Anrufen der Gesammtheit oder eines Bundesglieds, von allen ihnen zu Gebot stehenden Mitteln Gebrauch zu machen.

Auf die Verkündigung obiger sechs Artikel,

deren erster schon den Deutschen Bund als Fürstenbund so unzweideutig als nur immer möglich zeichnet, wenn er die Fürsten für jede, selbst im verfassungsmäßigen Weg erfolgende, Minderung ihrer Souveränitätsrechte dem Bund verantwortlich macht, folgte vermöge Beschlusses vom 5. Juli 1832 eine Reihe weiterer Beschränkungen, um für die Dauer der dem monarchischen Prinzip gefährlich erachteten Zeitverhältnisse die öffentliche Ruhe und Ordnung aufrecht zu erhalten.

Hiernach darf keine in einem nicht zum Deutschen Bund gehörigen Staate in deutscher Sprache im Druck erscheinende Zeit- oder nicht über zwanzig Bogen betragende sonstige Druckschrift politischen Inhalts in einem Bundesstaate ohne vorgängige Genehmhaltung der Regierung desselben zugelassen und ausgegeben werden; gegen die Uebertreter dieses Verbots ist ebenso wie gegen die Verbreiter verbotener Druckschriften zu verfahren.

Alle Vereine, welche politische Zwecke haben, oder unter anderm Namen zu politischen Zwecken benutzt werden, sind in sämmtlichen Bundesstaaten zu verbieten, und ist gegen deren Urheber und die Theilnehmer an denselben mit angemessener Strafe vorzuschreiten.

Außerordentliche Volksversammlungen und Volksfeste, nämlich solche, welche bisher hinsichtlich der Zeit und des Orts weder üblich noch gestattet waren, dürfen, unter welchem Namen und zu welchem Zwecke es auch immer sey, in keinem Bundesstaate ohne vorausgegangene Genehmigung der kompetenten Behörde, stattfinden. Diejenigen, welche zu solchen Versammlungen oder Festen durch Verabredungen oder Ausschreiben Anlaß geben, sind einer angemessenen Strafe zu unterwerfen. Auch bei erlaubten Volksversammlungen und Volksfesten ist es nicht zu dulden, daß öffentliche Reden politischen Inhalts gehalten werden; diejenigen, welche sich dieß zu Schulden kommen lassen, sind nachdrücklich zu bestrafen, und wer irgend eine Volksversammlung dazu mißbraucht, Adressen oder Beschlüsse in Vorschlag zu bringen und durch Unterschrift oder mündliche Beistimmung genehmigen zu lassen, ist mit geschärfter Ahndung zu belegen.

Das öffentliche Tragen von Abzeichen in Bändern, Kokarden oder dergleichen, sey es von In- oder Ausländern, in andern Farben, als jenen des Landes, dem der, welcher solche trägt, als Unterthan angehört, das nichtautorisirte Aufstecken von Fahnen und Flaggen, das Errichten von Freiheitsbäumen und dergleichen Aufruhrzeichen, ist unnachsichtlich zu bestrafen.

Außerdem wurde der am 20. September 1819 gegen die Universitäten gefaßte Beschluß von Neuem eingeschärft, den Bundesregierungen die genaueste polizeiliche Wachsamkeit und Strenge gegen Einheimische und Fremde von verdächtigem Charakter zur Pflicht gemacht und damit die Zusicherung verbunden, bei der Entdeckung und Verfolgung staatsgefährlicher Verbindungen und politischer Vergehen oder Verbrechen durch Mittheilung von Notizen und Auslieferung der Flüchtigen sich wechselseitig zu unterstützen, auch auf Verlangen einander überall die prompteste militärische Assistenz zu leisten.

Sicher waren alle diese Mittel ebensowenig als die gleichzeitige Aufhebung des badischen Preßgesetzes und die fortgesetzte Unterdrückung von politischen Blättern und von Zeitschriften geeignet, dem Bunde das verlorne Vertrauen wieder zuzuwenden. Die Bundesakte, welche das Prinzip der Unabhängigkeit und Selbstständigkeit der einzelnen Staaten an der Stirne trägt, hatte eine Einwirkung des Bundes auf die innern Verhältnisse nur in der Absicht sanktionirt, gerechte Ansprüche deutscher Unterthanen den Regierungen gegenüber zu befriedigen, Pflichten der Dankbarkeit gegen die Völker zu erfüllen und die öffentliche Meinung zu gewinnen. Aber seit dem Karlsbader Kongreß trug jede Einmischung des Bundes in innere Angelegenheiten einen durchaus entgegengesetzten verneinenden Charakter, und wenn früher für die Völker nichts geschehen war, so geschah fortan Alles für die Fürsten.

In einem Geist verletzender Beschränkung hatte der Deutsche Bund seine Verordnungen gegen die Universitäten erlassen und statt der versprochenen Preßfreiheit die Censur eingeführt. Gelang es nun den allezeit fertigen Auslegern der oft erwähnten fürstlichen Verheißungen, auch jede wirksame Art von Volksvertretung zu vernichten, so war den Völkern Deutschlands vollends Alles entrissen, wodurch sie sich zur Würde einer einigen und freien Nation wieder emporrichten konnten. Und auch dafür wäre durch die sechs Artikel Rath geschafft.

Denn es gibt in der That keine irgend wichtige Verfassungsfrage, keinen erheblichen Gegenstand landständischer Wirkungsbefugniß, den der Bund auf den Grund jener sechs Artikel nicht vor sein Forum ziehen könnte, um darüber durch bloße Stimmenmehrheit nach dem Antrag Oestreich's oder Preussen's, d. h. derjenigen Mächte zu entscheiden, welche zu den Hauptstützen des dem Bunde als oberste Norm aufgedrungenen monarchischen Prinzips gehören und wovon die eine für unmöglich hält, „einem aus dem Fürstenrathe Deutschlands hervorgegangenen Beschlusse mit dem Einwand einer Verletzung der Verfassung eines einzelnen Staats entgegenzutreten", während die andere es für einen Hauptzweck der neuern Gesetzgebung des Bundes erklärt, „den in einer noch lange zu beklagenden Epoche fast allgemeiner politischer Verwirrung mit so vieler Uebereilung gestifteten gemischten Verfassungen und den dabei zu Grund liegenden demokratischen Prinzipien entgegenzuwirken."

Aufrechthaltung des monarchischen Prinzips gegen die für demokratisch erklärten Verfassungen scheint also nach dem neuern Sprachgebrauch des Bundes mit der innern Sicherheit Deutschlands, für welche die Bundesgesetzgebung zu sorgen hat, gleichbedeutend. Der Begriff aber, den diese Gesetzgebung von dem monarchischen Prinzip aufstellt, daß die gesammte Staatsgewalt in dem Oberhaupt des Staats vereinigt bleiben müsse und der Souverän nur in der Ausübung bestimmter Rechte an die Mitwirkung der

Stände gebunden werden könne, ist wohl nicht absichtlos so unbestimmt und schwankend gelassen, daß der Bund es in seiner Gewalt hat, die Grenzen der erlaubten Mitwirkung so eng, als es ihm früher oder später gefallen mag, zu ziehen.

Wenn nun aber die Art. I — III den Bund zum Richter darüber machen, ob durch die an ständische Mitwirkung gebundene Gesetzgebung der Bundesstaaten das so vag hingestellte monarchische Prinzip nicht verletzt werde, und wie weit die Stände sich des uralt deutschen Rechts der Steuerverweigerung bedienen dürfen, so rechtfertigt die erleichterte Handhabung der konstitutionellen Verhältnisse in den einzelnen Bundesstaaten, zu welcher der Bund durch Art. IV sich berufen erklärt, auch jede andere der Bundesversammlung beliebige Einmischung in ständische Angelegenheiten. Sodann bedroht der Art. V die Oeffentlichkeit der Verhandlungen, die Freiheit der Rede und die Unverletzbarkeit der Volksvertreter in den Ständeversammlungen, und dem Einwurf, daß alle diese Bestimmungen mit der durch das Grundgesetz des Bundes garantirten Unabhängigkeit der einzelnen deutschen Staaten unvereinbar seyen, wird zum Voraus im Art.

VI mit der Erwiederung begegnet, daß es nicht den ständischen Versammlungen, sondern allein der Bundesversammlung gebühre, über den Sinn der Bundesakte und der Schlußakte, wenn darüber Zweifel obwalten, eine Auslegung zu geben.

Wie wenig überhaupt der Bund gemeint sey, irgend einer Reklamation gegen seine unbeschränkte Machtvollkommenheit Gehör zu geben, hat derselbe deutlich an den Tag gelegt, indem er alle Protestationen, Petitionen und Adressen gegen seine Beschlüsse, wie solche in einigen Bundesstaaten vorgekommen, für strafbare Versuche, die Regierungen mit dem Bunde in Zwiespalt zu bringen und ihre durch die Bundesverfassung garantirte Autorität in der Beziehung zum Bunde zu lähmen, erklärte und die zuversichtliche Erwartung aussprach, daß die Regierungen, in deren Staaten derlei Akte der Auflehnung gegen die im Staatsoberhaupte vereinigte Staatsgewalt sich ereignen, gegen die Urheber und Verbreiter solcher Protestationen, Petitionen und Adressen die Untersuchung einleiten und nach den Gesetzen verfahren werden.

Auch unterließ die Bundesversammlung nicht, in Beziehung auf die von einigen Regierungen der Bekanntmachung seiner Beschlüsse beigefügte Verwahrung: daß die Landesverfassung dennoch ungekränkt erhalten werden solle, auszusprechen, wie es sich von selbst verstehe, daß durch dergleichen erläuternde Beisätze der allgemeinen Verbindlichkeit des Bundesbeschlusses vom 28. Juni 1832 in keiner Beziehung irgend ein Eintrag habe geschehen können.

Wenn bei alle dem die That stets hinter dem drohenden Worte zurückbleibt, so mag der Grund hievon theils in einem Rest von Mißtrauen der kleinern Mächte gegen die großen, theils in dem Mangel einer organisirten Exekutivgewalt des Bundes zu suchen seyn. Die ganze Reihe der bisher geschilderten Reaktionshandlungen mußte aber nothwendig die Wirkung hervorbringen, daß der freisinnige Theil der Nation anfing, den Deutschen Bund als einen entschiedenen Gegner zu betrachten, dessen Thätigkeit auf einen möglichst engen Umkreis zu beschränken sey und dessen Einwirkungen man so viel als möglich von sich abhalten müsse. Die in der Bundesakte als integrirender Haupttheil des Bundeszwecks und in der Schlußakte sogar als erster Bundeszweck ausgesprochene Erhaltung der Unabhängigkeit der einzelnen deutschen Staaten gab hiezu die vollkommenste positive Berechtigung, und so wie die Dinge einmal standen, blieb den Vertheidigern der Volksrechte, um noch größeres Unheil abzuwenden, keine andre Wahl, als den vorherrschend völkerrechtlichen Charakter des Deutschen Bundes so, wie er durch die Bundesakte, wenn auch eben nicht zu Deutschland's Heil bestimmt war, festzuhalten und einer Umbildung des Staatenbunds in einen Bundesstaat, wodurch allein Deutschland zu kräftiger und lebensvoller Einheit gelangen kann, mit aller Macht entgegenzutreten, so lang diese Umbildung, dem Geist des Grundgesetzes zuwider, nur auf Kosten der Freiheit und der verfassungsmäßigen Rechte deutscher Völker vor sich gehen soll.

Die Verfolgung und Entwicklung dieser Tendenz, welche der ständischen Opposition in Deutschland mit als Aufgabe zufiel, war indessen durch die Zeitumstände nicht begünstigt. Polens Fall und die in Frankreich eingetretene Erschlaffung äußerten auf die allgemeine Stimmung eine abspannende Wirkung. Durch Abfall geschwächt, durch die Interdikte der Bundesversammlung gegen die Presse, die politischen Vereine und öffentlichen Versammlungen ihrer wirksamsten Organe beraubt, vermochte die Parthei der Bewegung ihren Reklamationen keinen großen Nachdruck zu geben.

Dennoch glaubten die Regierungen auf der Bahn der Reaktion immer noch nicht weit genug gegangen zu seyn. Sie fühlten, daß der Zustand Deutschland's ein unnatürlicher und unhaltbarer sey; die rechten Gegenmittel anzuwenden, fehlte Muth und Wille; und so nahm man seine Zuflucht abermals zu einem Ministerialkongreß. Denn obgleich am Bundestage selbst von den an ihre Instruktion gebundenen Gesandten nichts mit der freien Kraft des Geistes berathen werden kann, welche dem Absolutismus so zuwider ist, und so nahe auch der Bundestag in den letzten Jahren dem Ideal jener „Senate“ gebracht worden seyn mag, aus deren verschlossenem „Heiligthum“ allein die Gesetze „in regelmäßiger, feierlicher Form“ gleich Offenbarungen „in die Welt dringen sollten“: so war doch die diplomatische Bundesversammlung noch nicht diplomatisch, das Geheimniß ihrer Verhandlungen noch nicht geheim genug, und es sind sogar die Resultate der zu Wien abgehaltenen Kabinetskonferenzen bis jetzt nur unvollständig zur öffentlichen Kenntniß gekommen, eben weil in der innern Politik des Deutschen Bundes die Heimlichkeit eine immer bedeutendere Rolle zu spielen bestimmt scheint.

Wenigstens deutet hierauf die Erklärung des östreichischen Gesandten in der Plenarsitzung der Bundesversammlung vom 30. Oktober 1834, daß in den wichtigern Regierungsangelegenheiten ein von sämmtlichen Bundesgliedern gleichförmig zu befolgender Gang verabredet worden, dessen treue Einhaltung sich Alle feierlich zugesagt. Zugleich erfuhr die Welt, daß die Erwägung der zweckmäßigsten Mittel zur ferneren Erhaltung der Verfassung des Deutschen Bundes, wie diese durch den Bundesvertrag bestimmt und durch die Schlußakte ausgebildet worden, die Festsetzung der Maaßregeln zur Sicherung der durch diese Grundgesetze verbürgten, als Grundlage aller Partikularverfassungen anerkannten landesherrlichen Autorität und die Vereinbarung über die nothwendigen gemeinschaftlichen Schritte zur Bewahrung der öffentlichen Ruhe und der rechtmäßigen Ordnung in den einzelnen Bundesstaaten, die Aufgaben gewesen, deren Lösung die deutschen Regierungen sich zum Ziele gesetzt, und daß in preiswürdiger Eintracht und erfreulicher Uebereinstimmung Aller ein Resultat zu Stande gekommen, geeignet, die Erwartungen aller Derer zu befriedigen, welche Deutschland's gegenwärtige Lage richtig zu beurtheilen im Stande seyen.

Auf den Antrag Oestreich's wurden daher nachstehende zwölf Artikel durch einhellige Zustimmung zum Bundesgesetz erhoben:

Art. 1. Für den Fall, daß in einem Bundesstaate zwischen der Regierung und den Ständen über die Auslegung der Verfassung oder über die Grenzen der bei Ausübung bestimmter Rechte des Regenten den Ständen eingeräumten Mitwirkung, namentlich durch Verweigerung der zur Führung einer den Bundespflichten und der Landesverfassung entsprechenden Regierung erforderlichen Mittel Irrungen entstehen und alle verfassungsmäßigen und mit den Gesetzen vereinbarlichen Wege zu deren genügenden Beseitigung ohne Erfolg eingeschlagen worden sind, verpflichten sich die Bundesglieder als solche gegeneinander, ehe sie die Dazwischenkunft des Bundes nachsuchen, die Entscheidung solcher Streitigkeiten durch Schiedsrichter auf dem in den nachfolgenden Artikeln bezeichneten Wege zu veranlassen.

Art. 2. Um das Schiedsgericht zu bilden, ernennt jede der siebzehn Stimmen des engern Rathes der Bundesversammlung aus den von ihr repräsentirten Staaten, von drei zu drei

Jahren, zwei durch Charakter und Gesinnung ausgezeichnete Männer, welche durch mehrjährigen Dienst hinlängliche Kenntnisse und Geschäftsbildung, der Eine im juridischen, der Andere im administrativen Fache erprobt haben. Die erfolgten Ernennungen werden von den einzelnen Regierungen der Bundesversammlung angezeigt und von dieser, sobald die Anzeigen von allen siebzehn Stimmen eingegangen sind, öffentlich bekannt gemacht. Das Verhältniß dieser **34** Spruchmänner zu den Regierungen, welche sie ernannt haben, bleibt unverändert und es gibt ihnen die Ernennung zum Spruchmann auf Gehalt oder Rang keinen Anspruch.

Art. 3. Wenn in dem Art. 1 bezeichneten Falle der Weg einer schiedsrichterlichen Entscheidung betreten wird, so erstattet die betreffende Regierung hievon Anzeige an die Bundesversammlung, und es werden aus der bekanntgemachten Liste der **34** Spruchmänner in der Regel sechs Schiedsrichter, und zwar drei von der Regierung und drei von den Ständen, ausgewählt; die von der betheiligten Regierung ernannten Spruchmänner sind von der Wahl zu Schiedsrichtern für den gegebenen Fall ausgeschlossen, sofern nicht beide Theile mit deren Zulassung einverstanden sind. Es bleibt dem Uebereinkommen beider Theile überlassen, sich auf die Wahl von zwei oder vier Schiedsrichtern zu beschränken oder deren Zahl auf acht auszudehnen. Die gewählten Schiedsrichter werden von der betreffenden Regierung der Bundesversammlung angezeigt. Erfolgt im Falle der Vereinbarung über die Berufung an das Schiedsgericht und nachdem die Regierung den Ständen die Liste der Spruchmänner mitgetheilt hat, die Wahl der Schiedsrichter nicht binnen vier Wochen, so ernennt die Bundesversammlung die letztern statt des säumigen Theils.

Art. 4. Die Schiedsrichter werden von der Bundesversammlung mittelst ihrer Regierung von der auf sie gefallenen Ernennung in Kenntniß gesetzt und aufgefordert, einen Obmann aus der Zahl der übrigen Spruchmänner zu wählen; bei Gleichheit der Stimmen wird ein Obmann von der Bundesversammlung ernannt.

Art. 5. Die von der betreffenden Regierung bei der Bundesversammlung eingereichten Akten, in welchen die Streitfragen bereits durch gegenseitige Denkschriften oder auf andere Weise festgestellt seyn müssen, werden dem Obmann übersendet, welcher die Abfassung der Relation und Correlation zwei Schiedsrichtern überträgt, deren Einer aus den von der Regierung, der Andere aus den von den Ständen Erwählten zu nehmen ist.

Art. 6. Demnächst versammeln sich die Schiedsrichter, einschließlich des Obmannes, an einem von beiden Theilen zu bestimmenden oder, in Ermangelung einer Uebereinkunft, von der Bundesversammlung zu bezeichnenden Orte und entscheiden, nach ihrem Gewissen und eigener Einsicht, den streitigen Fall durch Mehrheit der Stimmen.

Art. 7. Sollten die Schiedsrichter zur Fällung des definitiven Spruches eine nähere Ermittelung oder Aufklärung von Thatsachen für unumgänglich nothwendig erachten, so werden sie dieß der Bundesversammlung anzeigen, welche die Ergänzung der Akten durch den Bundestagsgesandten der betheiligten Regierung bewirken läßt.

Art. 8. Sofern nicht in dem zuletzt bezeichneten Falle eine Verzögerung unvermeidlich wird, muß die Entscheidung spätestens binnen vier Monaten, von der Ernennung des Obmannes an gerechnet, erfolgen und bei der Bundesversammlung zur weitern Mittheilung an die betheiligte Regierung eingereicht werden.

Art. 9. Der schiedsrichterliche Ausspruch hat die Kraft und Wirkung eines austrägalgerichtlichen Erkenntnisses und die bundesgesetzliche Exekutionsordnung findet hierauf ihre Anwendung. Bei Streitigkeiten über die Ansätze eines Budgets insbesondere erstreckt sich diese Kraft und Wirkung auf die Dauer der Steuerbewilligungsperiode, welche das in Frage stehende Budget umfaßt.

Art. 10. Sollten sich über den Betrag der durch das schiedsrichterliche Verfahren veranlaßten, dem betheiligten Staat in ihrem ganzen Umfang zur Last fallenden Kosten Anstände ergeben, so werden diese durch Festsetzung von Seiten der Bundesversammlung erledigt.

Art. 11. Das in den vorstehenden Artikeln bezeichnete Schiedsgericht findet auch zur Schlichtung der in den freien Städten zwischen den Senaten und den verfassungsmäßigen bürgerlichen Behörden derselben sich etwa ergebenden Irrungen und Streitigkeiten analoge Anwendung.

Art. 12. Da es den Mitgliedern des Bundes unbenommen bleibt, sich darüber einzuverstehen, daß die zwischen ihnen entstandenen Streitigkeiten auf dem Wege des Art. 2 gebildeten Schiedsgerichts ausgetragen werden, so wird die Bundesversammlung, eintretenden Falles, auf die hievon von den streitenden Bundesgliedern gleichzeitig gemachte Anzeige, nach Maaßgabe der Art. 3 — 10 die Einleitung des schiedsrichterlichen Verfahrens veranlassen.

So tritt denn an die Stelle der ehmaligen Reichsgerichte, bei welchen deutsche Landesunterthanen Schutz gegen die Beeinträchtigungen der Landesherren suchen konnten, ein Schiedsgericht, bei welchem deutsche Fürsten gegen die Stände ihres Landes klagen können, wie wenn nicht letztere, sondern erstere die Schutzbedürftigen wären. Daß aber die konstitutionellen Fürsten Deutschlands sich dazu verstehen mochten, ihre wichtigsten Landesangelegenheiten der Entscheidung fremder Schiedsrichter zu unterwerfen und dadurch ihre sonst so eifersüchtig bewachte Souveränitat (besonders in Vergleichung mit den absoluten

Bundesmächten, die in einen solchen Fall nie kommen können) in ein zweifelhaftes Licht zu stellen, müßte allerdings befremden, wenn nicht das so betitelte Schiedsgericht in seiner ganzen Bildung und Zusammensetzung von der einem Schiedsgerichte wesentlichen Forderung der Gleichheit für beide Theile sich so sehr entfernte und der ersten richterlichen Eigenschaft, der Unpartheilichkeit, so sehr ermangelte, daß die zur Ernennung der Spruchmänner allein berechtigten Regierungen einer ihnen günstigen Entscheidung fast in allen Fällen sich versichert halten dürfen.

Ein solches Schiedsgericht den deutschen Ständen auch nur anzubieten und dabei zu versichern: „daß dasselbe unbezweifelt dazu dienen werde, das in der deutschen Bundesverfassung liegende Band der Nationaleinheit immer fester zu knüpfen und das Vertrauen zwischen Regierung und Landständen durch dieses, den zwischen ihnen bestehenden Rechtsverhältnissen gewährte, neue Schutzmittel dauernd zu befestigen,“ klingt fast wie Hohn auf alle konstitutionellen Einrichtungen. Weil aber eine mit ihrer Regierung in Opposition begriffene Ständeversammlung selten oder nie freiwillig ihre Zuflucht zu dem dargebotenen Mittel nehmen wird, so stellt der erste

Artikel

Artikel die Dazwischenkunft des Bundes für den Fall der Ablehnung des Schiedsgerichts in Hintergrund und diese Dazwischenkunft kann sich wohl nicht auf die Ertheilung eines guten Raths oder auf den Versuch einer friedlichen Vermittelung beschränken, weil die Bundesversammlung mit den ihr fremden Ständeversammlungen überhaupt nicht zu verhandeln gewohnt ist und weil ohne einen direkten oder indirekten Zwang zur Betretung des schiedsrichterlichen Weges das ganze Institut verfehlt und ein Zeugniß der Unmacht wäre. Mag nun aber die Dazwischenkunft des Bundes in einer von der Bundesversammlung unmittelbar ausgehenden Entscheidung oder in der durch Art. 2 des Bundesbeschlusses vom 28. Juni 1832 angedrohten militärischen Exekution bestehen, durch welche Land und Stände ihre Regierung zufriedenzustellen genöthigt werden: beides ist ein mittelbarer Zwang zur Unterwerfung unter jenes Schiedsgericht, und sobald zu seiner Annahme irgend eine Nöthigung stattfindet, so ist dasselbe auch ein Mittel zur Vernichtung aller ständischen Rechte und Wirksamkeit, von welchem die Regierungen vielleicht nicht oft Gebrauch machen werden, aber doch, so oft es ihnen beliebt, Gebrauch machen können.

Zugleich ist dieses ohne Beistimmung der Stände durch einseitigen Beschluß des Bundes festgesetzte Schiedsgericht ein neues Zeichen, wie fest die absoluten Bundesmächte entschlossen sind, keine Repräsentativverfassungen einzuführen. Denn niemals werden diese Mächte sich ein Gericht, das aus den Dienern anderer Regierungen zusammengesetzt ist, aufdringen lassen, so erwünscht ihnen übrigens dasselbe als eine polizeiliche Anstalt für ihre Zwecke gegen die deutschen Verfassungsstaaten und deren angebliche Unabhängigkeit seyn mag.

Auf die Anordnung des bisher beschriebenen Schiedsgerichtes folgte am **13.** November **1834** in fünfzehn sehr ausführlichen Artikeln eine Art von Schulordnung für die Universitäten und andere Lehr- und Erziehungsanstalten Deutschlands, deren Hauptzweck die vollständige Unterdrückung der Burschenschaft und ähnlicher Verbindungen, zugleich aber auch die Schwächung des Ansehens der akademischen Korporationen ist.

Es verordnet nämlich der Art. **I** die Niedersetzung einer besondern Commission für die Immatrikulation auf jeder deutschen Universität. Der Artikel **II** bestimmt die Zeugnisse, welche die Aufnahme unter die Zahl der Studirenden bedingen sollen, und verpflichtet die Regierungen zur Erlassung und gegenseitigen Mittheilung von Gesetzen über diesen Gegenstand. Der Artikel **III** befiehlt, in den Zeugnissen über das sittliche Betragen jedesmal (wo möglich mit Angabe der Gründe) zu bemerken, ob der Inhaber der Theilnahme an verbotenen Verbindungen verdächtig geworden sey oder irgend eine Strafe wegen solcher erstanden habe, wogegen die Anführung der Bestrafung wegen anderer minder erheblichen Contraventionen nach dem Ermessen der Behörde unterbleiben kann. Der Artikel **IV** bezeichnet die Fälle, in welchen die Immatrikulation zu verweigern ist, nämlich Mangel der erforderlichen Zeugnisse über Kenntnisse, Fleiß und sittliches Betragen, vorausgegangene Wegweisung von einer andern Universität oder dringender Verdacht der Theilnahme an einer verbotenen Verbindung, und verlangt, daß die Universitäten jede Wegweisung eines Studirenden von der Universität nebst der genau zu bezeichnenden Ursache und einem Signalement des Weggewiesenen sich gegenseitig mittheilen. Der Artikel **V** verpflichtet jeden Studirenden, vor der Immatrikulation auf Ehre und Gewissen zu versprechen: daß er an keiner verbotenen oder unerlaubten Verbindung der Studirenden, insbesondre an keiner burschenschaftlichen Verbindung Theil nehmen, sich an dergleichen Verbindungen in keiner Beziehung näher oder entfernter anschließen, noch solche auf irgend eine Art befördern wolle, und daß er weder zu dem Zwecke gemeinschaftlicher Berathschlagungen über die bestehenden Gesetze und Einrichtungen des Landes, noch zu jenem der wirklichen Auflehnung gegen obrigkeitliche Maaßregeln sich mit Andern vereinigen werde. Der Artikel VI verbietet alle Verbindungen der Studirenden sowohl unter sich als mit sonstigen geheimen Gesellschaften und erlaubt bloß unter den von der Regierung festzusetzenden Bedingungen die Vereinigung zu wissenschaftlichen und geselligen Zwecken. Der Artikel VII bestimmt das Minimum der Strafe wegen Theilnahme an verbotenen Verbindungen, welche bei solchen Mitgliedern, die an einer Correspondenz mit Studirenden andrer Universitäten zur Beförderung verbotener Verbindungen thätigen Antheil genommen haben, immer in Relegation bestehen soll. Nach Artikel VIII soll die Mitglieder einer burschenschaftlichen oder einer auf politische Zwecke unter irgend einem Namen gerichteten Verbindung geschärfte Relegation treffen, und die so Bestraften sollen künftig ebensowenig zum Civildienste, als zu einem kirchlichen oder Schulamte, zu einer akademischen Würde, zur Advokatur, zur ärztlichen oder chirurgischen Praxis innerhalb der Staaten des Deutschen Bundes zugelassen werden. Nach Artikel IX sind in Fällen, wo politische Verbindungen der Studirenden auf Universitäten vorkommen, sämmtliche übrigen Universitäten alsbald hievon zu benachrichtigen. Der Art. X behält bei allen mit akademischen Strafen zu belegenden Gesetzwidrigkeiten die kriminelle Bestrafung noch ausdrücklich vor. Der Artikel XI enthält die Strafbestimmungen gegen die Urheber und Beförderer von Verrufserklärungen. Der Artikel XII verpflichtet Jeden, der auf einer Universität studirt hat und in den Staatsdienst treten will, bei dem Abgange von der Universität sich mit einem Zeugnisse über die Vorlesungen, die er besucht hat, über seinen Fleiß und seine Aufführung zu versehen, indem ohne die Vorlage dieser Zeugnisse, die sich vorzüglich auch auf die Frage der Theilnahme an verbotenen Verbindungen zu erstrecken haben, keiner in einem deutschen Bundesstaate zu einer Prüfung zugelassen und also auch nicht im Staatsdienste angestellt werden soll.

Alle diese Bestimmungen sollen nach Artikel XIV vorbehältlich weiterer Uebereinkunft auf sechs Jahre als eine verbindliche Verabredung bestehen, und nach Artikel XV auch auf andre öffentliche und Privatlehranstalten, soweit es ihrer Natur nach thunlich ist, angewendet werden.

Durch den Artikel XIII endlich werden die akademischen Gremien, als solche, der von ihnen bisher ausgeübten Strafgerichtsbarkeit in Criminal- und allgemeinen Polizeisachen über die Studirenden allenthalben enthoben, und in Verbindung hiemit steht wahrscheinlich eine zu gleicher Zeit beschlossene authentische Erklärung des zwölften Artikels der Bundesakte. Zufolge dieses Artikels sollen sich nämlich

> diejenigen Bundesglieder, deren Besitzungen nicht eine Volkszahl von 300,000 Seelen erreichen, mit den ihnen verwandten Häusern oder andern Bundesgliedern, mit welchen sie wenigstens eine solche Volkszahl ausmachen, zur Bildung eines gemeinschaftlichen obersten Gerichts vereinigen.
>
> In den Staaten von solcher Volksmenge, wo schon jetzt dergleichen Gerichte dritter Instanz vorhanden sind, werden jedoch diese in ihrer bisherigen Eigenschaft erhalten, wofern

nur die Volkszahl, über welche sie sich erstrecken, nicht unter 150,000 Seelen ist.

Den vier freien Städten steht das Recht zu, sich unter einander über die Errichtung eines gemeinsamen obersten Gerichtes zu vereinigen.

Bei den solchergestalt errichteten gemeinschaftlichen obersten Gerichten soll jeder der Partheien gestattet seyn, auf die Verschickung der Akten auf eine deutsche Fakultät oder an einen Schöppenstuhl zur Abfassung des Endurtheils anzutragen.

Durch Beschluß vom 13. November 1834 erklärte nun die Bundesversammlung: „da sich ergeben habe, daß die im Art. 12 der Bundesakte enthaltene Bestimmung wegen Verschickung der Akten zur Abfassung des Endurtheils zum Theil auch auf Polizei- und Criminalerkenntnisse ausgedehnt worden, eine solche Ausdehnung aber nicht im Sinne jenes Artikels liege, so habe der gedachte Artikel 12 der Bundesakte nur auf Civilstreitigkeiten Anwendung zu finden.“

Um dieselbe Zeit wurde ferner von den Regierungen einiger Bundesstaaten bekannt gemacht, daß in Folge bei dem Bundestage gepflogener Verhandlungen und gefaßten Beschlusses den Landesunterthanen der Besuch der Universitäten Zürich und Bern nicht gestattet sey, und daß diejenigen, welche diesem Verbot zuwider handeln, sowohl von Staats- und andern öffentlichen Aemtern, als von Ausübung des Lehrfaches und der juridischen und ärztlichen Praxis ausgeschlossen seyn sollen.

Neben den Repräsentativverfassungen und den Universitäten durfte aber auch der dritte Gegenstand der systematischen Reaktion des Deutschen Bundes, die Preßfreiheit nicht ganz leer ausgehen. Wenn den Nachrichten öffentlicher Blätter Glauben beizumessen ist, so soll das Censuramt in Betreff der periodischen Blätter in seiner ganzen Bedeutung (!) erkannt und bestimmt worden seyn, daß dasselbe nur Männern von erprobter Fähigkeit und Gesinnung, die eine entsprechende ehrenvolle Stellung im Staatsdienste behaupten, zu übertragen sey. In jedem Staate, wo solches nicht bereits besteht, soll ein Obercensurkollegium geschaffen werden, das die Ausübung der Censur überwacht und zugleich Beschwerden der Schriftsteller erledigt. Censurlücken sollen nirgends mehr geduldet werden. Bei Herausgabe neuer Blätter soll der Redakteur eine Befähigung nachweisen, und jede neue Concession unbedingt widerruflich seyn; auch sollen sich die Regierungen dahin vereinigt haben, daß bei dem Nachtheil einer zu großen Anzahl von Zeitungsblättern eine allmählige Verminderung derselben herbeizuführen sey. Auf Journale in fremden Sprachen sollen von den Postämtern nur dann Abonnements angenommen werden, wenn sie in dem von den Postämtern gehaltenen und von der Regierung genehmigten Verzeichnisse solcher Blätter aufgenommen sind. Zwar dürfen die auf solche Weise ausgeschlossenen Blätter von Einzelnen verschrieben, aber nicht öffentlich aufgelegt werden. Die Aufnahme ständischer, so wie gerichtlicher Verhandlungen in Zeitungen soll von der Censur wie bisher nach derselben Regel wie der übrige Inhalt eines Blatts bemessen werden.

Bei strenger Handhabung solcher Vorschriften kann es nicht wohl fehlen, daß die letzte Spur von Freiheit der periodisch politischen Presse vollends in Deutschland vernichtet wird, und daß die Universitäten, welche bisher dem intelligentesten Theil der Nation eine für die Bildung und Selbstständigkeit des Charakters einflußreiche Vorschule des praktischen Lebens dargeboten, von der Würde nationaler Institute für deutsche Wissenschaft und allgemeine Aufklärung zu bloßen Lehranstalten herabsinken, worin die Regierungen sich für ihren Bedarf Staatsdiener nachziehen, die keine andre Ehre kennen als die Ehre des Gehorsams, und deren politische Makellosigkeit und Unschuld auch nicht der Schatten eines Verdachts befleckt.

Die Sache bietet aber auch noch eine andre Seite der Betrachtung dar. Durch die angeführten Beschlüsse unterwirft ein angeblich bloß völkerrechtlicher Verein das geringfügigste Detail polizeilicher Anordnungen in den Bundesländern seiner Verfügung, beschließt die Niedersetzung von Behörden und schreibt die Erlassung von Gesetzen, die Bedingungen der Zulassung zum Staatsdienst in den Bundesstaaten vor, erläßt Strafgesetze gegen deren Unterthanen, gebietet Aenderungen in der Gerichtsverfassung einzelner Bundesländer und liefert durch das Verbot der Aktenversendung in Strafsachen abermals ein höchst merkwürdiges Beispiel von der Art und Weise, wie die Bundesversammlung die Bundesakte erklärt und handhabt. Weil der Art. 12 nach seiner ganzen Fassung allerdings nur von Civilstreitigkeiten redet, so scheint sich die Bundesversammlung für ermächtigt zu halten, über die Behandlung von Strafsachen in den deutschen Bundesstaaten Verfügungen zu treffen und deren Gerichtsverfassung abzuändern! Und wenn demnach der Bund für gut fände, die Einführung der Jury in den Bundesstaaten zu verbieten oder eine allgemeine Strafprozeßordnung für ganz Deutschland ohne Mitwirkung und Zustimmung der deutschen Ständeversammlungen zu verkündigen, so würde seine Berechtigung hiezu ebenfalls aus dem 12. Artikel der Bundesakte folgen?

Doch was liegt überhaupt daran, ob die Bundesakte etwas erlaubt oder verbietet? Die Bundesakte selbst gilt ja nur so lang, als der Bund sie nicht durch authentische Erklärungen abändert, und jede Landesverfassung nur so weit, als der Bund sie bestehen läßt. Da nun der Deutsche Bund weder bei Abänderung der erstern noch der letztern die deutschen Völker oder deren Vertreter befragt und nach Gefallen auch die verfassungsmäßig unter ständischer Mitwirkung stehenden innern Verhältnisse der Bundesländer ohne ständische Zustimmung in seinen Bereich zieht: so enthebt derselbe alle Fürsten der Verbindlichkeit, als Bundesglieder die Verfassungen zu halten, welche sie als Landesherren beschworen haben, und stellt dadurch zwar das eigentliche monarchische Prinzip, wonach die Fürsten keine Rechts-, sondern bloße Gewissenspflichten gegen die Völker zu erfüllen haben, in seiner Reinheit her, vernichtet aber auch schon dem Begriffe nach den Rechtszustand, den die Bundesakte den Völkern versprochen hat.

Indem jedoch der Bund gegen die Völker eine wahre unumschränkte Staatsgewalt in Anspruch nimmt, soll derselbe für die Regierungen ein bloßer Staatenbund, eine ihrer Unabhängigkeit in keiner Weise gefährliche Vereinigung seyn, deren Beschlüsse lauter freie völkerrechtliche Verträge bilden, und ist dieß wirklich auch für Oestreich und für Preussen, welche er weder zur Erfüllung ihrer Bundespflichten und seiner Gesetze und Beschlüsse zwingen, noch am Austritt, wenn je der Bund ihnen nicht mehr zusagen sollte, verhindern kann. Anders verhält sich dieß dagegen bei den mindermächtigen Fürsten, den Beherrschern der rein deutschen Staaten.

Um auch ihrer Unabhängigkeit keinen Eintrag zu thun, müßten dieselben entweder das Recht haben, beliebig aus der Gemeinschaft des Bundes auszutreten, oder es müßte der Grundsatz gelten, daß, so wie die wichtigsten Bundesbeschlüsse nur durch Stimmeneinhelligkeit zu Stande kommen, so auch ihre verbindende Kraft aufhört, sobald diese Stimmeneinhelligkeit nicht mehr vorhanden ist oder sobald nur ein Bundesmitglied ihre Aufhebung verlangt.

Dieß ist aber nicht der Fall. Die Bundesakte und die Schlußakte schreiben vielmehr gerade das Gegentheil vor: daß auch zur Abänderung, somit zur Aufhebung derjenigen Beschlüsse, welche nur mit Stimmeneinhelligkeit gefaßt werden konnten, wiederum Stimmeneinhelligkeit, bei allen andern aber wenigstens Stimmenmehrheit erforderlich sey. Durch eine Masse von Gesetzen und Verordnungen, welche der Bund mit ihrer Zustimmung erläßt, um in die Rechtsverhältnisse der Unterthanen zwingend einzugreifen, binden sich daher die Regierungen der rein deutschen Staaten selbst die Hände und erschweren sich, vielleicht bis zur Unmöglichkeit, die Rückkehr zu einem populären Regierungssystem. Denn wenn dieselben künftig den Deutschen Bund auf seine ursprünglichen Grundlagen zurückzuführen nöthig finden oder in Befolgung seiner Beschlüsse lässig werden sollten, so haben Oestreich und Preussen nicht allein die Macht, sondern nach dem Buchstaben der Verträge auch das Recht, sie zur Festhaltung der jetzigen Bundesverfassung und Gesetze zu nöthigen, oder bei fortgesetztem Widerstand sogar die selbstständige Existenz der kleinen Staaten mit der Ruhe und Sicherheit Deutschlands, mit der Aufrechthaltung gesetzlicher Ordnung und dem Wohl des Ganzen für unvereinbar zu erklären.

Scheinbar unbedeutend steht neben den bisher erörterten Maaßregeln das den Redaktoren politischer Zeitschriften bei Strafe der Unterdrückung ihres Blatts eingeschärfte Verbot, Nachrichten über Verhaftungen und Untersuchungen, welche sich auf hochverrätherische Komplotte in Deutschland beziehen, mitzutheilen. Doch in den Händen einer schleichenden Reaktion, die zwar nie einen Schritt zurückthut, wenn die ursprünglichen Motive einer verletzenden Verfügung weggefallen sind, wohl aber aus einer ersten Beschränkung bei der nächsten günstigen Veranlassung die Berechtigung zu weitern Beschränkungen ableitet, können große Dinge auch aus kleinen Anfängen sich entwickeln. Auch beweist die Aufhebung der akademischen Gerichtsbarkeit und das Verbot der Aktenversendung, daß der Deutsche Bund durchaus kein Bedenken trägt, sich in die Gerichtsverfassung der einzelnen Länder einzumischen. Und erwägt man nun, daß es in Deutschland bei der unbeschränkten Gewalt der Censur über alle periodischen Blätter der angedrohten

Unterdrückung nicht bedurfte, wenn es nicht etwa galt, dem Grundsatz der Heimlichkeit die erste Bahn zu brechen: so ist auch die Aussicht auf ein aus jenem unscheinbaren Kerne mit der Zeit erwachsendes politisches Vehmgericht vorhanden, welches die wegen Staatsverbrechen Angeschuldigten des letzten Schutzes einer ohnedieß schon kargen Oeffentlichkeit beraubt, die Sicherheit der Person auf's Aeußerste gefährdet und das Schicksal der Verfolgten mit Vergessenheit bedeckt.

Analogien eines solchen Stufenganges liegen wenigstens nicht allzufern.

Die Schlußakte, welche in Beschränkung konstitutioneller Freiheit schon viel weiter ging, als die Erfüllung der Bundespflicht fordert und die Erreichung der ausgesprochenen Bundeszwecke rechtfertigt, anerkennt doch noch, daß die in einer landständischen Verfassung einmal eingeräumten Rechte den Völkern nur auf verfassungsmäßigem Wege wieder entzogen werden dürfen. Aber im Jahr 1824 wird bereits der Grundsatz aufgestellt, daß gegen einen aus dem deutschen Fürstenrath hervorgehenden Beschluß der Einwand einer Verletzung der Verfassung eines einzelnen Staats unstatthaft sey, und der Beschluß vom

28. Jun. 1832 vernichtet das in den Verfassungen begründete Recht, dieselben auf verfassungsmäßigem Wege abzuändern, sobald durch eine solche Abänderung die Souveränitätsrechte des Fürsten geschmälert würden.

Ebenso enthielt die Schlußakte noch nichts von einer Beschränkung des Steuerverwilligungsrechts der Stände, und beschränkte (Art. LXI) die Einwirkung des Bundes in landständischen Angelegenheiten ausdrücklich auf gewisse speziell benannte Fälle, unter welchen die Verweigerung der Steuern nicht begriffen schien. Der Bundesbeschluß vom Jahr 1832 bestimmt aber schon, daß keinem deutschen Souverän durch die Landstände die zur Führung einer den Bundespflichten und der Landesverfassung entsprechenden Regierung erforderlichen Mittel verweigert werden dürfen, und erklärt es für strafbare Widersetzlichkeit und Aufruhr, wenn ständische Versammlungen die Bewilligung der zur Führung der Regierung erforderlichen Steuern auf eine unmittelbare oder mittelbare Weise durch die Durchsetzung anderweiter Wünsche und Anträge bedingen wollten. Der Beschluß vom 30. Oktober 1834 endlich bezeichnet auch schon die Verweigerung eines einzelnen Etatssatzes, wie überhaupt jede Irrung zwischen Landesherrn und Ständen, als einen statthaften Grund für die Dazwischenkunft des Bundes, wenn die Stände nicht dem Ausspruch unbeeidigter, von den Regierungen ernannter, an keine positive Norm gebundener Schiedsrichter sich unterwerfen und die ihrer Obhut anvertraute Landesverfassung in fremde Hände geben wollen.

So fügt jede Verkündigung neuer Bundesbeschlüsse einige Maschen weiter zu dem Netze, das die deutsche Freiheit nach und nach umgarnt und in einem verhängnißvollen Augenblick vielleicht mit Einemmal zusammengezogen wird.

Sechster Abschnitt.

Gegenwärtiger Stand der Dinge im Deutschen Bund.

Ueberschaut man die bisherige Entwicklung der Verhältnisse des Deutschen Bundes, so ist schwer zu läugnen, daß ihr Gang weder mit den Anforderungen des Rechts, noch einer Politik, die ihre Zeit erkennt, im Einklang steht und daß darum der Deutsche Bund auch seinen ursprünglichen Zweck verfehlen mußte.

Mehr als irgend eine andere ist unsere Zeit eine Zeit des bewußten Fortschreitens auf dem Wege zur Verbesserung des gesellschaftlichen Zustandes der Regierten gegenüber den Regierenden. Sie verlangt daher Staatseinrichtungen, welche Fortschritte der bezeichneten Art nicht nur möglich machen, sondern sie hervorrufen und begünstigen. Dieser Forderung entspricht aber vorzugsweis die Repräsentativverfassung, die in ihren Formen Raum für jede Stufe der politischen Entwicklung hat, und die, wenn sie auf ein freisinniges Wahlgesetz gegründet ist und in die Hände der Vertreter die der Volksvertretung wesentlichen Rechte legt, nämlich Theilnahme an der Gesetzgebung und Steuerverwilligung, einer naturgemäß fortschreitenden Emancipation der Völker keine Grenzen setzt.

Zwar wird der Monarchie mit Repräsentativverfassung vorgeworfen, daß sie so selten halte, was zu leisten sie verspreche, weil wirkliche Alleinherrschaft in letzter Analyse nur mit berathender Volksvertretung sich vertrage, bei ausgedehntern, zwingenden Befugnissen der Volksvertretung aber das Königthum, zum Kampf auf Tod und Leben herausgefordert, mit nur allzu glücklichem Erfolg alle Mittel anwende, welche Gewalt und Bestechung ihm darbieten, um das öffentliche Leben zu einer Schule der Corruption, der Lüge und der Heuchelei zu machen, worin die Völker getäuscht, die Staatsbeamten depravirt und die berufenen Verfechter der Volksinteressen in feile Bewerber um die Gunst des Fürsten verwandelt werden. Wo aber auch das Volk durch seine Vertreter den gebührenden Einfluß ausübe, da verzehre doch, wie in einer schwerfälligen Maschine die Reibung, der Kampf um die Gewalt die besten Kräfte, und es sey die konstitutionelle Monarchie zu sehr auf den Widerstreit der Interessen, also auf ein System der Zwietracht und des Hasses gebaut, als daß die Menschheit dauernde Befriedigung darin zu finden vermöchte. Indem der Monarch wirkliches Staatsoberhaupt bleiben solle und dem Volke doch gesetzliche Mittel gegeben seyen, seinen Willen selbst gegen den Willen des Monarchen durchzusetzen, schließe die konstitutionelle Monarchie eine doppelte Souveränität in sich, die Souveränität des Fürsten und die Souveränität des Volks, und sey ein systematischer Krieg dieser beiden Souveränitäten, wovon nothwendig die eine zuletzt die andere aufreiben müsse.

Allein der erste dieser Einwürfe ist im schlimmsten Falle nur so weit gegründet, als das Volk nicht reif ist, um von seinen Rechten den gehörigen Gebrauch zu machen, oder als keine freie Entwicklung von innen heraus statt findet, wie in den kleinen deutschen Verfassungsstaaten, welche bei dem Mangel an politischer Selbstständigkeit Gesetze von außen her, und zwar von absolut monarchischen größern Staaten, empfangen.

Der zweite Einwurf dagegen, daß die konstitutionelle Monarchie sich als ein bloßes Uebergangssystem erweise, kann diesem Systeme in einer Welt des Wechsels und beständiger Bewegung wenigstens nicht zum Tadel gereichen. Es ist vollkommen richtig, daß dasselbe da, wo das Königthum von despotischen Reminiscenzen lebt und wahrhafte Alleinherrschaft bleiben will, den Kampf zweier Souveränitäten förmlich organisirt und bei ungestörter Entwicklung mit dem allmähligen Siege derjenigen enden wird, welche dem Charakter der Zeit am meisten entspricht. Dieß ist aber offenbar die Souveränität des Volks, wie sie in einer vollständigen, redlichen und freien Volksvertretung sich gestaltet.

Die reine Monarchie hat ihre Zeit der Blüthe überlebt, da mehr und mehr der Glaube schwindet, in dem sie gewurzelt ist, der Glaube an ein unmittelbar vom Himmel stammendes, besondres Recht der Dynastien und die Meinung, daß die Völker wie die Länder Eigenthum der Fürsten seyen. Dem ausschließlichen Recht eines Einzigen tritt das Recht der Gesammtheit, dem erblichen Vorrecht der Begriff des Allen gleichen unveräußerlichen Urrechts, der bewaffneten Vormundschaft die Forderung der allgemeinen Freiheit immer siegreicher gegenüber, und es verräth in Wahrheit nicht den tiefen Blick in das Wesen geschichtlicher Entwicklungen, dessen sich die Reaktionsmänner rühmen, wenn man die Auflehnung der Völker gegen die einzige wahrhaft monarchische Monarchie — die absolute — als das Werk einiger Uebelgesinnten oder Ehrgeizigen und somit als eine zufällige Erscheinung ansieht, die durch menschliche Klugheit unterdrückt werden könne. Sie ist gegründet im Gesetz des Werdens und Vergehens, dem alles Irdische anheimfällt und das keiner Menschenschöpfung die Unsterblichkeit vergönnt.

Versteht man daher unter Volkssouveränität jene Macht der öffentlichen Meinung oder der als stimmberechtigt anerkannten Volksvernunft, welche einen der herrschenden Ueberzeugung beharrlich widerstrebenden Gebrauch der Staatsgewalt unmöglich macht, so wird diese Souveränität den Sieg davon tragen über das durch den Völkerglauben geheiligte Recht des Stärkern, welches in der reinen Monarchie regiert. Wie durch einen geheimen, aber unaufhaltsamen Prozeß des Erdlebens die Höhen und Gebirgszüge einer spätern Periode neben und über den Gebilden einer frühern sich erheben mußten, so scheint durch einen unwillkührlichen Prozeß des Völkerlebens neben und über der Souveränität der Fürsten eine auf die Herrschaft der Intelligenz gegründete Souveränität des Volks mit langsamer, doch unüberwindlicher Gewalt emporzusteigen.

Aber das System der konstitutionellen Monarchie soll der aufsteigenden Bewegung, in der wir die gebildetsten Völker Europa's gegenwärtig begriffen sehen, Maaß und Richtung geben. Die repräsentative Monarchie unterscheidet sich, wenn von dem einzigen Recht der Steuerverwilligung nachdrücklicher Gebrauch gemacht wird, von der Republik allein noch durch die Erblichkeit und durch die Unverantwortlichkeit des Inhabers der vollziehenden Gewalt; das Volk steht durch seine

Vertreter über dem Monarchen und sie können des Volkes Willen zum Gesetz erheben. Auch ist in dem gegenwärtigen Kampfe zwischen Monarchismus und Liberalismus die Hauptfrage gar nicht die, ob das Staatsoberhaupt erblich und unverantwortlich, oder wählbar und verantwortlich seyn soll, sondern ob demselben von Rechtswegen freistehen müsse, gegen den Willen und die Interessen des Volks zu regieren, oder ob dem Volk verfassungsmäßige Mittel einzuräumen seyen, durch die es eine seinen Wünschen entsprechende Regierung erzwingen kann. In diesem Sinne verlangt der Liberalismus das Steuerverweigerungsrecht, welches der Monarchismus bestreitet.

Allein so wenig es dem Monarchismus gelingen wird, durch geschriebene Satzungen einfache, aber ewige Wahrheiten zu vernichten und die Völker auf immer glauben zu machen, daß das erbliche Staatsoberhaupt der alleinige rechtmäßige Inhaber der gesammten Staatsgewalt seyn und bleiben müsse: eben so wenig läßt sich die einem Volk noch fehlende Mündigkeit und Reife durch Verfassungsurkunden oder demokratische Formen ersetzen, und von der durch die Repräsentativverfassung *möglichen* Abhängigkeit ist noch ein weiter Abstand bis zur wirklichen Abhängigkeit des erblichen Staatsoberhaupts vom Willen der Gesammtheit. In seinen letzten Springfedern demokratisch, wenn das Volk nur ernstlich will, läßt dieses System der Monarchie doch Kraft genug übrig, um jedesmal die Zügel zu ergreifen oder straffer anzuziehen, sobald das Volk keinen entschiedenen Willen hat und durch Partheiung oder Schlaffheit den Gefahren einer Auflösung entgegengeht. In dem erblichen Throne ist ein fester Punkt gegeben, um den alle Bewegungen kreisen, bis die rechte Bahn für sie gefunden ist; ein Damm, der sichernd und erhaltend stehen bleibt, wenn die unbeständigen Fluthen der Demokratie sich wechselnd senken und erheben. Die Monarchie hält in Europa nicht allein sich selbst, sondern auch ihre Gegner unter sich zusammen, und wenn gleich das Repräsentativsystem darauf berechnet ist, daß die dem Rechte nach zwischen Volk und Regenten gemeinschaftliche höchste Staatsgewalt faktisch in die Hände des Volks übergehen soll, so weit und so bald dieses fähig ist, sie auszuüben: so werden doch die Bemühungen des Monarchismus, trotz der immer wachsenden Zerstörung seiner theokratisch-patrimonialen Grundlage, die Konsequenzen der

Theokratie in dem Heiligenschein einer über alle Verantwortung erhabenen Unverletzlichkeit und des Patrimonialsystems in der Erblichkeit aller Gewalt festzuhalten, bei einer friedlichen Entwicklung der Dinge so lange stets von einem glücklichen Erfolg begleitet seyn, als nicht die zunehmende Aufklärung und das patriotische Nationalgefühl der Völker im Stande sind, die in der Monarchie liegende zusammenhaltende Kraft zu ersetzen.

Hat aber einmal ein Volk durch stufenweis vollendete Entwick.ung seines Verfassungslebens die Einsicht und die Kraft erlangt, für sich zu denken und zu wollen, so ist auch das Geschick der Monarchie entschieden. Wenn die Monarchen alsdann noch mehr zu seyn verlangen, als die Vollstrecker des Volkswillens, wenn nicht der Streit um den B:sitz der obersten Gewalt dadurch vermieden wird, daß die Regierenden die Wünsche und die Interessen der Regierten zur einzigen Richtschnur nehmen, so muß gerade das Streben nach Befestigung des Throns zu seinem Umsturz führen, und die Theilung der Gewalt, wie sie der konstitutionellen Monarchie eigenthümlich ist, kann solches nicht verhindern.

Zwar ist es unbestreitbar, daß gegen Despotie und Willkührherrschaft nichts als die Vertheilung der Gewalt in viele Hände Sicherheit gewährt. Allein es ist ein Irrthum, wenn man glaubt, es lasse sich der höchste Zweck des Staats durch eine vollständig durchgeführte Trennung der gesetzgebenden und vollziehenden, oder der gesetzgebenden, vollziehenden und richterlichen Macht erreichen, und es könne namentlich die Staatsgewalt nach der Verschiedenheit der Funktionen zwischen Volk und Regenten in der Art getheilt werden, daß das Volk durch seine Vertreter die ganze gesetzgebende, der erbliche Regent die ganze vollziehende Gewalt besitzt und die Gesetzgebung nirgends in das Gebiet der Verwaltung, die Verwaltung nirgends in das Gebiet der Gesetzgebung übergreift.

Wenn Gesetz im weitesten Sinne jede mit dem Charakter der Allgemeinheit ausgesprochene, auf Rechte und Verbindlichkeiten der Staatsbürger sich beziehende Nothwendigkeit ist, so läßt sich unter diesen Gesichtspunkt alles bringen, was über die Anwendung der bestehenden Gesetze auf einen einzelnen konkreten Fall hinausgeht. Da aber ohne die Befugniß, auch allgemeinere Anordnungen zu treffen, keine Verwaltung möglich ist, so bleibt in jedem konstitutionellen Staate die vollziehende Gewalt auch zur Erlassung von Verordnungen ermächtigt und die Gesetzgebung muß, selbst bei dem beharrlichsten Streben nach möglichst vollständiger Ersetzung aller bloßen Verwaltungsvorschriften durch verfassungsmäßige Gesetze, dennoch immer einen Theil ihrer Zuständigkeiten der Verwaltung überlassen.

Andrerseits besteht aber auch wohl nirgends ein gesetzgebender Körper, dem nicht gewisse Verwaltungs- und Vollziehungs-Befugnisse zuständen, als da sind: die Regulirung des Staatshaushalts und die Mitaufsicht über die Verwendung der Steuern, das Recht der Vorstellung und Beschwerde gegen Verwaltungshandlungen, Anklage oder sogar Verurtheilung der Minister und anderer Staatsbeamten, — und dieß aus einem ganz in der Natur der Sache liegenden Grunde. Die eigentliche Staatsgewalt ist und bleibt immer die gesetzgebende, und diese, als die oberste Gewalt im Staate, muß zugleich hinreichende Vollziehungsmacht besitzen, um zu verhindern, daß die ausübende Gewalt (richterliche sowohl als exekutive) sich nicht unabhängig von ihr machen kann. Ist also das Volk durch seine Vertreter im wirklichen Besitz der gesetzgebenden Gewalt, so muß auch die vollziehende Gewalt von ihm abhängen;

soll der Chef der vollziehenden Gewalt wahrhaft regieren, so muß sein Einfluß auch die Gesetzgebung beherrschen. Denn die verschiedenen Hauptorgane der Staatsgewalt würden zuletzt ganz auseinanderfallen, die richterliche Gewalt würde nicht mehr nach der Gesetzgebung fragen, die vollziehende Gewalt weder um Richter noch um Gesetzgeber sich bekümmern, wenn nicht alle Zweige der Staatsgewalt in einem gemeinschaftlichen Stamm zusammenliefen.

Dieser gemeinschaftliche Stamm, der die Einheit des Staats erhält, kann aber, nach der Verschiedenheit der gegenwärtig miteinander kämpfenden Systeme, seyn entweder das souveräne Volk, als die Urquelle aller öffentlichen Gewalt, oder ein Monarch, dem die höchste Gewalt im Staate ein für allemal übertragen ist.

Daß nun allerdings die politische Bildung einer Nation und die dadurch bedingte Kraft der öffentlichen Meinung eine Stufe erreichen kann, auf der das Volk durch lauter von seinem Willen abhängige Organe der Gewalt sich selbst regiert, beweist das Beispiel Nordamerika's, (obgleich der junge Staat nicht alle Proben schon bestanden hat, welche die Haltbarkeit der dortigen Verfassung außer Zweifel setzen.) Daß auch in Europa, wiewohl bei weit ungünstigern Verhältnissen und widerspenstigern Elementen, eine mächtige Bewegung auf jenen Punkt hinarbeitet, möchte schwer zu läugnen seyn. Das Verlangen der Völker nach einem gesicherten Einfluß auf die öffentlichen Angelegenheiten und nach Erweiterung ihrer politischen Rechte ist eine nothwendige Folge der Civilisation, die wir seit mehr als tausend Jahren in beständigem Fortschritt begriffen sehen, und ohne gänzliche Erstickung der Intelligenz und Geistesbildung, die keine Regierung wagen wird noch wagen kann, ist es verlorne Mühe, der geistigen Bewegung des Jahrhunderts bloß in einzelnen, besonders gefährlich scheinenden Richtungen entgegenzutreten. Das Naturgesetz, daß jede Kraft auch ihre Wirkung haben, daß ein Volk, welches fähig ist, sich selbst zu regieren, auch nach Selbstherrschaft streben muß, wird durch die Gegenwirkung einer von der Herrschaft lebenden, jetzt um ihr Daseyn kämpfenden, Parthei nicht aufgehoben.

Nur ist dagegen auch nie zu vergessen, daß ein erblicher Monarch die verschiedenen Zweige und Organe der Staatsgewalt weit sicherer zusammenhält, als ein aus Millionen Köpfen und verschiedener Sinnesarten bestehendes Volk, weil das Interesse des Monarchen als einer einzigen Person nur eines ist und mit der Einheit, der Erhaltung und Vergrößerung des Staats, woran seine Ehre, seine Macht und sein Vortheil geknüpft ist, zusammenfällt, während unter einem ganzen Volk fast unausbleiblich Partheien mit verschiedenartigen und getheilten Interessen sich hervorthun, die bei einer Trennung und Zerreißung des Ganzen ihre Rechnung, wo nicht finden, doch zu finden glauben. Wenigstens gehört eine große moralische Kraft und ein hoher Grad von gleichmäßig verbreiteter Bildung dazu, wenn ein Volk gegen den Konflikt feindseliger Partheien seine Einheit und die Macht des Staats bewahren soll, und so lang jene fehlen und ein verderbliches Schwanken zwischen Anarchie und Terrorismus nicht unmöglich machen, werden gerade die einflußreichsten und intelligentesten Klassen der Staatsangehörigen eine förmlich konstituirte, mit wirksamen Prärogativen ausgestattete, erbliche Einheit einer aus Kampf und Stürmen sich immer neu herausarbeitenden vorziehen.

Die Fürsten Deutschlands hätten daher auch kein Bedenken tragen dürfen, die Völker Deutschlands durch die Gewährung von Repräsentativverfassungen zufrieden zu stellen, wie sie die wachsende Intelligenz erträgt und fordert. Obgleich einen Keim der Volksherrschaft in sich schließend, hätten solche Verfassungen doch nur dazu beigetragen, unter den Stürmen einer vielbewegten Zeit die Throne zu befestigen. Bei dem engen Bündniß zwischen Monarchie und Aristokratie ist der Geist der wahren Republik dem heutigen, in seinen historischen Ueberlieferungen, in seinem Militär- und Beamten-Wesen, in Gesetz und Sitte so aristokratischen Europa fremd. Auch existirt bis jetzt die der Republik wesentliche Abhängigkeit der vollziehenden Gewalt vom Willen der Gesammtheit faktisch noch in keinem Lande, selbst nicht in denjenigen, wo, wie in England oder Frankreich, die Landesrepräsentation nur ihrer unbestrittenen Rechte und Machtfülle sich bedienen darf, um wahrhaft im Besitz der obersten Gewalt zu seyn. Der gewaltsamen Einführung der Republik aber steht, so lange nicht die Völker durch die Regierungen selbst zu einem Aeußersten getrieben werden, einerseits das Widerstreben derjenigen entgegen, die dabei verlieren würden, andrerseits die Stimmung und Gesinnung derer, die am ehesten dabei gewinnen könnten, d. h. der untersten Klassen der Gesellschaft. Erstere würden nicht ermangeln, mit den äußern Feinden in

Verbindung zu treten, und wie bald würde dann bei letztern, denen es von selbst noch nicht einleuchten möchte, daß der letzte Mann und der letzte Thaler der Republik gehöre, um einen doppelten Angriff abzuwehren, Diktatur und Schreckensherrschaft eine mangelnde Begeisterung ersetzen müssen!

Wer vermag also zu sagen, wie lang Europa's Völker in der Wüste irren müßten, ehe das gelobte Land sich öffnen und die Republik bei ihnen etwas anderes seyn könnte, als Anarchie oder ein unter dem Namen der Freiheit geübter Despotismus. Und doch drängt sich die Frage, bis zu welchem Grad der Freiheit sich auch unser Welttheil zu erheben fähig sey, so vielfach und so unabweisbar auf, daß die Völker früher oder später eine Antwort mit den Waffen in der Hand verlangen werden, wenn ihnen nicht die Fürsten selbst behülflich sind, ohne einen halsbrechenden Versuch die Lösung im Frieden zu finden. Dieß ist jedoch nur möglich durch das konstitutionelle System in seinem freien, stetigen Fortschritt. Denn der unblutige Weg, zugleich der Stundenzeiger auf der Bahn zur Freiheit, ist für die europäischen Monarchien die Repräsentativverfassung. Der Gipfel ist erreicht und der volle Tag der Freiheit

aufgegangen,

aufgegangen, sobald die Nationalvertretung sich zur Würde selbstständiger Gesetzgebung erhoben und aufgehört hat, nur das bald mehr, bald minder fügsame Werkzeug in der Hand der vollziehenden und durch sie zugleich gesetzgebenden Gewalt zu seyn, gleichviel, ob alsdann ein erbliches und unverantwortliches, oder ein erwähltes und verantwortliches Haupt der vollziehenden Gewalt, mit ausgedehnterem oder beschränkterem Vorschlagsrecht und Veto, mit dem Titel König oder Präsident, an der Spitze steht; eine Nation aber, die mit Hülfe des Repräsentativsystems diesen Höhepunkt nicht zu erreichen vermag, ist der Freiheit unfähig und wird weder durch gewaltsamen Umsturz des Throns, noch durch Ausrufung der Republik dazu gelangen.

Doch nur, wenn das Repräsentativsystem in seinem naturgemäßen Gange nicht durch Ordonnanzen und Staatsstreiche gewaltsam gestört, sondern, wie bis jetzt fast bloß in England, in seinem Recht, zu wachsen und sich auszudehnen anerkannt wird, ist es die große Uhr, welche den steigenden Tag der Entwicklung ruhig weist und die Stunde der Freiheit nicht früher anschlägt, als die Völker wirklich reif dazu geworden und keiner Vormundschaft bedürftig sind.

Den Fürsten Deutschlands aber würde das konstitutionelle System um so weniger gefährlich geworden seyn, je weniger sie seine Wohlthaten den Völkern vorzuenthalten oder zu verkümmern gesucht hätten. Selbst seine Täuschungen, selbst die unläugbaren Widersprüche, die es in sich schließt, würde das Volk in dem Maaße liebgewonnen haben, als die Fürsten Anspruch auf seine Dankbarkeit und Zuneigung durch freiwilliges Entgegenkommen sich erworben hätten. Man denkt wenig an die Gebrechen oder schwachen Punkte einer Staatsverfassung, bei der man sich zufrieden und glücklich fühlt, und dem Blick der Menge kann sogar die Häßlichkeit zur Schönheit und die Verkehrtheit zur Heiligkeit werden. Nur wo ein Volk durch die bestehende Ordnung der Dinge nicht befriedigt, sondern gereizt und gemartert wird, macht man sich ein Geschäft daraus, alle Wunden des Staatsorganismus mit der Sonde zu durchwühlen. Aber keine Hambacher Reden, keine revolutionären Journale, keine Preßlizenz, weder die Idee der Freiheit noch der Einheit, können je das friedfertige deutsche Volk, dem wenigstens seine Fürsten den Vorwurf, welchen man dem Volk so häufig macht, den Vorwurf des Undanks und der Unbeständigkeit nicht machen werden, auf die blutige Bahn des Umsturzes treiben, so lange nicht die Regierungen selbst durch Willkühr und Verschwendung in der Administration, durch Brutalität der bewaffneten Gewalt und Demoralisirung der Gerichte die Grundlagen der gesellschaftlichen Ordnung untergraben, oder ein eben so unkluger, als unsittlicher Widerstand jede Forderung, die zeitgemäß, vernünftig und in natürlicher Billigkeit begründet ist, zurückweist.

Denn die höchste Aufgabe der Staatsweisheit ist es, die Collisionen, welche dadurch entstehen, daß im Verlaufe der Zeiten das historische Recht über das natürliche sich hinaufstellt und das Urrecht durch das Vorrecht verdrängt wird, schonend auszugleichen. Von allem, was den Wechsel der Verhältnisse empfindet, kann nichts so sehr sich in sein Gegentheil verkehren, als der Werth und die Wirkung positiver Gesetze mit den darauf gegründeten erworbenen Rechten. „Vernunft wird Unsinn, Wohlthat Plage," wenn nicht Gesetzgebung und Verfassung mit den wandelbaren Sitten, Gewohnheiten und Begriffen der Menschen, welche stärker sind, als alle buchstäblichen Satzungen, gleichen Schritt halten.

Wo dieß nicht geschieht und ein von der herrschenden Ueberzeugung einmal anerkannter Widerspruch zwischen dem bestehenden formellen Rechte und dem unveräußerlichen Urrecht unaufgelöst bleibt, wo ganze Klassen der Gesellschaft fremden Interessen und Vorrechten sich geopfert fühlen, da erhebt sich der Geist der Empörung und ein beständiges Verneinen und Versagen erbittert um so mehr, wenn Erwartungen ganz anderer Art zuvor erregt worden sind.

Durch die Anstrengungen und Opfer, die er fordert, wird überdieß der an sich selbstsüchtige Kampf um die persönlichen Rechte auch sittlich geadelt, an dem Widerstand, auf den er stößt, entzündet sich der Fanatismus und der Egoismus, wie die ächte und uneigennützige Begeisterung, und dadurch wird es möglich, daß alle Kräfte und Gedanken sich ihm zuwenden und daß jede andere Aufgabe der Menschheit zurücktritt, ja der ganze Gehalt des Lebens in dem Streit um die Formen der bürgerlichen Existenz aufzugehen scheint.

Darum ist zu bezweifeln, ob man wohl daran gethan, dem von der fortschreitenden Bewegung des Menschengeschlechts und einzelner Nationen unzertrennlichen Anspruch auf eine immer ausgedehntere Theilnahme der Völker an der Leitung ihrer öffentlichen Angelegenheiten im Namen des Deutschen Fürstenbundes das monarchische Prinzip entgegenzustellen, kraft dessen die gesammte Staatsgewalt in dem Oberhaupte des Staats vereinigt bleiben müsse und der Souverän durch eine landständische Verfassung nur in der Ausübung bestimmter Rechte an die Mitwirkung der Stände gebunden werden könne.

Damit war ausgesprochen, die ständische Mitwirkung bei Ausübung gewisser Hoheitsrechte dürfe sich niemals soweit erstrecken, daß ein Theil der Staatsgewalt in die Hände des Volks und seiner Vertreter überginge oder eine wirkliche Gemeinschaft der Staatsgewalt zwischen Volk und Regierung sich gestaltete. Es war damit der Stab gebrochen über dasjenige Recht, aus welchem die deutschen Verfassungen erwachsen sind, über das Recht der Steuerverwilligung oder Steuerverweigerung. Es war damit der Nation erklärt, daß sie mit Willen ihrer Fürsten niemals einen gleichen Grad politischer Freiheit genießen solle, wie die englische oder französische. Denn ihre, sowie jede ächte Repräsentativverfassung, giebt dem Volk die Möglichkeit, seinen Willen zum Gesetz und die Nationalrepräsentation zum Mittelpunkt der Staatsgewalt und aller öffentlichen Angelegenheiten zu erheben, wie einst die deutsche Volksversammlung es gewesen war. Erwägt man endlich noch, daß in einem Repräsentativstaate die Monarchie nur durch den Mißbrauch ihrer Mittel oder bei politischer Unmündigkeit des Volks wirkliche Alleinherrschaft bleiben kann, so ist auch einleuchtend, daß die Anforderungen des monarchischen Prinzips mit den Fortschritten der Volksbildung und der Entwicklung des konstitutionellen Geistes sich steigern müssen, anstatt nachzulassen, und das monarchische Prinzip des Deutschen Bundes ist demnach ein Prinzip des Rückschritts, wie dessen ganze bisherige Reaktionspolitik beweist, die immer am thätigsten war, wenn die Verfassungen der Deutschen Länder volle Lebenskraft gewinnen sollten.

Was war also natürlicher und unvermeidlicher, als daß man fragte: mit welchem Rechte konnten die Fürsten Deutschlands, nachdem sie eine aus dem eigenen Geist der Nation, mithin volksthümlich sich entwickelnde Gesammtordnung der Dinge feierlich verheißen hatten, der Entwicklung volksthümlicher Verfassungen beliebig Stillstand gebieten und bestimmen, daß in

Deutschland der Wille eines Einzigen nothwendig und für alle Zeiten mehr gelten müsse, als der Wille eines ganzen Volks?

Die Antwort war in einem Nachbarlande schon gegeben und sie lautete: Da alle Gewalt und alle Hoheitsrechte ursprünglich der Gesammtheit angehören und nur durch dieselbe und für dieselbe existiren, so bestehe jede Regierung auch nur durch den Willen der Gesammtheit oder Mehrheit der Regierten, und müsse jede Veränderung sich gefallen lassen, welche dieser Wille erheischt. Nachdem der Glaube an ein unmittelbar göttliches und über alle Untersuchung oder Anfechtung hinaus heiliges Recht der herrschenden Familien in das Gebiet der Mythologie verwiesen worden, könne das Recht zu regieren nur von dem Willen und der Anerkennung des Volkes abgeleitet werden, aber nicht von dem Willen und der Anerkennung des Volkes, das vor Jahrhunderten gelebt und das keine Befugniß gehabt habe, seine Nachkommen in unabänderliche Formen festzubannen, sondern von dem Willen und der Anerkennung der lebenden Generation. Diese müsse, da nicht das Interesse der Dynastie, sondern das Bedürfniß der Gesellschaft die Wahl einer gewissen Regierungsform bestimme, jederzeit auch das Recht haben, eine ihrem Interesse besser zusagende veränderte Regierungsform zu sanktioniren. Ihr Wille und ihre Wohlfahrt sey das oberste Gesetz, und wenn der Gesetzgeber stets die Befugniß habe, seine Gesetze abzuändern oder aufzuheben, so habe er diese Befugniß auch in Beziehung auf das Grundgesetz, wodurch bestimmt werde, wie und durch wen die Rechte der Staatsgewalt ausgeübt werden sollen. Eine Regierung aber, welche die ihr anvertrauten Hoheitsrechte einem mündiggewordenen Volk zurückzugeben verweigere oder der Emanzipation des Volks sich widersetze, handle eben so rechtlich, als ein Vormund, der seinen Pflegbefohlenen nach erreichter Mündigkeit für blödsinnig ausgebe, um die über ihn ausgeübte Gewalt nicht zu verlieren, oder als ein Arzt, der die Genesung seiner Kranken aufhalte, um desto mehr an ihnen zu gewinnen.

Dasselbe Land, in welchem diese Lehre zuerst das Bürgerrecht erhielt, lieferte zwar auch den warnendsten Beweis, wie leicht ihr Mißbrauch oder Mißverständniß alle Schrecken der Gesetzlosigkeit, des Despotismus und der rohesten Gewalt erzeugt, sobald die Völker sich dadurch verleiten lassen, selbst in Masse regieren zu wollen oder eine maaßlose Gewalt in die Hände ehrgeiziger Partheihäupter niederzulegen. Denn der gewaltsame Umsturz der bestehenden Staatsgewalt verleiht den Völkern nicht die Fähigkeit, alle ihre Angelegenheiten selbst zu leiten, und um eine Revolution durchzuführen, muß eine Gewalt geschaffen werden, welche stärker und deßwegen leicht der Freiheit noch gefährlicher ist, als es die umzustürzende gewesen. Aber dieß hätte die Regierungen, im Gefühl ihrer Pflichten und im Interesse ihrer eigenen Sicherheit, nur um so mehr bestärken sollen, jeden Anlaß zur Erörterung und Verbreitung eines ihrem Ansehen gefährlichen politischen Glaubenssatzes durch vollständige Erfüllung des gegebenen Worts zu vermeiden.

Statt dessen wurde das monarchische Prinzip in einer Schroffheit aufgestellt und mit einer Uebertreibung geltend gemacht, welche mit der Nothwendigkeit eines Naturgesetzes die Aufstellung des demokratischen Prinzips und den Republikanismus in gleicher Uebertreibung hervorruft, und an den Machthabern selbst liegt die Schuld, wenn ihre Drohung sich erfüllen sollte, daß eine Zeit kommen möge, wo man die jetzigen Wortführer der Volkssache, als viel zu gemäßigt, der Halbheit und der Feigheit oder des Verraths bezüchtigen werde. Das eigene Werk der Regierungen ist es, wenn jene Verfassungen, die man in einem Theile Deutschlands den Völkern vorenthält, in einem andern schon nicht mehr durchaus befriedigen, wenn die Ausbrüche roher Gewalt und fremde Einmischung den Völkern zwar nicht Freiheit, aber den dermaligen Gewalthabern noch Verderben bringen sollten und wenn auch in Deutschland eine Parthei des Berges über die Gironde siegt. Denn sobald einmal an die Massen appellirt wird, so fällt nach dem gewöhnlichen Lauf der Dinge in dem Kampfe der Partheien der Sieg der überspanntesten und übertriebensten zu und diese räumt einer besonnenern erst dann das Feld, wenn sie, unfähig, ihre Versprechungen zu erfüllen und dem selbst heraufbeschworenen Sturm zu widerstehen, der Nemesis verfallen ist.

Das Evangelium der Volkssouveränität, der man vom Standpunkte des Absolutismus wenig Erhebliches als das Recht des Stärkern entgegenzusetzen hatte, mußte übrigens auch in Deutschland um so gewisser Eingang finden, als die Monarchie der in so viele Monarchien zersplitterten deutschen Nation das nicht gewährt, wodurch die Monarchie sich andern Nationen bis jetzt werth und unentbehrlich machte und was der Deutsche Bund auch Deutschland zu gewähren versprach. Denn sogar als Republik würde Deutschland immer noch einer größern Kraftentwicklung fähig bleiben und im europäischen Staatensystem eine ehrenvollere Stellung einnehmen können, als getheilt in etlich und dreißig strengmonarchische Souveränitäten, welche nur dazu bestimmt scheinen, den Mangel an realer Einheit, die Zersplitterung der Kräfte und der Interessen, die Unselbstständigkeit und Schwäche gegen Außen zu verewigen.

Wenn daher auch ein Theil der deutschen Völker, nämlich diejenigen, welche einem der deutschen Großstaaten angehören, an den absolutmonarchischen Ueberlieferungen festhält, so mußte dagegen in andern deutschen Ländern die hierauf gegründete Ordnung der Dinge um so gewisser als zeitwidrig und mißgriffen erscheinen. Und in Wahrheit gab es auch kein geeigneteres Prinzip, als das strengmonarchische oder das Prinzip der vollen Souveränität von vier und dreißig Fürsten in ihren innern und auswärtigen Verhältnissen, um den ursprünglichen Zweck des Deutschen Bundes: die Wiederherstellung Deutschlands im Geiste einer vorgeschrittenen Zeit oder diejenige Einheit und Freiheit, mit deren Erlangung Deutschlands Wiedergeburt identisch ist, zu verfehlen.

Die Freiheit kann unmöglich da bestehen und gedeihen, wo über der Gesetzgebung der einzelnen Länder ein jede Mitsprache der Völker ablehnender Fürstenbund steht, der, unbekümmert um beschworene Landesverfassungen, ja sogar in der Absicht, den Landesverfassungen entgegenzuwirken *), mit inappellabler Rechtskraft einseitig die Grenzen festsetzt, innerhalb welcher sich das Volk und seine Vertreter bei Ausübung der ihnen zugestandenen Rechte zu bewegen haben.

Und dieß ist, wenn auch nicht dem Rechte nach, doch in der That die Stellung aller deutschen Staaten gegenüber von dem Deutschen Bund. Abgesehen davon, daß die Nation als solche von aller Theilnahme am Bunde ausgeschlossen ist, hat ja noch keine deutsche Regierung irgend eine Mitwirkung der Stände ihres Landes zur Instruktion ihres Gesandten am Bundestage als nothwendig anerkannt, und wenn auch nicht alle Regierungen geradezu behaupten, zu verfassungswidrigen

*) Man vergleiche die Seite 291 wörtlich angeführten Aeußerungen.

Beschlüssen ihre Zustimmung am Bundestag ertheilen zu dürfen, so halten sich doch Alle für ermächtigt, auf eine für ihr Land verbindliche Weise für sich allein darüber zu erkennen, was der Landesverfassung gemäß und was mit derselben unvereinbar sey. Und am wenigsten zeigt die Bundesversammlung selbst, in welcher die absoluten Mächte herrschen, sich geneigt, da wo es sich um die Einwirkung des Bundes auf innere Staats- und Regierungsverhältnisse der Bundesglieder handelt, den ständischen Versammlungen eine Stimme einzuräumen. Auf diese Weise hat bei konstitutionellen Fragen der Bund der Fürsten das entscheidende Wort, und über die Freiheit und verfassungsmäßigen Rechte der Völker sitzt, zumal so lange nur ein Theil der Bundesländer Verfassungen hat, der Absolutismus zu Gericht.

Die Ausschließung des Volks von allem Einfluß auf die Bundesangelegenheiten kann aber um so weniger für rechtsbegründet gelten, als sie ganz ohne seine Zustimmung geschah. Nicht nur der Bildungsstufe, auf welcher die Völker Deutschlands stehen, und den unter ihnen gangbaren Rechtsbegriffen, nicht nur den Ansichten von Staat und bürgerlicher Gesellschaft, wie sie jetzt zum politischen Glaubensbekenntnisse des größten Theils der gebildeten Welt gehören, wäre es entsprechend gewesen, daß das große Werk der Wiederherstellung Deutschlands im Wege des Vertrags unter Mitwirkung der deutschen Völker oder ihrer freigewählten Vertreter seine Grundlagen erhalten hätte: — auch die Monarchen selbst, die sich als die Befreier Europa's von Tyrannei und Willkührherrschaft, als die Wiederhersteller des Rechts angekündigt, hatten diesem Grundsatz von Anfang an öffentlich gehuldigt. Nachdem das Deutsche Reich zertrümmert und der deutschen Nation durch Gewalt und Eigenmacht ihre ganze politische Verfassung geraubt worden war, konnten die Völker Deutschlands dem Rechte nach erwarten, daß entweder ihre alte Verfassung hergestellt oder die Frage: wie jene Verfassung umzubilden und mit den veränderten Verhältnissen in Uebereinstimmung zu bringen sey, — nur unter ihrer zustimmenden Mitwirkung entschieden werde. Und so lautete denn auch die schon durch den Aufruf von Kalisch gegebene Verheißung: „Die Gestaltung des wiedergeborenen Deutschlands solle ganz allein den Fürsten und Völkern Deutschlands anheim gestellt bleiben. Je schärfer in seinen Umrissen und Grundzügen das

Werk heraustreten werde aus dem ureigenen Geist des deutschen Volkes, desto verjüngter, lebenskräftiger und in Einheit gehaltener werde Deutschland wieder unter Europa's Völkern erscheinen können."

Im klaren Widerspruch mit der gegebenen Zusage erhielt jedoch das deutsche Volk ohne Mitberathung seiner Vertreter eine aller volksthümlichen Elemente entbehrende Verfassung, und statt im Verlauf der Zeit das Versäumte nachzuholen, wurde der Deutsche Bund ausdrücklich für einen bloßen Bund der Regierungen erklärt. Daher ist auch Entziehung oder möglichste Beschränkung aller Mittel, wodurch die Völker Deutschlands ihre Aufnahme in die Gemeinschaft des Bundes durchsetzen könnten, das leitende Prinzip der Bundespolitik geworden, und die Bundesversammlung hat sich zu einer Geheimregierung gestaltet, welche durch willkührliche Beschränkung der Presse, des öffentlichen Unterrichtes und der ständischen Verfassungen, durch das Verbot politischer Vereine und gemeinsamer Berathung öffentlicher Angelegenheiten den Geist der Nation in Fesseln hält.

Wie aber der Bund die deutsche Freiheit gleichgültig und zum Theil mit unverhehlter Abneigung behandelt, so widerstrebt nun auch ein Theil der Nation der Einheit, welche er den deutschen Völkern bietet, indem er acht und dreißig souveräne Regierungen nur durch den gemeinschaftlichen Widerstand gegen die Emancipation der Völker nothdürftig zusammenhält. Denn die Völker Deutschlands hat der Deutsche Bund einander nicht genähert. Der Preusse ist dem Baiern und dem Schwaben noch so fremd, als zu der Zeit des Rheinbunds. Es fehlt den Deutschen jedes gemeinschaftliche nationale Eigenthum; es fehlt an einem Mittelpunkt, worin sich ihre Wünsche und Bestrebungen begegnen; es fehlt an einem für Alle gleich verständlichen Losungswort, woran sie sich als Söhne eines Vaterlands erkennen würden; sogar ein solches sich zu schaffen, ist verwehrt und gilt, wie der jugendliche Versuch einer Vereinigung der deutschen Universitäten durch die Burschenschaft für Verbrechen.

An der Stelle einer wahren Nationalverfassung erblickt man daher einen magern völkerrechtlichen Verein mit einigen fremdartigen staatsrechtlichen Zuthaten, losgerissen von der Nation, die er vertreten soll, und ohne andern Charakter als den des Widerwillens gegen alles freie öffent-

liche

liche Leben, wie gegen jede Einigung der Völker. Daher ist die öffentliche Meinung, deren „gerechten Erwartungen zu huldigen" bei Eröffnung der Bundesversammlung versprochen wurde, für krank erklärt und wird nunmehr seit fünfzehn Jahren an der Heilung dieser Geisteskrankheit durch Drohungen und Ausnahmsgesetze gearbeitet. Daher ist nicht nur der Gedanke einer gemeinsamen Vertretung aller deutschen Völker, sondern auch die Einführung von Reichsständen statt der Postulatentage und der Provinzialstände in den deutschen Großstaaten, als abenteuerlich und revolutionär verworfen. Denn überall ist divide et impera! der Wahlspruch, und nirgends soll in Deutschland ein Organ des Nationalwillens und der Nationalgesinnung geduldet werden.

Durch die Interdikte der Bundesversammlung überdieß der wirksamsten Mittel zur Verständigung und gegenseitigen Annäherung beraubt, vermochten die Völker Deutschlands nicht, auch nur zu jener unsichtbaren geistigen Einheit zu gelangen, aus der früher oder später eine sichtbare Einheit geboren wird. Deßhalb hat unter den Wortführern der Volkssache Zwiespalt selbst in Betreff der ersten Lebensfragen sich erhoben. Ob ein wahrer Bundesstaat aus Deutschland werden müsse, oder ob die Einheit eines Staatenbunds genüge; ob in Deutschland die Freiheit der Einheit vorausgehen, oder sich aus dieser erst entwickeln müsse, oder ob es möglich sey, Einheit und Freiheit in gleichmäßiger Entwicklung zu vereinigen; ob die Wiederherstellung Deutschlands von den Völkern oder von den Regierungen oder gar von fremder Hülfe zu erwarten sey? — ist der Gegenstand eines noch lange nicht ausgeglichenen Meinungskampfes selbst unter denjenigen geworden, die in ihren Wünschen für die Ehre und das Glück des Vaterlandes zusammentreffen.

Am meisten hat jedoch der Deutsche Bund der Nation geschadet durch die innere Entzweiung, die als Folge unvollständiger Erfüllung des dreizehnten Artikels der Bundesakte, das jetzige Deutschland in ein konstitutionelles und in ein monarchisches Deutschland geschieden hat.

Die tiefste Wurzel hat nämlich der konstitutionelle Liberalismus in denjenigen deutschen Staaten geschlagen, die zur dauernden Behauptung einer wahren Unabhängigkeit zu klein und dennoch für den Zweck der Aufrechthaltung einer scheinbaren Selbstständigkeit zu drückenden Anstrengungen genöthigt sind. Ausgeschlossen von den Vortheilen, die eine selbstständige Politik nach Außen und das Zusammenwirken großer Kräfte im Innern einem mächtigen Staate gewährt, empfand man hier die Sehnsucht nach der Freiheit doppelt stark, und selbst die Fürsten, ohne Zweifel fühlend, welche Stütze sie dadurch für ihre von mächtigen Nachbarn bedrohte Existenz gewinnen könnten, zeigten sich anfangs bereit, dem Verlangen ihrer Völker entgegenzukommen und für alle der Erhaltung ihrer Souveränität gebrachten Opfer einigen Ersatz in mehr oder minder freisinnigen Verfassungen zu bieten.

Als aber späterhin dieselben Fürsten der von den Großmächten des Bundes ausgehenden Reaktion gegen die neuentstandenen Verfassungen sich anschlossen oder wenigstens nicht mit Kraft entgegentraten, bildete sich unter dem Einflusse des von Frankreich gegebenen Beispiels in den kleinen Staaten eine Opposition, wie man sie bisher in Deutschland nicht gewohnt gewesen und die sowohl gegen den Deutschen Bund im Ganzen als gegen einzelne Regierungen gerichtet war. So lebhaft indessen diese Opposition an manchen Orten auch geführt wurde, im Ganzen waren ihre sichtbaren Erfolge unbedeutend, theils weil jene kleinen Länder in ihrer Vereinzelung der vereinigten Macht des Deutschen Fürstenbundes nicht zu widerstehen wagten, so daß selbst bereits erfochtene Siege, wie in Baden die Preßfreiheit, wieder aufgegeben werden mußten, theils weil die Bevölkerung der Großstaaten des Deutschen Bundes der Bewegung fremd blieb.

In Oestreich nämlich, wo die Regierung, vorzugsweis nur auf Erhaltung des Bestehenden bedacht, ein System der Abschließung seit Jahren konsequent verfolgt hatte, fühlten die dem übrigen Deutschland geistig fremd gewordenen deutschen Länder unter einer milden Verwaltung und bei den Vortheilen, welche dem begünstigten Hauptvolk einer ausgedehnten Monarchie zufließen, kein Bedürfniß wesentlicher Neuerungen und umfassender Veränderungen.

Das preussische Volk dagegen, zu dem übrigen Deutschland ungefähr in dem Verhältniß stehend, in welchem einst das Volk der Franken, als der ersten Schöpfer und Träger einer deutschen Nationaleinheit, gestanden war, hat seinen Sinn und Ehrgeiz vor der Hand darauf gerichtet, die seit Friedrich dem Großen gewonnene politische Bedeutung zu vermehren. Seinen Anforderungen entspricht daher im Ganzen eine Regierung, die den preussischen Namen zu Ehren gebracht hat und deren Verwaltung, was die materiellen Bedürfnisse des Volks betrifft, für ein Muster gilt, die aber eine ächte Volksvertretung, wie im stillschweigenden Einverständniß mit dem Volk, als einen Hemmschuh auf der Bahn betrachtet, welche sie verfolgen muß, um von der künstlichen Höhe, auf die ein überlegener Genius sie erhoben, nicht herabzustürzen.

Wenn nun aber in Preussen die daselbst bestehende Ordnung der Dinge, mit halb wahrer, halb erzwungener Begeisterung, als höchstes Ideal auch für das übrige Deutschland gepriesen und mit vornehmer Geringschätzung von den papiernen Konstitutionen der Verfassungsstaaten gesprochen wird, so ist dadurch der Unwille der Verfassungsfreunde um so mehr erregt worden, als man früher die preussische Regierung an der Spitze der konstitutionellen Bewegung zu erblicken gewohnt gewesen war und von einem für Nationalehre begeisterten, intelligenten und gebildeten Volke schweigende oder gar lobpreisende Unterwerfung unter die veränderte Politik seines Fürstenhauses nicht erwartet hatte. Zwar kann nicht geläugnet werden, daß ein großer Theil des Preussenhasses auf Rechnung jener Mißgunst zu setzen ist, womit die Menschen nur zu gern den glücklichen Emporkömmling betrachten. Eben so unläugbar ist aber auch, daß in dem konstitutionellen Deutschland die Erbitterung gegen das sogenannte Preussenthum mit dem Fortschritt der politischen Entwicklung zugenommen und daß jenes wiederum durch die fortgesetzte Anfeindung, die es erfährt, erst seine rechte Ausbildung gewonnen hat. Unausstehlich findet man in einem Theil von Deutschland das Vergöttern einer Regierung, die mit Rußland sich verbrüdert, Polens Untergang verschuldet und das freie Wort geächtet hat. Aber der Vorwurf hohler Anmaaßung und knechtischer Gesinnung wird dem konstitutionellen Deutschen von dem Preussen mit dem Vorwurf der Ausländerei und revolutionärer Schwindelei vergolten, und wenn jener stolz ist auf den Geist der Freiheit und auf Rechte, die selbst der Monarch dem Volk nicht nehmen darf: so fragt dagegen der Preusse, ohne sich erinnern zu wollen, daß gerade die Theilnahmlosigkeit seines Volkes den konstitutionellen Aufschwung in dem übrigen Deutschland lähme, und ohne zu bedenken, daß die Furcht vor den konstitutionellen Einrichtungen auch die Gewalt der absoluten Regierungen wohlthätig mäßigt, nach den Früchten all der konstitutionellen Zänkereien, denen er seine geordnete und sorgsame Verwaltung, den steigenden Wohlstand seines Landes und die Achtung, die sein Name im Ausland genieße, triumphirend gegenüber stellt.

So glaubt denn der Preusse, der Weisheit und der Kraft seiner Regierung alles überlassen zu dürfen, überzeugt, wenn diese nur erst ihren Einfluß über das gesammte Deutschland ausgebreitet, so werde uns das übrige alles zufallen. Der konstitutionelle Deutsche meint, vor Allem auf Beschränkung der Fürstengewalt durch feste Begründung der Volksrechte dringen zu müssen, wenn darüber auch der letzte Faden nationaler Einheit reißen sollte. Zu den Hindernissen der Vereinigung, welche in den Fürsten liegen, ist daher noch die Verschiedenheit des politischen Glaubens unter den Völkern Deutschlands hinzugetreten, und so lange die hiedurch erregte feindselige Spannung fortdauert, ist auch die Gefahr nicht beseitigt, Deutschland durch innere Spaltungen noch tiefer, als es gegenwärtig steht, sinken und noch näher an den Rand des Abgrunds hinabgedrückt zu sehen.

Dabei ist der Unterschied der Stämme keineswegs erloschen, sondern erhält durch die Verschiedenheit der Dynastien, welche das einige

Deutschland unter sich getheilt haben, fortwährend überflüssige Nahrung, so daß Manche, ohne das Bedürfniß der Einheit und Freiheit in Abrede zu stellen, wohl aber die nachtheilige Vielheit der Souveränitäten mit der wohlthätigen Mannigfaltigkeit der Völker verwechselnd und eine reale Einheit unter den gegebenen Verhältnissen als eine Träumerei verlachend, mit einer idealen Einheit sich begnügen wollen. Weil die Interessen der Dynastien nicht dieselben sind, so wähnen Viele, daß auch die Interessen der Völker einander nothwendig widerstreben müssen. Weil in einem aus Monarchien zusammengesetzten Bundesstaat nur ein Fürst oder keiner unbeschränkter Souverän seyn kann, indem entweder alle Einem untergeordnet oder alle von der Mehrheit abhängig seyn müssen, glaubt man häufig, daß in einem Bundesstaate auch die Völker nicht so frei seyn können, wie in einem Staatenbund. Weil endlich die Errichtung eines Bundesstaats bei der Zerreißung Deutschlands in so höchst ungleiche Territorien nur durch eine Oberhoheit des mächtigsten deutschen Fürsten über die mindermächtigen möglich ist, verzweifelt man auch an der Möglichkeit einer Unterordnung der Fürsten unter eine herrschende Dynastie ohne eine Unterordnung der Völker unter einen herrschenden Stamm.

Es schließt somit der jetzige Zustand Deutschlands, welcher das Produkt aller frühern Perioden seiner Geschichte ist, auch noch die Elemente aller dieser frühern Perioden in sich, und wenn ein Theil der Nation vorzugsweis nach Einheit, der andre vorzugsweis nach Freiheit strebt, so fehlt es auch nicht an zahlreichen Repräsentanten jener Vielheit, die in ihrer Ausartung Deutschland von jeher so verderblich war.

Alle diese Elemente, die in einer Nationalvertretung sich ausgleichen und versöhnen könnten, wogen nun, durch die Gegenwirkungen von oben an einer friedlichen Vereinigung gehindert oder irregeleitet, chaotisch durch einander und gegen einander, um zu schroffen und feindseligen Gegensätzen sich zu steigern. Man sieht die Einheit gegen die Freiheit, die Freiheit gegen die Einheit und die Vielheit gegen beide kämpfen. Das Preussenthum verfolgt den Liberalismus, der Liberalismus feindet das Preussenthum an und die Souveränität der mindermächtigen Fürsten nimmt scheinbar bald die Parthei des einen, bald die des andern, und haßt innerlich beide.

Vergebens ist vom Uranfang der deutschen

Geschichte alles geschehen, was geschehen konnte, um die Lehre einzuprägen, daß die Einheit ohne Freiheit keinen Werth, die Freiheit ohne Einheit keinen Bestand hat. Deutschlands unseligste Periode, die schmachvolle Zeit des Rheinbunds, die Zeit der Knechtschaft und der Trennung, ist nicht überwunden. Immer noch befindet sich die Nation in einer Lage, wo jeder Segen ihr zum Fluch zu werden droht, wo die Einheit, nur wie ein dünner zerbrechlicher Rahmen um die noch immer herrschende Vielheit gelegt, die Gestalt der Unterdrückung annimmt und die noch immer schwache Freiheit der Zerreißung oder fremder Herrschaft sich entgegenneigt.

Wohl mag der jetzige Zustand Deutschlands dem Zustand einer Entwicklungskrankheit gleichen; wohl mag der brausende Athem der Zeit die Wolken verwehen, die zwischen Deutschlands neue Sonne und ihren Aufgang sich gelagert haben. Die Idee seiner Zukunft ist bereits empfangen und durchdringt die Geister, aber sie ist noch nicht verkörpert und geboren, und in den höchsten Sphären scheint die Kraft der Einsicht oder des Willens zu mangeln, welche nöthig ist, wenn ohne harte Wehen und zerreißende Zuckungen die wirkliche Geburt erfolgen soll; in den

Massen aber wird das Gefühl der Nothwendigkeit einer veränderten Ordnung der Dinge erst alsdann erwachen, wenn sie von den Gebrechen der gegenwärtigen durch wiederholte Erfahrungen belehrt und wenn die Uebel, welche bis jetzt nur als eine drohende Wahrscheinlichkeit bevorstehen, zur bittern Wirklichkeit geworden sind.

Siebenter Abschnitt.

Die Politik der Regierungen und die Politik der Völker.

Wenn nach der ganzen bisherigen Darstellung der Deutsche Bund nur als ein mißlungener Versuch der Wiederherstellung eines einigen und freien Deutschlands zu betrachten ist, so verlohnt es sich wohl noch der Mühe zu erörtern, ob nicht das Hinderniß der Wiederherstellung im deutschen Volke selbst zu suchen sey.

Daß nämlich das Bedürfniß der Einheit und der Freiheit allerdings vorhanden und zum

Bewußtseyn des denkenden Theils der Nation gekommen ist, dafür bedarf es keines andern Beweises als der Erinnerung, daß ohne ein solches Bewußtseyn Einheit und Freiheit nie das nationale Losungswort in dem Befreiungskampfe gegen Frankreich hätte werden können; es bedarf nur einer Hinweisung auf die Verachtung, womit die öffentliche Meinung diejenigen brandmarkt, die als offene und erklärte Feinde beider aufzutreten wagen. „Wir möchten einig seyn und frei", versichern ziemlich übereinstimmend die deutschen Völker. Aber auch die Fürsten betheuern ihren Wunsch und ihr Bestreben, einig und frei zu seyn. — Könnte also das wahre Hinderniß der Einheit und der Freiheit nicht dennoch im Volke liegen?

Um hierüber zur Gewißheit zu gelangen, frage man sich nur, was wohl geschehen würde, wenn plötzlich entweder durch den Umsturz aller deutschen Throne sämmtliche deutsche Monarchien in Freistaaten verwandelt, oder alle deutschen Völker mit Gewalt der Botmäßigkeit eines einzigen Selbstherrschers aus der Zahl der deutschen Fürsten unterworfen würden. Wer mag läugnen, daß im einen, wie im andern Fall eine deutsche Nationalvertretung sich gestalten würde, durch welche im ersten die befreite Nation, obgleich nur gewaltsam befreit, zur Einheit, im zweiten die vereinigte Nation, obgleich nur gewaltsam vereinigt, zur Freiheit überginge? Hätte die gesammte Nation die Freiheit, so würde sie auch schnell die Einheit finden; hätte sie die Einheit, so würde sie sich auch die Freiheit schaffen. Aber die Regierenden verweigern ihr die Freiheit, welche nöthig wäre, um sich zu vereinigen, wie sie ihr die Einheit vorenthalten, ohne die es ihr unmöglich ist, zur Freiheit durchzudringen. Nicht anerkennen wollen die Fürsten Deutschlands, daß die deutsche Nation in einer Anamorphose oder Umkehrung begriffen ist, wodurch das, was bisher ausschließliches Eigenthum der Fürsten war, wieder rechtmäßiges Gemeingut der Gesammtheit werden soll. Wie in den mittlern Zeiten einst der Adel sich berufen fand, frei zu seyn im Namen des deutschen Volks und für dasselbe, so haben auch jetzt wieder die Häupter und die mächtigsten Glieder dieses Adels die in der Nation aufgegangene Idee der Freiheit und der Einheit für gute Beute erklärt und sich allein zugeeignet.

Zwar wird nicht behauptet, daß die Politik der Kabinette mit bewußter Absicht einer antinationalen Richtung folge, noch kann geläugnet werden, daß von Seiten der Nation selbst mehr hätte geschehen sollen, um die psychologisch sehr erklärbare Abneigung der Gewalthaber gegen eine volksthümliche Entwicklung der Dinge zu überwinden. Es wird nicht in Abrede gestellt, daß es unter den Völkern Deutschlands nie an Spannung und an innern Reibungen gefehlt habe, indem die verschiedenen Stämme in dem vielgetheilten Deutschland lange das gewesen sind, was bei andern Völkern mit kompakterer Einheit die verschiedenen Partheien. Aber die Stammesunterschiede waren nach Beendigung der Freiheitskriege im Begriff, in dem neuerwachten Gefühl der Nationalität sich zu versöhnen. Nur die Eigenmacht, womit an die Stelle der Nation die Fürsten überall sich selbst gesetzt, hat die Begriffe ihrer Völker neuerdings verwirrt und sie verführt, die Interessen der Dynastien mit ihren eigenen zu verwechseln. Nur um der Fürsten willen trägt die Nation, welche sichtbar dazu bestimmt ist, dereinst einen ächten, auf vollkommene Rechtsgleichheit gegründeten Bundesstaat zu bilden, die Zerreißung in so höchst ungleiche Territorien, daß für jetzt die Errichtung eines Bundesstaats nur auf Kosten der Rechtsgleichheit.

durch eine in manchem Betracht bedenkliche Unterordnung der mindermächtigen Bundesglieder unter den mächtigsten der deutschen Fürsten möglich wäre. Nur durch den Bund der Fürsten gegen die Emancipation der Völker hat es endlich so weit kommen können, daß trotz des anerkannten Bedürfnisses einer auf bürgerliche Freiheit gegründeten nationalen Einigung, trotz der bittern Erfahrungen so vieler Jahrhunderte, die Träger der Freiheit, die konstitutionellen deutschen Völker mit ihrem demokratischen Liberalismus, dem Träger der Einheit, dem monarchischen Preussenthum, fast als erklärte Feinde gegenüberstehen und daß der Deutsche Bund bereit ist, auseinanderzufallen, sobald ein französisches Heer die Grenze Deutschlands überschreitet. Ohne das beständige Dazwischentreten der deutschen Fürsten bei jedem Versuch der Nation, sich selbst zu finden, wäre der Zug zur Wiedervereinigung in den getrennten Völkern stark genug gewesen, um die Nation zu ihrer frühern Kraft und Würde wieder aufzurichten, und der Grund ihrer jetzigen Gesunkenheit liegt vor allen Dingen in der willkührlich über sie verhängten Ausschließung von jeder Mitsprache in Nationalangelegenheiten.

Ist nun aber zu erwarten, daß die deutschen Regierungen von selbst den begangenen Fehler wieder gut machen und der innern Politik des Bundes eine andre Richtung geben dürften? Werden sie, um das schon durch den Aufruf von Kalisch gegebene Wort zu lösen, eine konstituirende Versammlung freigewählter Vertreter des gesammten deutschen Volks berufen und einen neuen, auf das Bedürfniß der Nationaleinheit und der Theilnahme des Volks an Ausübung der Staatsgewalt gegründeten Bund errichten?

Der mächtigste der deutschen Staaten, Oestreich, wird hiezu die Hand nicht bieten, weil aller Vortheil von der gegenwärtigen Politik des Deutschen Bundes ganz allein auf seiner Seite ist. Oestreich kann nicht gemeint seyn, mit Aufopferung eines Theils seiner politischen Selbstständigkeit und mit Gefährdung seiner nicht zum Deutschen Bund gehörigen Besitzungen in einen Bundesstaat mit Deutschland sich zusammenzuleben; wohl aber muß ihm viel daran gelegen seyn, Deutschland wie bisher unter seinem Einfluß zu behalten. Oestreich muß ferner, wohl erkennend, daß keine über ihre Rechte und Interessen aufgeklärte Nation von einer fremden Dynastie durch Dolmetscher regiert seyn will, der Entwicklung freisinniger und nationaler Ideen Widerstand leisten, um seine auswärtigen Provinzen, von denen Ungarn stets am Zügel knirscht und Italien das aufgelegte Joch mit Widerwillen trägt, nicht zu verlieren.

Und diese beiden Zwecke erreicht Oestreich, indem es durch den Bund in Gemeinschaft mit Preussen der politischen Bewegung unserer Zeit entgegentritt und eben dadurch die Ausdehnung des preussischen Einflusses in Deutschland verhindert.

Eben so wenig werden aber die Beherrscher der rein deutschen Staaten geneigt seyn, das mangelnde volksthümliche Element in die Bundesverfassung einzuführen und eine bindendere Vereinigung einzugehen. Die Einheit Deutschlands in allen denjenigen Verhältnissen, wo deutsche Fürsten oder Unterthanen dem Ausland gegenüberstehen, die Errichtung einer Nationalvertretung, die Bestellung eines Bundeshauptmanns und eines permanenten Bundesgerichts sind ohne Beschränkungen ihrer bisherigen Souveränitätsrechte nicht denkbar. So einleuchtend aber auch der unbefangenen Vernunft der Unterschied seyn mag, der zwischen dem Recht des Eigenthümers an rechtlosen Sachen und den Rechten der Staatsgewalt über freie Menschen stattfindet; so gewiß nur bei Vermögensrechten der persönliche Vortheil des Berechtigten der nächste und vorherrschende Gesichtspunkt ist, während bei politischen Rechten das Gesammtwohl der erste und entscheidende Grund ihrer Verleihung und Entziehung seyn sollte: so werden doch die Fürsten Deutschlands darauf bestehen, den ganzen Inbegriff ihrer Souveränitätsrechte wie ein wohlerworbenes Familieneigenthum zu behandeln, wovon sie dem allgemeinen Besten etwas aufzuopfern rechtlich nie verbunden seyn können. Nachdem einmal die Sache des Throns zur Sache des Himmels gemacht worden ist, soll allein von der Großmuth und der freien Gnade der Regierenden eine Beschränkung ihrer Machtvollkommenheit erwartet werden, und da selbst die Völker von der Angewöhnung, sich als ein Eigenthum der Fürstenhäuser zu betrachten, nur langsam zurückkommen, so ist es kein Wunder, mit dem Vorwurf ketzerischer Vermessenheit noch heute diejenigen verfolgt zu sehen, welche gewisse Zugeständnisse vermöge eines angebornen Rechts der Völker in Anspruch nehmen. Weil auch die Fürsten Menschen sind — und Menschen, die das Unglück haben, eine unbestochene Stimme seltener zu vernehmen und jeder Art von Versuchung weit mehr bloßgestellt zu seyn, als andre Sterbliche — so werden die wohlwollenden und gewissenhaften unter ihnen mehr als ihre Pflicht gethan zu haben glauben, wenn sie bereit sind, freiwillig alles zu erfüllen, wozu sie in einem Bundesstaat mit Nationalvertretung und mit wirksamer Exekutivgewalt genöthigt wären. Doch was hilft der gute Wille Einzelner, so lange nicht auch die Widerstrebenden gezwungen sind, die Sache der Nation zur ihrigen zu machen?

In je unbedingterem Ansehen bei den Deutschen das erworbene Recht steht, um so wahrscheinlicher ist es bei den Mitgliedern des Deutschen Bundes, daß in dieser Beziehung ihr Gewissen schweigen werde, wenn sie, theils aus eigener Bewegung, theils mitfortgerissen von den übrigen, ihr Ohr verstopfen sollen gegen die Forderungen des natürlichen Rechts und zuletzt vielleicht auch gegen die Gebote des positiven.

Von allen deutschen Regierungen hat allein die preussische ein in die Augen springendes Interesse bei Deutschlands wahrhafter Wiederherstellung, die allem Anschein nach ihr nicht mißlingen würde, wenn sie sich entschließen könnte, konstitutionell und deutsch zu werden.

Während das viel mächtigere und darum selbstständigere Oestreich die Kaiserwürde, wie vordem, nur als ein Nebenamt behandeln würde, bedarf Preussen, wenn es nicht der Vasall von Rußland werden will, Deutschlands eben so sehr, als Deutschland Preussens bedarf, und wenn Oestreich im Interesse seiner Selbsterhaltung den Fortschritt der Ideen bekämpft, so kann dagegen die preussische Dynastie bei ihren Völkern nur gewinnen, wenn sie die Institutionen der Freiheit ihnen freiwillig verleiht, um jene Scheidewand hinwegzuräumen, welche Preussen bisher von dem übrigen Deutschland so entfremdend trennte. Nähme daher Preussen von dem übrigen Deutschland die Freiheit an, so würde dieses dagegen von Preussen die Einheit empfangen, während jetzt in Preussen die Einheit, im konstitutionellen Deutschland die Freiheit auf dem halben Weg zur Wiederherstellung des gemeinschaftlichen Vaterlandes stehen bleibt. Gäbe Preussen durch die längst versprochene Einführung von Reichsständen und Entfesselung der Presse Garantien eines freisinnigen Regierungssystems, ginge dann von Preussen auch der Anstoß zur Revision der Bundesakte durch eine konstituirende deutsche Nationalversammlung aus, so würde ihm die Sympathie der Nation zur Seite stehen, um den Einfluß, den es jetzt mit Oestreich theilen muß, mit der Zeit allein auszuüben und für

Deutschland das zu werden, was es bei der Stiftung des Bundes wegen der Konkurrenz von Oestreich und des Widerstands der Fürsten nicht zu werden vermochte.

Hier begegnet man jedoch dem Einwurf: was denn von Preussen neuerlich geschehen sey, um sich Deutschland auf eine die geistigen Interessen, die Freiheit und die Volksrechte sicher stellende Weise anzunähern. Und darauf kann nur erwiedert werden, daß Preussen hiefür weniger als nichts gethan habe, ohne Zweifel in der Meinung, wohlfeilern Kaufs zum Ziele zu gelangen, wenn es, anstatt die Völker in sein Interesse zu ziehen, eher mit den Fürsten gemeinschaftliche Sache gegen jene mache.

Dieß ist zwar eine falsche Rechnung; denn der Punkt ist bald erreicht, wo die Nachgiebigkeit und das Anschließen deutscher Souveräne wieder in das Gegentheil umschlagen muß, und nur im Bunde mit den Völkern dürfte Preussen hoffen, den Widerstand der Fürsten gegen seine Erhebung auf friedlichem Wege, ohne Gewalt und russische Hülfe, zu überwinden. Aber wie so mancher deutsche Kaiser es nicht über sich vermochte, das Aufstreben des dritten Standes in den Städten zu seinem Vortheil zu benutzen, so ist noch jetzt, bei unendlich größerer Wichtigkeit des dritten Standes, der Name eines Bürgerkönigs Spott und Schmach in den Augen derjenigen, die im Purpur geboren sind, und da die Menschen überhaupt so selten das Nothwendige mit Freiheit thun, so kann jetzt, nachdem einmal der rechte Weg verlassen ist, auf eine freiwillige Umkehr mit keiner Art von Sicherheit gerechnet werden. Es fehlt somit auch für die Zukunft alle Bürgschaft einer liberalern Politik, deren Annahme doch Bedingung jeder engern Vereinigung seyn muß.

Zudem beweist in neuster Zeit der preussischdeutsche Zollverein, obgleich ein Meisterstück der Unterhandlungskunst, daß Preussen vorerst Preussen bleiben will. und zwischen preussischen und deutschen Interessen wohl zu unterscheiden weiß *). Und dieß gerade ist die zweite Klippe, an der die Umgestaltung Deutschlands in einen Bundesstaat zu scheitern droht.

---

*) Der Verfasser will hier nur an das Präcipuum von 300,000 Thlrn., welches Preussen aus der Zollvereinskässe bezieht, an die Begünstigung preussischer Handelsstädte durch einseitigen Rheinzollnachlaß von den daselbst zum Eingang oder Landtransit verzollten Waaren,

Die Vielheit seiner Souveränitäten ist nach dem Zeugniß der Geschichte Deutschland's Unglück. Aber dennoch werden die Deutschen sich gegen jede Art von Unterordnung ihrer Fürsten unter den mächtigsten sträuben, so lange die Unterordnung der Fürsten unter ein gemeinschaftliches Oberhaupt von einer Unterordnung der Völker unter ein herrschendes Hauptvolk unzertrennlich scheint. Der Baier, der Würtemberger, der Badener will nicht durch preussische Beamte im Interesse Preussens regiert seyn, und die Furcht, von Preussen wie ein erobertes Land behandelt zu werden, verbunden mit dem Ehrgeiz derer, die in großen Staaten minder leicht zu Ansehen und Gewalt gelangen würden, ist die Hauptstütze der Erhaltung so vieler kleinen Souveränitäten und kann leicht die Ursache werden, daß noch einmal der Versuch gemacht wird, den Deutschen Bund auf den Charakter des reinen Staatenbunds zurückzuführen, ehe man

---

und an die Begünstigung der Stadt Frankfurt an der Oder durch ein Meßrabattprivilegium, an den hohen Betrag der Ausgleichungsabgabe vom Wein, welche gegen die weinerzeugenden Vereinsstaaten beinahe die Natur einer Zollabgabe annimmt, erinnern.

sich überzeugt, daß nur die Umwandlung in einen wahren Bundesstaat Deutschland die Kraft und Einheit geben kann, deren es zu Behauptung seiner politischen Nationalität bedarf, und daß diesem Zwecke, bei der unermeßlichen Verschiedenheit der deutschen Territorien an Macht und Größe, zwar nicht die Rechtsgleichheit der deutschen Völker, aber doch der deutschen Fürsten weichen muß. Denn es ist unmöglich, Gleichheit der Rechte zu erzwingen, wo die höchste Ungleichheit der Kräfte stattfindet, und die Ungleichheit wird fortdauern, so lange nicht im Wege großer Umwälzungen alle künstlichen und willkührlichen Grenzen, nach welchen das Interesse der Dynastien die deutschen Völkerstämme und Provinzen getheilt oder zerrissen hat, durchbrochen und an deren Stelle die natürlichen Grenzen, welche Stammsverwandtschaft, geographische Lage und dergleichen im Interesse der Völker bestimmt, getreten sind. Solche Umwälzungen liegen jedoch außer dem Bereiche menschlicher Berechnung, und sind am allerwenigsten von Deutschlands Fürsten selbst zu erwarten.

So lange aber die Regierungen, zumal diejenige, welche alle wesentlichen Bedingungen des Gelingens in sich vereinigt und das Geschick

Deutschlands in ihren Händen hat, die Wiederherstellung Deutschlands nicht wollen, was können und was sollen ihrerseits die Völker thun?

Die Freunde radikaler Maaßregeln möchten vielleicht geneigt seyn, eine Staatsumwälzung als das Mittel anzupreisen, das am gründlichsten und schnellsten aus der Klemme helfe. Der Kampf zwischen Liberalismus und Monarchismus sey einmal ein Kampf auf Tod und Leben; demnach müsse jedes der widerstreitenden Prinzipien sich bis zu seinem Extreme steigern und der Liberalismus müsse revolutionärer Republikanismus werden, um die Offensive gegen den in erobernden Absolutismus übergehenden Monarchismus noch zu rechter Zeit zu ergreifen. Einmal auf's Haupt geschlagen, erhebe sich der Absolutismus nie mehr, während die innere Lebenskraft der Freiheit tausend Niederlagen trotze, und sobald man auf der Bahn der Freiheit rasch und entschieden bis zum äußersten Endpunkte vorgedrungen, sey auch jedes Hinderniß der Einheit überwunden.

Allein wie nur der Druck bereits vorhandener unerträglicher Uebel, nicht die Voraussicht künftiger, Staatsumwälzungen zu erzeugen pflegt: so ergreift auch einer bloßen Idee zulieb, wenn nicht ein starker materieller Anstoß hinzukommt, kein Volk so leicht die Waffen, um sich in einen Kampf zu stürzen, der seine Lage ebensowohl verschlimmern als verbessern mag, und in Deutschland könnte das Feuer der Revolution nur mit Hülfe des Auslands angefacht werden. Es gehört mit zu dem Unsegen, der auf Deutschland lastet, zu der Unnatur seiner Verhältnisse und zu der langen Schmach der Nation, wenn der Gedanke Eingang finden sollte, das Geschick des Vaterlands freiwillig in eine gewaltthätige fremde Hand zu legen und die Rettung Deutschlands da zu suchen, wo andre Nationen Schande und Verrath erblicken. Doch hievon abgesehen, würde die Dazwischenkunft der Fremden auch im glücklichsten Fall nur einen halben Sieg versprechen. Denn das Aeußerste, was bei der tiefgewurzelten Anhänglichkeit der Deutschen an Bestehendes und Hergebrachtes, bei ihrer Ehrfurcht vor dem erworbenen Recht, auch wo dasselbe nur verjährtes Unrecht ist, erreicht werden kann, möchte darin bestehen, daß die konstitutionellen deutschen Staaten und vielleicht einige bis jetzt preussische und östreichische Provinzen der Herrschaft des Absolutismus entrissen, dagegen unter die Schutzherrschaft Frankreich's zu flüchten und seinen zweideutigen Schutz mit dem Verlust der Grenzlande zu erkaufen genöthigt würden.

Von einer andern Seite her ergeht deßwegen an die Organe der Bewegung die Aufforderung, einen nutzlosen und die Uebel der Trennung bis jetzt nur vergrößernden Widerstand lieber ganz aufzugeben, da die isolirten Bestrebungen der Volksparthei, wie achtungswerth an sich dieselben immer seyn mögen, nie zu einem ersprießlichen Resultate führen würden, so lange sie nicht in einem gemeinschaftlichen Mittelpunkt zusammenlaufen. Ein solcher aber könne sich in dem Konflikt des Monarchismus und des Liberalismus, welcher Deutschland trennt, nicht bilden. Wenn die Saat der neuen Zeit in Deutschland gleichmäßiger und gedeihlicher aufgehen solle, so müsse der durch eine Reihe von mißlungenen Versuchen ausgesogene und zerrissene Boden erst durch Ruhe wieder frische Kraft gewinnen. Ein Land wie Baden oder Hessen sey nicht groß genug, um von dort aus Deutschland zu reformiren, und eine besondere bairische, würtembergische, hannöverische Freiheit sey ein Unding ohne eine gemeinschaftliche deutsche, welche nur erstehen werde, wenn die innere Entzweiung unter Deutschlands Völkern aufgehört.

Mit großem Scheine können die Anhänger dieser Meinung sich auf die bisherigen Erscheinungen des konstitutionellen Lebens in Deutschland berufen. Es ist auch nicht zu verkennen, daß der feindselige Gegensatz Preussens gegen die konstitutionellen Völker sich vermindern würde, wenn die Hauptquelle, aus der er gegenwärtig seine Nahrung zieht, die Verschiedenheit der Verfassung und die Ungleichheit der politischen Rechte dadurch verstopft würde, daß die konstitutionellen Länder ihre Freiheit verlieren oder als eine bloße Scheinfreiheit und Täuschung erkennen müßten. Es ist ferner wahr, daß es ein großer Vortheil wäre, den Absolutismus mit vereinten Kräften in seiner eigenen Höhle anzugreifen und den großen Streit, der bisher in lauter vereinzelte Kämpfe aufgelöst war und der, ohne sichtbaren Erfolg noch lange fortgesetzt, die Macht der leitenden Ideen eher schwächen als verstärken wird, mit einem Schlage zu beendigen.

Allein es klingt doch allzu widerstrebend, wenn man dem deutschen Liberalismus, der als eine thätige Kraft auch seine Wirkung haben will und ein bestimmtes Ziel verfolgen muß, im Sinne der hyperorthodoxen Patrioten zumuthet: stillzustehen und zu erwarten, was die

Mächtigen der Erde, seine Feinde, über ihn beschliessen werden. Der Geist der Freiheit wird zwar in Europa, wenn auch noch so oft zurückgedrängt, nicht mehr erstickt werden, bis er seine Aufgabe vollendet hat. Aber eben weil er nichts Willkührliches und Zufälliges, sondern der Lebenstrieb des Jahrhunderts ist, muß er sich gegen eine freiwillige Ablieferung der Waffen sträuben, deren Besitz ihm so nothwendig und deren Wiedererlangung so schwierig ist. Die Ehre einer Nation erfordert heutzutage mehr, als nur von einheimischer, nicht von fremder Despotie beherrscht zu seyn, und wenn man auch der Vereinigung Deutschlands die Freiheit zum Opfer bringen wollte, so würde höchst wahrscheinlich dieser Entschluß nicht zur Einheit, sondern nur zu einer Verlängerung des gegenwärtigen Zustandes und am Ende, durch allmählige Untergrabung des Ansehens der kleineren Souveränitäten und durch gänzliche Zerstörung ihrer Popularität, zur Theilung Deutschlands zwischen Oestreich und Preussen in ein südliches und in ein nördliches Reich führen.

Denn was soll derjenigen von beiden Mächten, deren Beruf, als deutsche Macht zu wirken, der entschiedenste ist, was soll Preussen das

Uebergewicht in Deutschland über Oestreich verschaffen, wenn nicht der rückhaltlose Uebergang znm Repräsentativsystem, oder wo ist eine Bürgschaft dafür, daß Preussen auch ohne die Anwendung dieses mächtigen Hebels sich der obersten Leitung aller deutschen Angelegenheiten oder gar der Herrschaft über Deutschland allein bemächtigen werde? Müßte nicht die Besiegung Frankreichs durch die absoluten Mächte vorausgehen? Müßte nicht die Möglichkeit vorhanden seyn, Oestreich und Rußland anderswo mit gleich ansehnlichen Eroberungen abzufinden? Und wie unwahrscheinlich ist das Eintreten einer solchen Konjunktur? wie ábschreckend die Aussicht, welche sich alsdann eröffnen würde? und wer darf daher den konstitutionellen Völkern Deutschlands rathen, ein der Freiheit so gefährliches Spiel zu spielen, so lange noch nicht alle Möglichkeit verschwunden ist, ihre Fahne bei sich aufrecht zu erhalten, bis auch im übrigen Deutschland ihr noch schlummernder Geist erwacht ist?

Weder im offenen gewaltsamen Bruche, noch in unbedingter Unterwerfung scheint daher das Heil der Völker Deutschlands zu liegen und der deutsche Liberalismus, auf eine Sphäre angewiesen, wo nur bescheidene Lorbeeren zu pflücken sind, muß aus der Noth eine Tugend machen und sich darauf beschränken, das allernächste zu thun. Er kann nicht erobernd auftreten und materielle Kräfte in Bewegung setzen, um in einem Anlauf zu erreichen, was die Nation bedarf und was mit Unrecht vorenthalten wird: nämlich freisinnige Verfassungen in jedem deutschen Staate, und eine Nationalversammlung, wenigstens eine konstituirende, für das gesammte Deutschland. Ihm bleibt nichts übrig, als zu wirken durch die Macht des Beispiels und der Ueberzeugung, das Bedürfniß eines öffentlichen Lebens zu erwecken und der bessern Einsicht überall den Weg zu bahnen. Denn die gleichmäßige Entwicklung und Kräftigung eines konstitutionellen Geistes unter den Völkern Deutschlands, die Heranbildung wahrhafter Organe des Volkswillens in den ständischen Versammlungen der einzelnen deutschen Staaten, müßte wohl auf ihrer höchsten Stufe eine deutsche Nationalvertretung als ihre Blüthe nothwendig hervortreiben, und diese allein kann, auch bei einer zwischen Oestreich und Preussen getheilten Hegemonie des Bundes, den Mangel eines Bundesoberhaupts und einer kräftigen Exekutivgewalt theilweis ersetzen und in Verbindung mit der längstverheißenen Preßfreiheit eine Nationaleinheit des deutschen Volks auch ohne weitere Beschränkungen der nominellen Souveränität und Rechtsgleichheit der Bundesglieder begründen. Sie allein bildet die natürliche Brücke von dem unbefriedigten Ringen der Gegenwart zum Frieden einer **beruhigten** Zukunft, die, als solche, auch eine glücklichere Zukunft seyn wird. Denn wenn gleich Niemand im Voraus weiß, ob das Neue mehr beglücken werde, als zu seiner Zeit das Alte, so ist doch jedenfalls mehr Heil in zeitgemäßer Neuerung, als im starrsinnigen Festhalten des Veralteten, in Erfüllung einer angewiesenen Bestimmung, als im Widerstreben gegen eine höhere Nothwendigkeit.

Um aber das anscheinend ferne Ziel auch nur auf jenem mühseligen scheinlosen Wege zu verfolgen, ist nothwendig, das einmal erworbene Eigenthum zu wahren. Einer in sich edeln und gerechten Sache soll es niemals an Vertheidigern fehlen und die konstitutionellen deutschen Länder sind bei uns das letzte Asyl der politischen Denk- und Glaubensfreiheit, das, wie nun einmal die Dinge stehen, nicht auf's Ungewisse preisgegeben werden darf. Einzelne Bäume sind kein Wald, aber sie schützen den jungen Anflug, der ohne

ihren

ihren Schirm verkümmern würde. Denselben Dienst leisten den freisinnigen Ideen in Deutschland die bis jetzt errichteten Verfassungen, die daher nicht fallen dürfen, ehe jene hinreichend erstarkt sind, und die, wenn mit Gewalt zertrümmert, zwar diejenigen, die sie gaben und nicht hielten, in ihrem Sturze nachziehen, aber einen Rechtsanspruch auf vollwichtigen Ersatz den Völkern sichern müssen.

Es darf also auch die Opposition in den deutschen Landesversammlungen nicht aufhören, so lange das Volk noch Empfänglichkeit für ihr Wirken an den Tag legt und mit Ehre und nicht ohne alle Hoffnung des Erfolgs zu wirken möglich ist. Zwar kann dieselbe zur wahrhaften dauernden Vereinigung Deutschlands auf direktem Wege nichts beitragen, da, was ihr unter dem Namen der Einheit geboten wird, nur eine Doppelherrschaft absoluter Mächte, nur eine die Vereinigung der Völker hindernde Vereinigung aristokratischmonarchischer Tendenzen ist, die sie bekämpfen muß. Aber wenn Beschränkung einer verderblichen Vielheit und Zerstörung der Unfreiheit die beiden Hauptaufgaben der Gegenwart sind, so ist den deutschen Oppositionspartheien das Verdienst nicht abzusprechen, daß sie solche, soweit ihre ungünstige Stellung es erlaubt, zu lösen suchen und das Werk der Wiedergeburt fördern, indem sie gegen die Unfreiheit kämpfen und, falls sie dabei unterliegen sollten, zugleich zeigen, wie wenig Schutz die Freiheit ohne Einheit von so vielen kleinen Souveränitäten zu erwarten hat. Denn in diesem Kampfe muß es sich entscheiden, ob die deutschen Regierungen Deutschlands Völker bei ihren Rechten und Verfassungen zu schützen Kraft und Willen haben, und wenn ihnen das Eine oder das Andre, oder Beides, fehlen sollte, so wäre es ein falsches Ehrgefühl, ihre Blöße vor den Augen der Welt nicht aufzudecken. Nur ein mißverstandener Patriotismus, der den Zweck dem Mittel, das Wohl der Regierten den Regierenden aufopfert, könnte verlangen, daß die Hingebung der Völker zu Beeinträchtigungen ihres Rechtszustandes schweige, damit den Regierungen, welche sie hätten verhindern sollen, Verlegenheit erspart, der Unwille der großen Mächte gegen die kleinen nicht aufgereizt und der Name einer Selbstständigkeit erhalten werde, die mit den Lasten und Ansprüchen fürstlicher Souveränität alle Nachtheile politischer Abhängigkeit vereinigt.

Man darf dabei auch nicht besorgen, die

wohlthätige Vielheit und mit ihr die Bedingung eines künftigen ächten Föderativstaats zu vernichten, welcher allein die Gleichmäßigkeit der Aufklärung und des Wohlstands und eine dem örtlichen und individuellen Bedürfniß entsprechende Verwaltung, überhaupt die freiste Individualisirung der Theile ohne Aufhebung ihres organischen Zusammenhangs, einer großen Nation zu sichern vermag. Die Elemente einer solchen Vielheit und mit ihr einer ächt humanen Freiheit sind in Deutschland unaustilgbar. Aber in den deutschen Fürsten, insofern sie volle unumschränkte Souveränität und Ausschließung des Volks von der Berathung nationaler Angelegenheiten verlangen, ist der deutsche Vielheitstrieb in seiner Ausartung personifizirt, und diese Vielheit muß, wenn sie nicht Alles zerstören oder selbst zerstört werden soll, sich so modifiziren, daß sie aufhört, das beständige Hinderniß der Einheit und der Freiheit zu seyn.

Und hier gerade wirkt die jetzige Erhaltungs- und Reaktionspolitik der Kabinette ihrem eigenen Zweck entgegen. Denn was sichert den Thronen deutscher Souveräne ihre Fortdauer? Ihr Recht? — es ist, soweit es diesen Namen wirklich verdient, abhängig von der Erfüllung von Verbindlichkeiten, deren Verträglichkeit mit dem monarchischen Prinzip des Bundes täglich zweifelhafter wird. Ihre Macht? — sie ist dem Volke gegenüber groß, aber durch die Fortschritte der Kultur und die Entwicklung des öffentlichen Lebens in nothwendiger Abnahme begriffen. Ihre Einigkeit gegen die Völker? — sie versetzt sie mehr und mehr in Abhängigkeit von dem mächtigsten unter ihnen und untergräbt am gewissesten ihre selbstständige Existenz. Die Treue ihrer Unterthanen? — diese beruht, wenn sie nicht wechselseitiges Bedürfniß oder Dankbarkeit zur Quelle hat, auf einem Glauben, den Zeit zerstört. Nur dadurch also, daß sie jede eingegangene Verbindlichkeit gewissenhaft erfüllen und das, was in die Länge nicht verweigert werden kann, freiwillig zugestehen, kann es dem Blick der Nation verborgen bleiben, wie theuer eine achtunddreißigfache Souveränität erkauft ist.

Und wirklich schien die deutsche Vielherrschaft ihre Stütze eine Zeitlang in der Freiheit der Völker suchen zu wollen, und durch ein solches Bündniß könnte sie noch jetzt unüberwindlich werden. Von jeher sind die Deutschen nur zu sehr geneigt gewesen, auf die Unabhängigkeit der Stämme und Provinzen einen höhern Werth, als auf die Einheit ihrer Nation zu legen, und es hieße nicht nur diese Eigenheit des Nationalcharakters, sondern überhaupt den Treusinn und die Rechtlichkeit der deutschen Völker ganz verkennen, wenn man sie für fähig hielte, einen muthigen, verfassungstreuen Fürsten, der mit der Selbstständigkeit seiner Krone zugleich die verfassungsmäßigen Rechte und die gesetzliche Freiheit seiner Landesangehörigen gegen rechtlose Uebermacht vertheidigt, bei dem Kampf um seine Souveränität im Stich zu lassen. Aber diese Bahn — die einzige, auf der die Fürsten hoffen dürfen, den Streit über volle oder beschränkte Souveränität der Bundesglieder durch die Volksstimme zu ihren Gunsten entschieden zu sehen, — ist bald genug verlassen worden, und die Höfe scheinen sich das Wort darauf gegeben zu haben, sie nicht ferner zu betreten.

So drängt ein Geist des Guten, welcher auch im Uebel wohnt, die unbeschränkte Vielherrschaft, an ihrer eigenen Zerstörung und mittelbar an Herstellung der Einheit zu arbeiten, die, von flacher Einerleiheit sehr verschieden, eine relative Selbstständigkeit der Glieder, eine freie Mannigfaltigkeit nicht ausschließt, und inzwischen kann auch die Freiheit für ihre Sache im stillen Kräfte sammeln und ihren leisen Weg fortsetzen, bis vielleicht die Macht der öffentlichen Meinung jenen Höhepunkt erreicht, wo ihren Forderungen von den Regierungen Gehör gegeben werden muß, auch ohne daß zu extremen Mitteln geschritten wird.

Es wird eingewendet werden: auch mit diesem System, dem undankbarsten, das man ergreifen könne, dem System der Defensive, entgehe Deutschland nicht den Gefahren, welche dadurch abgewendet werden sollen. Auf diese Weise würde die Entscheidung nur hinausgezogen, aber die drohende Krisis nicht beseitigt. Deutschland ringe einmal nach einer neuen Gestaltung, die, wenn sie nicht aus einer freiwilligen Vereinigung, aus einem bald zur Unmöglichkeit gewordenen Vergleiche zwischen Absolutismus und Liberalismus hervorgehe, nur aus dem vollständigen Triumph des einen über den andern sich entwickeln könne. So wie jetzt die Zeichen stehen, habe Deutschland von Glück zu sagen, wenn es seine Wiederherstellung dadurch erkaufe, daß es nur noch einmal das große Schlachtfeld werde, auf dem die Fremden sich bekriegen und die Deutschen unter ausländischer Fahne sich zerfleischen. Allein vergebens quäle man sich ab, zwischen Krieg und

Unterwerfung eine richtige Mitte einzuhalten und das Werk des Kampfs im Frieden zu vollenden. Denn lange bevor Deutschland auf dem weiten Wege friedlicher Entwicklung sein Ziel erreiche, werden entweder die konstitutionellen Völker ermüden und durch eine unbedingte Unterwerfung alle Resultate des bisherigen kümmerlichen Widerstandes verloren gehen, oder es werde der Sturm eines Prinzipienkriegs über Europa kommen, der dann auch für Deutschland jenen Bruch, den man durch Halbheit und durch Zögern zu vermeiden suche, doch herbeiführe.

Weder die Möglichkeit des Einen, noch die Wahrscheinlichkeit des Andern soll bestritten werden, und wenn namentlich die unausweisliche Nothwendigkeit einer gewaltsamen Entscheidung des Kampfes zwischen Volsfreiheit und unbeschränkter Fürstengewalt eintritt, so wird jeder Mann von Ehre Solon's Gesetz befolgen und die Wahl kann zwar peinlich, aber sie wird nicht zweifelhaft seyn. Es ist möglich und nicht unwahrscheinlich, daß der künftigen Erhebung Deutschlands seine tiefere Demüthigung, daß seiner Einigung die völlige Entzweiung noch vorausgehen muß. Es mag seyn, daß die Idee der Einheit und der Freiheit sich in einer Natio=

nalvertretung erst alsdann verkörpert, wenn alle Fürsten Deutschlands durch die Demokratie oder durch den mächtigsten aus ihrer eigenen Mitte verschlungen sind. Niemand weiß, auf welche Weise Einheit und Ordnung in das Chaos gährender Kräfte und feindseliger Elemente kommen wird, wenn man auch zu zeigen vermag, woher sie kommen könnten. Gewiß ist nur, daß der gegenwärtige Zustand kein dauernder seyn kann, weil er die Forderungen des natürlichen und des historischen Rechts der Völker nicht beachtet; weil er staatsrechtliche und völkerrechtliche Prinzipien in unauflösbaren Verwicklungen durch einander mengt; weil er die Vielheit zum Erhalter der Einheit und den Absolutismus zum Wächter der Freiheit bestellt; weil er den Bund der Deutschen auf undeutsche Mächte gründet und an die Stelle des ehrwürdigen Reiches, dessen Wiederkehr die Monarchen verkündet, eine Gewalt gesetzt hat, die einem Theil der Nation zuwider, dem andern gleichgültig und mitunter selbst den Fürsten Gegenstand des Mißtrauens ist.

Soll man nun aber deßhalb einen äußersten verhängnißvollen Schritt um jeden Preis und auf's Gerathewohl hervorrufen? Ist irgend schon Wahrscheinlichkeit vorhanden, daß eine Ent-

scheidung

scheidung durch die physische Gewalt zu vollständiger Einheit — sey es nun der Freiheit, oder auch nur der Unterwerfung unter einen Herrscher — führen werde? Droht nicht vielmehr jede Schilderhebung, von welcher Seite jetzt die Losung dazu kommen mag, nur den Riß im Herzen Deutschlands zu erweitern?

Unter den Beweggründen, welche den Ausbruch eines allgemeinen europäischen Kriegs verhindern und das schon halbgezogene Schwert immer wieder in die Scheide zurückdrängen, ist vielleicht nicht der letzte der, daß keine Parthei die Vortheile verlieren möchte, die der Angegriffene in der öffentlichen Meinung vor dem Angreifer voraus hat. In Deutschland, wo der Stand der Ansichten schwankender und die Zahl der Unentschiedenen größer ist, als irgendwo, scheint diese Rücksicht von besonderem Gewicht. Der Absolutismus allein behauptet sich vom Himmel dazu ausersehen, für die ganze, ihm nicht ebenbürtige Menschheit zu denken und die Völker wider ihren Willen zu beglücken. Der wahre Freund der Freiheit weiß, daß er sein eigenes Prinzip verläugnen würde, wenn er seinen Glauben aller Welt aufdringen und einem herrschenden Völkerglauben darum Gewalt anthun wollte, weil er ihm als ein Wahnglaube erscheint. In Deutschland ist auch bei äußerlichem Frieden mit geistigen Waffen noch gar mancher Sieg zu erfechten, manche Kette zu zerbrechen, mancher zähe Aberglaube zu entwurzeln, und so lange nicht ein nationaler Wille und Gedanke durch alle Schwankungen der öffentlichen Meinungen sich hindurchzieht, sind gerade solche Siege, wodurch Ueberzeugungen gewonnen und die Geister vorbereitet werden, der rechtmäßigste und sicherste Gewinn für jene bessere Zukunft, der ein von menschlicher Willkühr unabhängiger Entwicklungsgang des Völkerlebens uns entgegenführt, seitdem das Zweigestirn der Einheit und der Freiheit dem gesammten Deutschland an dem Himmel seines Geschicks verheißend aufging.

Printed in Dunstable, United Kingdom

91219907R00231